JN085387

知識は
身体からできている

身体化された認知の心理学

レベッカ・フィンチャー－キーファー著

望月正哉・井関龍太・川﨑惠里子訳

新曜社

HOW THE BODY SHAPES KNOWLEDGE
Empirical Support for Embodied Cognition
by Rebecca Fincher-Kiefer

凡　例

　本文中の引用については、第一著者（と第二著者）のラストネームをカタカナ表記したう
えで、カッコ内にアルファベットの人名を列記し、原文で3名以上の著者が列記されている
場合は第一著者のラストネームのみをカタカナ表記し、それ以外はすべて「たち」としてま
とめ、カッコ内にアルファベットの人名を列記している。

　原文のダブルクオーテーションは鉤括弧「　」、イタリック体はゴシック体で表記している。
甲括弧〔　〕は原文に表現が不足しているために付け足す場合に使用しているほか、訳者が
日本語表現としてより適切だと考えた言い換えに対しても使用していることがある。

　原書には各章の著作権表記を除いて脚注はなく、他はすべて訳者が追加した注である。

　身体化された認知（embodied cognition）の理論は哲学者、認知科学者、認知心理学者、認知神経科学者によって検討されてきたが、身体化された認知の意味するところについて、それぞれの立場で異なる考え方をもっていることが多い。この理論の名称は、これらの専門分野がこころに及ぼす身体の影響に強い興味をもっていることを示している。著者自身は実験認知心理学者で、人の脳において知識がどのように表象されているかに興味をもっている。著者が本書において採用する身体化された認知の見方は、われわれが世界をどのように理解し、概念知識を構築するのかを決定するうえで身体 —— 具体的には感覚や身体的経験 —— が必須であると主張する。この見方は多くの実験認知心理学者や認知神経科学者に共有されており、最近 15 〜 20 年にわたって検討されている。実際、心理学者のなかには、この見方は認知と行動を説明することに関して心理学の下位領域を統一すると主張する者もいる。この身体化された認知の理論を検証する経験的証拠を探求することが、本書における著者の意図である。

　身体化された認知（ないし**身体化** embodiment）の理論に対するさまざまなアプローチに馴染みのない読者のために、単純化しすぎではあるが簡潔に説明しておこう。哲学者が身体化された認知を検討するのは、意識の理論に関心があり、**こころ**とは何か、そして、われわれの**身体**は知覚や思考に関わっているのかを問題にしているからである。コンピュータが開発され、人工知能が進歩するにつれて出現した分野を代表する認知科学者も、身体化された認知に興味をもっている。彼らは人の認知をシミュレートする計算モデルを創り、人の脳は思考の内的表象を必要とするかという問いを提起する。彼らの主張によれば、おそらく身休そのもの、そして身体の目標に関連する行為があれば、認知を説明するに十分だろう。認知科学のなかでもロボティクスは、この種の理論的・実験的研究に最適な検証基盤である。

　しかしながら、認知における内的表象の必要性に関する哲学的議論は、心理学研究の一部ではない。心理学者は、脳の活動とその内的表象が行動に影響すると想定している。認知心理学者は、知覚や注意、記憶、情動、言語といった認知過程を探求するために身体化された認知の理論を検討し、身体経験が世界に関するわれわれの内的表象にどのように影響するか、もしくは**構成する**かを調べている。

そして、認知神経科学者は身体化された認知を検討し、思考における身体の関わりに関連する具体的な脳活動を決定しようとしている。

　本書では、他の書物（Chemero, 2009; Gallagher, 2005; Shapiro, 2011, 2014; Valera, Thompson, & Rosch, 1991）で詳細に議論されている哲学や認知科学における身体化された認知の印象的な理論について細かく評価することはしない。その代わり、認知心理学のなかで、もっとも簡潔でおそらく合意が得られるであろう身体化された認知の定義を提唱するつもりだ。身体化された認知は、概念知識の表象が身体に依存することを意味する。つまり、概念知識の表象はマルチモーダルであり（すなわち、視覚、聴覚、触覚などと関連している）、非モーダル的、シンボル的、抽象的なものではないのである。この理論は、われわれの思考が知覚、行為、情動を基盤としている、すなわちそれらと密接に連合しており、脳と身体は協働して認知を作り出すことを示唆する。著者は**身体化された**という用語と**基盤化された**（grounded）という用語をほとんど同義語として使っている。基盤化されたとは、（Mahon, 2015 が示唆するように）概念が単純かつ漠然と感覚情報や運動情報とつながっていることを意味するのではなく、身体が概念知識において本質的役割を担っているということを意味する。

　本書で取り上げる認知への身体化アプローチのひとつの側面は、人の認知機能が進化と発達を背景として生じるということである。認知は生存と繁殖を目的とした行為に資する（Glenberg, 2015; Proffitt & Linkenauger, 2013）。つまり、認知は特定の個人の形質と生理機能に合わせて調整された知覚・運動処理から生じる。このような考え方からすれば、自分自身の身体や感情に特有の特徴や属性が、感覚情報を獲得し使用する能力を決定づけ、感覚情報に意味を与える ── **知識**に変える ── のである。この見方によれば、知識の表象はマルチモーダルでなければならず、身体は認知にとってもはや些末なものではない。

　本書は、身体化に関する実験心理学の文献を網羅的もしくは完璧にまとめた総説とは程遠いものである。身体化された認知に関する上級実習コースを教えて3年以上が経ち、中心的な問題が何であるか、経験的な知見を一貫したかたちでまとめるにはトピックをどう構造化したらよいかがわかってきた。本書の執筆は授業で用いたのと同じ過程をたどった ── すなわち、概念や考え方を理解するのに有用だった経験的な「ストーリー」を取捨選択することである。そしてこれらのストーリーは、学生にも興味をそそるだろうと思ったものである。

　読者が知っておいたほうがよいこととして、身体化された認知の理論の広範な実験的検討の結果として、一部の認知心理学者はこの理論が心理学の全分野に

パラダイムシフトをもたらすだろうと主張するに至ったということがある（たとえば、Barsalou, 1999, 2008b; Glenberg, 2010, 2015; Glenberg, Witt, & Metcalfe, 2013）。しかしながら、この主張に賛同しない理論家もおり、彼らは**身体化された**という用語が曖昧で不正確であると考えている。彼らはこの理論そのものが何も新しいものをもたらしていないどころか、基本的な認知過程さえ説明できないとしている（Goldinger, Papesh, Barnhart, Hansen, & Hout, 2016; Manon, 2015）。しかしながら、身体化された認知の理論に反対する者たちも、批判的に評価する必要がある経験的な証拠が豊富にあることは認識している。

　本書は、さまざまな読者に役立つことを想定している。心理学専攻の後半で時間に余裕のある学部生には、身体化理論をもっと深く掘り下げるためにこの本が役に立つだろう。著者が受けもつ身体化に関する上級実習コースを受講する心理学専攻の学生には、身体化のなかで興味のある問いを扱う2回の研究を計画、実施する際に本書の実験研究に関わる部分が役立つ。本書で紹介する研究は、学部生の研究の質を高める推進力になるだろう。

　本書はさらに、身体化の理論を理解しようとしているさまざまな心理学領域の大学院生にとっても役立つだろう。各章は著者が授業でするようなしかたで研究について説明している。本書は議論を提示し、研究を引用するだけの本ではない。特定のトピックを代表するように選んだ研究について論じ、解釈している。願わくは、実験心理学者が身体化された認知の理論をどのように検証しているのかを、学部生や大学院生に学んでほしい。

　本書では、問題から潜在的な答えまでの実証的なストーリーをもっとも明確にすると感じた研究を選んでいる。その意味で本書は、身体化に関するコースを教えたいと思う人のためのものでもある。各章で紹介された研究を使って授業を組み立てることもできるし、本書が出版されて以降も確実に実施されているであろう多くの研究によって内容を補うこともできる。

　最後に、本書が、身体とこころの相互作用に興味をもつ好奇心旺盛な人にとっても興味をもてるものとなることを願っている。本書を書くにあたっての一番の目標のひとつは、読みやすさであった。すべての読者に身体化された認知に関して興味をもてる何かを受け取ってもらうという目標に、十分近づけていることを強く願っている。

謝　辞

　ゲティスバーグ大学で思考と認知に関する上級実習コースを履修した多くの学生たちに感謝します。彼らは授業で扱ったトピックについての本を書く気にさせるほど、講義に夢中になってくれました。彼らのような若者のこころが躍るようでなければ、私は本を書こうとは思わなかったでしょう。教えるという行為は、実験心理学のレンズを通して身体化について語ることを促してくれました。そして、どんなトピックならこの理論が私たち皆のために活きてくるのかを具体化し、道を示すにあたって、学生たちの存在は不可欠でした。

　本書を執筆するという年単位の長きにわたって私を支えてくれた、ゲティスバーグ大学の同僚と当局に感謝します。このプロジェクトの初期に研究休暇がなければ、すべてのエネルギーを執筆に捧げることはできなかったでしょう。年度後半に教育の負担が小さかったことも、本を完成させることを可能にした理由だといえます。

　電子メールで、天真爛漫にもアメリカ心理学会（APA）は身体化に関する本に興味をもっていないか尋ねた相手が APA のクリス・ケラハーだったのは幸運でした。そして、担当編集者として彼と働けたことをありがたく思います。また、その励ましと素晴らしい提案が決め手になった、本書の企画書の匿名の審査者にも深く感謝します。そして、執筆の後半で、私の３つの総説を巧みに要約し、改稿の苦労を和らげるどころかワクワクするものにしてくれた編集者のタイラー・アウンと働けたことも喜びでした。２人の匿名の審査者は本書を改善する修正案を提案してくれ、そして３人目の審査者であるアート・グレンバーグは企画書と本書全体の両方を丁寧に審査してくれました。彼はその役割以上の仕事を果たし、本書を読む可能性のあるすべての読者に身体化された認知の理論を理解できるように、素晴らしい示唆を与えてくれました。

　この作業を通して私にやる気を保たせてくれた、たくさんの友人たち（誰だかわかるよね！）に感謝します。キャロリン・タッキーは、引用文献をすべて確認するのを手伝ってくれました。これは大変な作業で、長い時間と慎重な作業が必要でした。この作業を手伝ってくれたこと、そして彼女の助けなしには考えも及ばなかった書式や編集の変更の作業にも感謝しています。

　実験心理学についてほとんど知らないにもかかわらず、ドリー・アダムスは身

viii

体化の理論を知らない立場からみてくれる個人的な編集者となり、喜んで、そして熱心に各章を読んでくれました。彼女の視点は私にとって決定的に重要だったといえます。それは学生の視点です。とはいえ彼女は、間違いなく期待しうるもっとも熱心な学生であり、その知性は間違いなく彼女をもっとも脅威的な存在にしました。彼女の編集はこの本をより良くしてくれました。その時間とエネルギー、集中力にとても感謝しています。

　私の指導者であり、認知心理学者の仲間、素晴らしい教員、そして友人でもあるボブ・ダゴスティーノの励ましと揺るぎないサポートがなければ、決してこの本が完成することはなかったでしょう。彼は、多大な時間と労力を費やして全章を読み、章を作り上げる手助けをし、無駄なものを削ぎ、重要なものを改善し、木々を見ることで森の中心を見つけだすという人間離れした能力をみせてくれました。彼がよく口にする「君が伝えようとしているストーリーは何なのか」は、授業における彼の並外れた能力から来ており、執筆のあらゆる段階で私を導いてくれた言葉といえます。私のキャリアの多くの部分が彼に負っており、本書もそのひとつにすぎないといえるでしょう。

　最後に、この挑戦のために私が気持ちの良い人間の域からはずれて不機嫌になってしまったときでも我慢してくれた、大切な家族であり我慢強い夫であるクリスに感謝します。私は常に仕事やキャリアよりも家族を優先してきましたが、この冒険においては、本当の喜びよりも本書を優先させることが何度かありました。ようやくものごとを正しい優先順位に戻せそうです。

目　　次

装幀＝新曜社デザイン室

第 1 章　身体化された認知の理論への序論

　身体化された認知の理論について広範に検証し、著述している卓越した認知心理学者であるアーサー・グレンバーグは、次のような質問でこのトピックに関する授業を始める。「左利きの人は右利きの人と世界を異なって知覚するだろうか、そうならば、たとえば右利きの人は左にある事物よりも右にある事物を好むが、左利きの人はその逆なのだろうか」、「デートするかもしれない相手について『冷めちゃうんだよね』と言っているとき、本当に冷たさを感じているのだろうか」、「シワを消すボトックス注射をすると、悲しさについての文の理解を難しくするだろうか」、「上体を後ろに反らせると、未来よりも過去について考えやすいだろうか」。これらの質問は明らかに思考が身体に関わっていることを示し、驚くことにその答えはすべて「イエス」なのである。この答えをもたらす実証的な証拠は、身体化された認知の理論を支持している。

理論の哲学的起源

　哲学における身体化された認知の理論がどのように認知心理学者が検証可能な理論に発展していったかを説明する前に、著者がこのトピックに関する授業をどのように始めるかを話してみよう。著者のやり方は上記のグレンバーグの問いかけとは少し異なる。というのもグレンバーグのそれは、脳内にあるすべての知識がどのように表象されているかということへのこの理論のアプローチを強調するものだからである。著者のやり方は認知の上級実習コースの初日に、著者と一緒に「20 Q」（電子版の「20 の質問」ゲーム）を何回かしてみるというものである。

http://dx.doi.org/10.1037/0000136-001
How the Body Shapes Knowledge: Empirical Support for Embodied Cognition, by R. Fincher-Kiefer.

著者の目的は、学生に「シンボル的知識表象」、つまり**身体化されていない知識**について体験的知識を与えることであり、学生はこの携帯ゲームをするうちにこのことを理解するようになる。理由は次のとおりである。電子版は口頭版と同じように始まる。まず、動物、野菜、無機物、それ以外、のどれかをこころに思い浮かべ、それからその携帯機器は電子的に「それは電子レンジよりも大きいですか？」というような質問を投げかけていく。学生は機器にある「はい」、「いいえ」、「ときどき」のボタンを押して反応する。これが最大20問まで続くが、機器がもっと早く推測できたと判断すればより少なくなる。

　この玩具が実際に「自分のこころを読む」ことができ、たいていは、自分の考えを正しく推測できるとわかると、学生たちは面白がる。そこで彼らに「このゲームはこころをもっていると言える？」と尋ねる（騙されて物理的な脳をもっていると答えることはありえないが、こころをもっているかどうかを尋ねることは別の問題である）。多くは自信なさげに「ノー」と答え、「こころ」は人の本質だろうから、無機物にそんなものがあるとは主張できないという。しかし、学生のなかには「うーん、そんな感じの……」と答える者もいるので、次のことを考えるように尋ねてみる。「なぜこころがあると思うのか」。彼らは「考えているし、情報を処理して、推測してるから」と答える。〔ここでいう〕こころとはゲームの知性であり、他者が何を考えているか推測することができるから、こころがあると考えるわけである。「ではどのようにしてこの知性をもっているのか」。こう学生に問いかけ、彼らはこのゲーム内のコンピュータチップがどのように知識を貯蔵し、知識がどのように構造化され、体制化されているのかを考え始める。それから、私は**表象される**という言葉を使うのである。

　ゲームをプレイするためにはその機器に知識が表象されている必要があるということを認識できたら、その表象の性質はどのようなものか、最終的に彼らが何を考えているか（つまり、「20 Q」の認知）を推測できるようにする処理がどのようなものかを議論できるようになる。ゲームで遊んだあと、学生たちは直感的に、最初の答えが処理される（たとえば、「はい、それは動物です」）と、正しい推測が何かという可能性が狭まり、尋ねるべき質問に影響する（たとえば、「それは泳ぐものですか」）と気づく。それぞれの新しい回答が、どのような推測がありうるかを制約し続ける。20個の質問が尋ねられるまでに、ゲームの知識基盤の可能性は絞られてごく少数となり、1つではないにしても、もっとも可能性の高い推測が残る。そうして学生たちは「20 Q」における知識のネットワークの文字どおりの表象は、すべてのコンピュータにおけると同様、バイナリコードなのだと

理解するのである。

　「20 Q」がどのように推測するかを通じて学生が説明したことは、ゲームが知識の階層的意味ネットワークをもっていて、その反応を得るために活性化拡散の過程を利用するということである。これは認知心理学者が、その領域の初期に人の知識表象について理論化したことと全く同じである。実際、1950 年代後半から 1960 年代前半に、認知心理学が実験心理学の一領域と認識されるようになったとき、知識の表象はおそらく認知心理学者にとって中心的な問題であった。認知心理学者は、哲学者が何百年も議論し続けてきたことを問題にしていた ── 知識とは何か、それはどこからきたのか、世界からどのように意味を導出しているのか。デカルトに始まる最初期のこころの哲学の理論家たちは、心身二元論を主張し、心的現象は身体から完全に切り離されているとした。しかしながら、デカルトの二元論に反論して、カントは知識がこころと外界の相互作用によるものであると主張した。そして、身体化された認知の理論の先駆けとして、身体は人の認知にとって必須、または中心となるものであると示唆した。

　最近になると、身体化された認知の理論を最初に定義し、発展させることに貢献した哲学者たちは、認知を、現実世界の状況の要求に直面したときの身体の欲求に応えるものとして捉えるようになった（これが理論の名称の由来である）。この視点からすれば、世界に関する内的な心的表象は必須ではなく、「脳」の活動を議論する必要はほとんどないということになる（Thelen & Smith, 1994 の力動的システム理論、Beer, 2003、ロボティクスに関する Brooks, 1991a, 1991b の研究も参照）。このような姿勢は、認知を説明するときに内的な心的表象という概念を多用しすぎているという一般的な哲学的信念、そして、知覚や認知が行為とどのように関連しているのかということに認知科学が関心を欠いているという幻滅から生じた。このことが、「急進的身体化認知科学」という反表象的見方をもたらした（Chemero, 2009; Gallagher, 2005; Thelen & Smith, 1994）。

　しかしながら、別の哲学者たちは身体がこころ（認知）に仕えると示唆して、この関係性を反転させた。外界世界は身体を、思考を構成する心的表象に情報を与え、案内をするというように反応するよう導く。たとえば、クラーク（Clark, 1998, 1999, 2008）の見解は、認知における内的表象の役割を考慮することに関してより穏健であるが、それでも、典型的には脳の働きとして考えられてきたことの多くを、身体と外界の相互作用で説明できると指摘している。クラークは、ヴァレラたち（Varela, Thompson, & Rosch, 1991）と同様に、身体は認知の生成に不可欠であり、事実、身体が認知処理において本質的な役割を担っていると

主張した。これらの哲学者や認知科学者の立場は、「身体化認知科学」と呼ばれ、急進的身体化認知科学との相違の中心的問題は、内的表象の存在にある（Alsmith & de Vignemont, 2012）。

　これらの哲学的アプローチから身体化された認知の理論がどのように生まれ、それらがどのように異なるかは、多くの議論がなされてきた（たとえばShapiro, 2011, 2014; M. Wilson, 2002）。しかし、覚えておくべき重要なことは、哲学的伝統においては、実証的な研究がある見解を支持するためにしばしば引用されるものの、理論の発達や検証に必須ではないということである。認知心理学者も心身の相互作用に関心を向けてきたが、それはわれわれも、身体とこころの相互作用に興味をもったからである。しかしながら、実験心理学の伝統のなかでは、理論の基本理念には検証が必要である。認知心理学者は身体化された認知の理論の１つの考え方のみを採用し、それは、哲学や認知科学の立場からは、「狭義の」理論であると考えられている。その考え方が「脳中心的」だからである。つまり、内的表象を仮定し、そうすることで、こころが身体に仕えるために働くという見解から、身体がこころに仕えるという考えにシフトしていったためである。M.ウィルソン（Wilson, 2002）は次のように述べている。

　　このこころによる支配と、それに付随する時間的空間的に離れたものを心的に表象する能力は、人を他のヒト科の動物から分かつ人間の知性という暴走列車の背後にある原動力のひとつであったかもしれない。（p.635）

理論の心理学的起源

　認知心理学の歴史的起源に戻ると、知識の内的表象の問題は、第一世代の認知心理学者の中心的問題であった。われわれは行動主義の遺灰から生まれ、こころへの関心は計算機科学の分野の登場によって推進されていた。1956年にダートマス大学の数学教授であったジョン・マッカーシーは「人工知能の夏季研究プロジェクト」という名の会議を開催したが、その意図は「学習のあらゆる側面や他のあらゆる知能の特徴は原則として非常に正確に記述でき、機械によってシミュレーション可能だという推測に基づいて進む」ことにあった（McCarthy, Minsky, Rochester, & Shannon, 2006, p.12を参照）。数学者、計算機科学者、言語学者、心理学者がこの会議に参加し、彼らはコンピュータがまねることができる程度まで

人の思考と認知過程を理解する、という好奇心を一にしていた。

　同じ年に、別の重要な会議がマサチューセッツ工科大学で開催され、そこでは、長年続いた行動への関心が急速に薄れ、心的過程の研究がとってかわっていた。この会議でジョージ・ミラーは、情報を記憶内に保持する人間の能力には限界があり、その限界はおよそ7つの「チャンク」であるという考えを発表した（G. A. Miller, 1956）。なかには、認知の「処理」側面について取り組み、知覚、注意、記憶、推論を理解しようとしていた心理学者もいた。また、認知の「構造」的側面、つまり、われわれがもつ知識はどのように体制化され、一貫性を保っているのか、認知過程によって検索され利用されるのかについて取り組む者もいた。複数の知識理論が作られ、検証されたが、特徴比較モデル（Smith, Shoben, & Rips, 1974参照）からプロトタイプモデル（Rosch, 1973参照）、意味ネットワークモデル（Collins & Loftus, 1975; J. R. Anderson, 1983参照）など、さまざまであった。図1.1にコリンズとロフタス（Collins & Loftus, 1975）の意味ネットワークを示す。概念ノード間のリンクはこれらの思考に関する個人的経験に応じて長さが変わり、リンクが短い、つまり、結合が強固であると、事物の同定課題やカテゴリー判断課題においてこの連合に対する反応時間が短いことを示す（この知識のネットワークにおける予測可能性に基づいた「20 Q」の反応や、初期の推測を考えてみよう）。意味ネットワーク理論は広く検証され、説明できないと指摘された結果にも

図 1.1

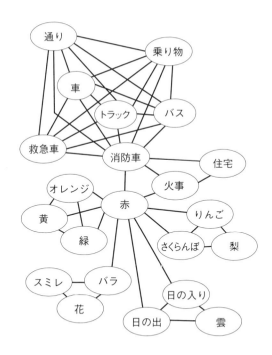

人の記憶のステレオタイプ的断片における概念関係性の図式的表現（短い線ほど関係性が大きいことを示す）。"A Spreading-Activation Theory of Semantic Processing," より。A. M. Collins and E. F. Loftus, 1975, *Psychological Review, 82,* p.412. Copyright 1975 by the American Psychological Association.

対応するために改良が加えられたが、新しいものはあまりに一般的で柔軟性が高すぎ、反証することが難しくなったという批判を受け、説明力を失っていった。

　1980年代には、**コネクショニズム**（connectionism）と呼ばれる新たなアプローチが好まれるようになった。これは、当時、神経ネットワークについて知られていたことを基盤にして、知識を表象する計算機モデルを作り出すアプローチである。これらのモデルは知識表象の並列分散処理（parallel distributed processing; PDP）モデルと呼ばれ、ある意味では伝統的な意味ネットワークモデルの技術的更新であった。これらのPDPモデルは、ニューロン様のノードが、他のノードの活動によって励起ないし抑制され、知識は特定のノードというよりも励起や抑制のパターンとして表象されると主張した。このモデルでも結合した概念のネットワークを通じて活性化が拡散していくが、以前の階層的モデルとは異なり、処理は並列で起こることができ、さまざまな脳部位に分散していると考えられている（McClelland & Rogers, 2003 参照）。

　認知心理学の各領域の最初の40年ほどの時代精神は、感覚、知覚、注意、記憶などの認知過程を**モジュール**（modular）として考えていた。つまり、最小限の相互作用でそれ自身として存在していると考えられていた（Fodor & Pylyshyn, 1988; Newell & Simon, 1972）。知識の表象も機能的に自律的で、その過程が表象されるものにどのように影響するのか、もしくはそれを決定するのかという議論はほとんど行われなかった。これは、互いがかなり独立に作用する入力・出力モジュールを備えたコンピュータを肩に乗せているようなものといえるだろう。この伝統的な見解では、心的表象は本質的にシンボル的で、準言語的（命題的）であり、抽象的である。「椅子」など、どんなシンボル（もしく単語）も、その概念の一般的な事例を指すという意味で抽象的である。さらに、シンボル（単語）は、その概念の物理的、あるいは機能的特性とは見えも音も何の関係もないため、概念に対する恣意的な指示対象である。

　この見解によると、概念の知識を表象するこれらのシンボルは**非モーダル的**（amodal）、つまり特定のモダリティや身体行為と結びついていない。さらに、これらのシンボルは命題的に構成され、意味は他のシンボルとの関連から創発される。つまり、この初期の理論は、意味とは内的過程のことであり、認知は知覚や行為によって形づくられるのではないとしている。ニューウェルとサイモン（Newell & Simon, 1976）の物理的シンボルシステム仮説（physical symbol system hypothesis: PSSH）は、知識に関するこのような見解の理論的事例であった。すなわち、抽象的シンボルは人の思考（命題）とコンピュータの表象（バイナリコー

ド）との両方にあり、思考はこれらシンボルの操作であって、知覚や行為は関わっていない、としている。

　認知心理学が1つの学問分野として発展するにつれ、知識表象のPSSHシステムを支持しない理論的議論や経験的結果が多くみられるようになった。知識の全面的なシンボルシステム説に対するもっとも手厳しい主張のひとつに、「シンボル・グラウンディング（symbol-grounding）」問題＊があった（Harnad, 1990; Searle, 1980）。この問題は、基本的に恣意的で外界とのつながりがない抽象的シンボル（単語）は意味をもつことができないというものである。もし、思考（やコンピュータにおける計算）が頭の中やコンピュータのなかで行われるシンボル操作で、外的な指示対象がないのであれば、ハーナッド（Harnad, 1990）が「シンボル・メリーゴーラウンド（symbol merry-go-round）」と呼ぶ問題が起こる。これはシンボルが指示するものによって意味を割り当てる（これにより、シンボルは恣意的ではなくなる）ことができない場合である。むしろ、意味は他のシンボルとの関連にすぎない。グレンバーグ（Glenberg, 2015）は、これを外国語の単語だけで構成された辞書で外国語の単語の意味を見つけようとすることに喩えている。検索する人にとって意味のあるシンボルが何もなければ、検索は成功しない。彼はこの問題を次のように説明している。

　　多分中国だろうか、現地の言葉を話せない場所の空港に到着したところを想像してみる。そこで、何らかの文字記号（またはアイコンではない他のマーク）で構成された看板のようなものを見る。現地の言葉は話せないが、その言語で書かれた辞書は持っている。最初の文字記号を探してその定義を見つけるが、当然ながら、その定義も多くの〔他の〕文字で説明されており、その意味は見当がつかない。くじけずに、その定義の中の最初の文字記号の定義を探すが、それはさらに多くの理解できない文字記号からなっているとわかる。いくつ文字記号を探したとしても、この抽象的シンボルの閉じたシステムは意味を産み出すことはないのである。(p.165)

　グレンバーグ（Glenberg, 2015）が知識表象の標準的な認知モデルについて指摘したことは、それらのモデルでは、シンボルの意味を理解することは、無限ループのなかをさまようようなものだということである。1つのシンボルの意味を探し出すことが、別の恣意的なシンボルの意味を見つけようとすることを伴い、

＊訳注：「記号接地問題」という訳も多くみられる。

8

図 1.2

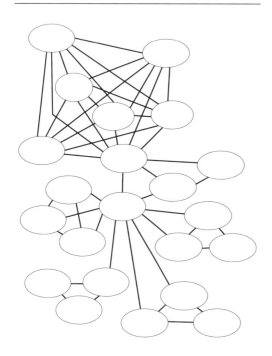

非モーダル的抽象概念の意味的ネットワーク理論の図式的表現。"A Spreading-Activation Theory of Semantic Processing," を改変。A. M. Collins & E. F. Loftus, 1975, *Psychological Review, 82,* p.412. Copyright 1975 by the American Psychological Association.

そのシンボルの意味には、同じ種類の別の恣意的シンボルに対する内的な検索が必要となる。図1.1を見返すと、シンボル（中にラベルが付いた楕円）には意味があるようにみえるが、それはわれわれが意味を与えているからにすぎない。形は意味とは関係なく、ラベル（単語）はわれわれが与えたものである。単語は読者の利便性を考えて存在するだけで、誰かの頭を開けて中を覗き込んでも、楕円についたラベルは見つからないだろう。図1.2は意味的ネットワーク理論をより正確に表現したものである。ここでは抽象的シンボル（楕円）にはラベルはなく、本当の意味で非モーダル的な抽象的シンボルである。このような理論の説明は、シンボルのメリーゴーラウンド問題をより明確にするだろう。あるノードから始め、別のすべてのノードをさかのぼっていっても、いくつの関連性をたどっていっても、意味が得られることはないのである。

　「頭」（もしくはコンピュータ）から離れないでシンボルが外界の何を指示しているのかを決定しようとすることは、意味の検索の限りなき後退を意味するだろう。もしシンボルが外界の何かを指示しているのなら、すなわち、これらのシンボルを知覚や行為、情動に**基盤化する**指示対象をもつならば、このシンボル・グラウンディング問題を打ち破ることができる。この基盤化はシンボルの意味を表現している。認知に対する身体化アプローチでは、すべての知識が感覚、知覚、運動プロセスに基盤化されており、これらのプロセスは、自分自身の身体形

態（形と大きさ）と生理機能（内的過程）の関数であると主張する。

　認知神経科学の証拠は、思考には知覚や行為に関わる過程や表象の再活性化や再利用が伴うことを明らかにしており、身体化を支持している。たとえば、ホークたち（Hauk, Johnsrude, & Pulvermüller, 2004）は、蹴る（kick）やつまむ（pick）といった行為の動詞を読み手が聴いているときの神経活動を記録した。彼らは、読み手がそれらの行為動詞を読むと、他の運動皮質の領域よりもその行為の産出に関わる運動皮質の特定部位の活性が大きくなることを見出した。このことは、行為概念の理解は行為特異的な運動ニューロンに基盤化されているかもしれないことを示唆する。

　サルの運動皮質におけるミラーニューロンの発見も、他者の行為や目標、意図の理解を可能とするヒトの類似の神経システムの理解の手助けとなるかもしれない（たとえば、Gallese, Keysers, & Rizzolatti, 2004; Iacoboni, 2009; Rizzolatti & Craighero, 2004）。サルにおけるミラーニューロンの単一細胞記録は、サルがある課題を遂行するときの活動と、別のサルが同じ課題を行っているのをそのサルが観察するときで、この神経路にあるニューロンが類似の活動をすることを示した。研究者は、行為と観察の両方で活動するミラーニューロンをもっている理由として、これが他者の目標や情動を推測する能力を動物に与えるからであると示唆している。もし動物が目的的に行動するならば、その行為の間に発火し、後に他者の行為を観察しているときに「再利用」されるニューロンは、その行為の意味を反映しているに違いない。これが行為と認知の両方に役立つニューロンの証拠であり、身体が認知において本質的な役割を担っているという見解を支持するものである。

　この証拠は、概念表象が抽象的で非モーダル的であるという見解に対して強く異議を唱える。当然、心的表象がどの程度モーダル的であるか、あるいはモーダル的、非モーダル的の両方であるかについては、まったく異なる見解が存在している。そして意味がモダリティ特異的表象に見出されると主張する者たちでさえ、身体化された認知の理論に対してきわめて多様なアプローチをとっている（Gentsch, Weber, Synofzik, Vosgerau, & Schütz-Bosbach, 2016; A. D. Wilson & Golonka, 2013 参照）。

理論の鼎立的枠組み

　本書では、この〔身体化された認知〕理論に関する広範な実験結果を体系化し、統合するために、3つの方面からのアプローチをとる。他の研究者も身体化研究にこの3つの区分があることを指摘しているので、これは完全にオリジナルというわけではない。実験的研究はこの3つの枠組みのなかで大まかに体系化することができるが、これらのアプローチが互いに矛盾するものではなく、むしろ補完的なものであることをたえず読者に思い出してもらうことになるだろう。

　これら3つのアプローチは以下に代表される。

- **身体**は知識に必須のものであるという、アーサー・グレンバーグ（Glenberg, 2010, 2015）の見解（第2〜5章）
- 知覚経験と**感覚運動シミュレーション**から得られる表象を思考の「コアとなる計算」過程として利用すると考える、ローレンス・バーサルー（Barsalou, 1999）の知覚的シンボルシステム仮説（perceptual symbol system hypothesis：PSS）（第6〜7章）
- **言語**は知識表象を反映するというレイコフとジョンソン（Lakoff & Johnson, 1980）の**概念的メタファー**（Metaphors We Live By）説（第8章）

　読者は、身体化に対するこれら3つのアプローチを比較し対比させることもできるが、本書はそのなかから1つが卓越しているとか説得力がある考え方であるとして選ぶことはしない。このことはトピックの提示の核心にあるので、ここでもう一度言っておこう。これらのアプローチは矛盾するものではなく、補完的なものであると。

　本書は、身体化理論に**重み**をもたせるため、さまざまな種類の認知過程について検討した複数のラボの実験心理学的研究の結果をまとめている。なぜトピックの重みといったメタファーを使うのだろうか。これは非常に意図的なもので、著者が本書でしようとしていることを説明する方法を示しているからである。たとえば、もし、この身体化理論における身体の役割についてあなたに理解してもらいたければ、著者は何か重いものを持っているときのほうが、それが軽いときに比べて、持っているものの知覚される価値が上がるという点を強調する

だろう（Jostmann, Lakens, & Schubert, 2009）。さらに、物体の重要性についての判断が、その物体の重さがどのくらいだと思うかの判断に影響する（Schneider, Parzuchowski, Wojciszke, Schwarz, & Koole, 2015）。これらの経験的事例は、重要性の概念化に身体が必須であることを示唆している。

　しかしながら、思考にはバーサルー（Barsalou, 1999）の感覚運動シミュレーションの PSS 仮説が関わることを理解してもらいたいなら、それは価値判断の基礎にある重さに関する過去経験のシミュレーションであると論じるだろう。日常の身体的経験では、重い物体は軽い物体よりも大事なものであることが多く（たとえば、空っぽの牛乳瓶と満杯の牛乳瓶など）、これらの経験パターンが価値に関する思考において再現される（Barsalou, 2008b）。

　もしくは、重要性のように、何らかの抽象的なものにどのように意味を与えているのかを理解してもらいたいと思ったならば、抽象概念を、表面的には似ていないが、理解されている具象概念と結びつけることでそうしているのだと強調するだろう。これはわれわれの言語に反映されている。たとえば、「重い決断」とか「重い話題」といったメタファーは、価値や重要性の心的表象が、重さという具象的特性と関連していることを反映している。抽象概念は具象概念とのさまざまなつながりによって理解することができ、身体化されたシミュレーションによらなければ容易に説明できない表現を産み出している（Landau, Meier, & Keefer, 2010）。

　本書の第2章から第5章にかけては、距離や大きさの知覚といったさまざまな認知過程における身体の役割を支持する研究を示すだけでなく、身体が操作の感覚や力、自由意思に関する判断にさえ影響を与えることを示す。さらに、これらの判断を文化がどのように媒介する可能性があるかについての議論も含めている。第6章と第7章では，感覚運動シミュレーションが意味を与えるメカニズムであることを経験的な結果がどのように実証できるのかに取り組む。ここで取り上げる証拠には、情動的表情反応が、運動的模倣がなくても他者の情動反応のシミュレーションであることを実証した研究などが含まれる。また、空間内で身体をどのように動かすのかを想像するという形式のシミュレーションが、身体の実際の動き以上に時間の概念表象を規定することについても取り上げる。

　最後に、第8章では、言語、特にメタファーがどのように意味の基盤を反映しているのかについて探求する。本章では、メタファーに一致する心理学的効果の双方向性を実証する結果を提示する。たとえば、誰かを「温かい」と言うような一般的なメタファーの研究によると、物理的に温かいと（たとえば、ホットコー

ヒーの入ったコップを持っている）、冷たいものを持っているときよりも、人生において出会う人々を（物理的空間を共有するだけの他人であっても）親密に感じる。また、われわれが社会的に受け入れてもらえているときのことについて考えるとき、社会的に排斥されているときを思い出すときよりも、部屋の温度を物理的に温かく判断することが示されている。所属の概念化は、温度という物理的経験に基盤化されているようである（Williams & Bargh, 2008）。

　第9章はまとめであり、身体化理論の現在の状況について述べ、この理論への複雑な反応を単純化しようと試みる。つまるところ、身体化理論が実際に心理学を1つの学問領域として統一するパラダイムシフトであるかどうかを判断するには、実験認知心理学者、認知神経科学者、認知科学者が実証的な検討と認知過程のモデリングを続ける必要がある。

　本書について最後の留意点は次の点である。第2章から第8章の最後には、それぞれ読者のための「重要ポイント（takeaway）」を示している。これは単純に、その章の「全体像」を示す説明であるが、その意図は、その章で議論されている実証的研究の本質を捉えることにある。これらの重要ポイントはいずれも、身体化がどのように認知を説明するのかということを述べており、その説明は特定の領域（たとえば、知覚、情動、言語）や特定の概念（たとえば、シミュレーション）内のものであるので、多少冗長だと感じるだろう。これらの重要ポイントは、単に各分野の第一人者の理論家の名前を挙げて敬意を表しているが、読者はもちろん、これらの見解を支持するために、その章で他の多くの研究者が引用されていることをご承知だろう。これらのメッセージが、身体化された認知の理論の実証的検討を導く包括的原理の備忘録となることを願っている。

第2章　知覚における身体の役割

【本章の問い】
- 視知覚における身体の役割とは何だろうか
- 身体は視覚世界にどのように意味を与えるのだろうか

　ヒトの認知に関する研究において、認知心理学者は認知過程には階層性があると考えるために、感覚と知覚を分けて検討している。環境は感覚器官に物理的情報を提示し、生理学的過程がただちに光や音、味、触覚のエネルギーを取得するために機能し、それらを神経コードに変換する。こうして感覚が内的情報になるが、ひとつの疑問が浮かび上がる。そのコード（認知心理学者は**近接刺激**（proximal stimulus）と呼ぶ）からわれわれはどのように意味を手に入れているのだろうか。その近接刺激から意味への変換の過程が**知覚**（perception）なのである。

　知覚経験をもたらす感覚情報と非感覚情報の相互作用は、哲学者、認知心理学者、神経科学者によって長い間議論されている。視知覚が本章の焦点だが、より具体的には視覚刺激の知覚において非視覚的過程が果たす役割、つまり視覚システム外の身体過程の役割に焦点を当てる。この探究で興味深いのは、経験的研究が認知過程に対するこうした非視覚的影響について何を述べなければならないかである。初期の認知学派の伝統では、認知過程はモジュール的であるとみなされ、非視覚的影響は知覚以降の過程だとみなされてきた（たとえばFodor, 1983）。しかしながら、この視知覚における身体の役割についての問題にとりかかる前に、この具体的な疑問をもたらす身体化に関するより広い考え方から始めよう。まずは、本書を通じて何度も言及するであろう身体化に関するグレンバーグの見解の概要から始めよう。

http://dx.doi.org/10.1037/0000136-002
How the Body Shapes Knowledge: Empirical Support for Embodied Cognition, by R. Fincher-Kiefer.
© 2019 by the American Psychological Association. All rights reserved.

グレンバーグの考え方

　グレンバーグと彼の同僚たち（Glenberg, 2010, 2015; Glenberg, Witt, & Metcalfe, 2013）は、思考は身体から切り離すことができないと主張している。彼らの主張は、すべての心理的過程は、身体の形態、感覚システム、運動能力によって影響を受けるというものである。身体化理論がすべての心理学を統一する枠組みであることを示唆した有名な論文で、グレンバーグ（Glenberg, 2010）は進化、すなわち生存と再生産の圧力がどのように思考における身体の役割を必須のものとさせたかを強調している。彼の主張は、身体が環境のなかで生き残るために進化してきたのと同じように、認知も進化したというものである。

　グレンバーグの古典的な例は、捕食者に追いかけられているモグラである。もし、モグラが身体の行為に関する能力を正確に表象できなければ、たとえば、逃げるために穴に飛び込むのではなく飛ぼうとしてしまうなら、夜明けを見ることはないだろう。行為がなければ生き残れないため、認知は行為の制御に役立つものであるといえる。このような場合、原始的で本質的な認知の第一の目的は、環境内で意図的に行動するための身体の制約と能力を決めることにあるといえる。このアプローチは、ヴァレラたち（Varela, Thompson, & Rosch, 1991）の哲学研究が根源にある。彼らの著書『身体化された心（*The Embodied Mind*）』でも詳細が示されているように、「**行為**（強調は原著）という用語を使用することで、感覚と運動の過程、知覚、行為が生きた認知において切り離すことのできないものであると、改めて強調している」（p.173）。

　認知に対するこの見解は、思考の進化が身体とともに始まり、身体の発達とともにより進展し、洗練されていくことを示唆する。当然、これは認知が身体化されているという見方である。認知が身体化されていなくても行為の役に立つと主張する者もいるが（たとえば Ernst & Banks, 2002; Firestone, 2013; Fodor, 1983）、本章の目的は、認知、特に知覚が身体化され、行為に役立つために進化してきたことを示唆する経験的結果に注目することである。

　グレンバーグたち（Glenberg et al., 2013）の主張によれば、ヒトやヒト以外の動物の研究は、知覚過程が運動システムとともに進化してきたことを実証している。この一般的アプローチを視知覚に関する個別の認知的問題に適用すると、ジェームス・ギブソン（Gibson, 1977, 1979）の初期の研究や彼の直接知覚の理論

と一致する。ギブソンは、人が感覚情報から視知覚を構築しているのではない、つまり単に角度や線分を感知し、それらを知覚するためにさらなる過程を必要とするのではないと主張した。そうではなく、環境は主体がどのように相互作用することができるのかという観点から知覚される。ギブソンの見解では、知覚の中心に行為があり、したがって身体がある。意味は環境が知覚者に与えたものによって確立される。ギブソンのアフォーダンス（affordance）の理論は、知覚者が視覚刺激から、彼らの世界と周囲にある物体に影響を与える能力に関連する情報を「取り出す」のだと示唆している。椅子は人に座られることをアフォードするが、椅子としての物体の知覚はその人の身体の形に依存する。成人ならばドールハウスの椅子は座る物としては知覚せず、持ち上げるおもちゃとして知覚するだろう。ギブソンはさらに、アフォーダンスは身体から切り離せないと主張している。たとえば、リンゴの知覚される食用可能性は、その個体の口や歯の形、さらには消化器系に依存する。

知覚における行為の役割を支持する発達研究

　ギブソン（Gibson, 1977, 1979）の見解は、知覚技能の発達において行為がどのような役割を果たすのかを検討した初期の動物研究で支持されている。メリーゴーラウンドに乗せたネコを用いたヘルドとハイン（Held & Hein, 1963）の古典的研究は、運動経験がどのように知覚を変化させるのかを示した。2匹の子ネコを、互いに向かい合うメリーゴーラウンドのウマのように、小さなメリーゴーラウンドに固定し、メリーゴーラウンドの湾曲した壁に明るい縦縞がある視覚的環境に晒した。両方の子ネコとも生まれてから闇の中で育てられており、全く同一の視覚情報を初めて受け取っていることを理解しておくことが重要である。2匹のネコの違いは、1匹は足が地面に付くように引き具を装着されており、自分自身の力でメリーゴーラウンド内を回って動くことができることである。これが能動的ネコ条件であった。もう1匹のネコは、先ほどのネコが動いたときにだけ動く「ゴンドラ」に乗った状態で、足が地面につかないようにされた引き具を装着されていた。ヘルドとハインはこれを「拘束された」ゴンドラ条件、もしくは受動的条件と呼んだ。この実験のポイントは、両方のネコが同じ感覚経験、あるいは視覚入力を受けているが、片方が能動的に動けるのに対し、もう片方は自己制御的な**移動運動**（locomotion）を奪われていたということである。

　この実験状況の結果が実証したのは、両条件のネコとも光や移動する物体に対して正常な視覚的反応を示したが、受動的条件のネコは瞬目反応の障害（反射異常）と視覚的に誘導された足の運びに障害を示したということである。さらに、これらの受動的なネコは視覚的断崖（visual cliff）テストもパスできなかった。視覚的断崖はもともと、ギブソンとウォーク（Gibson & Walk, 1960）が人や動物の奥行き知覚を検証するために作った装置である。この装置は崖の端を歩く経験をシミュレートする。そこには動物やヒト（通常は幼児）が歩いたりハイハイしたりできる透明な板があり、その下には高コントラストの市松模様が描かれた布がある。透明板の一部では市松模様がすぐ下にあるが、他の部分ではその模様が〔板から〕4 フィート（約 1.2 メートル）下にある。このような段差が視覚的断崖の知覚、透明板の下の奥行きの変化を作り出す。

　ヘルドとハイン（Held & Hein, 1963）の実験における受動的条件のネコが視覚的断崖の上に置かれると、「崖」の先、つまり模様が変化している部分を越えて透明板を歩いたのである。このことはネコが視覚的手がかりから奥行き情報を決定できないことを実証しており、それは当然、現実世界で深刻な環境的な生存の課題を生むだろう。能動的なネコは視覚的断崖テストをパスし、透明板の深い側に置かれると、固まったり、崖の浅い側に達するまで後ずさったりした。この研究の結果は、能動的ネコは環境のなかを動き回ることで意味のある視覚的経験を得ることができたことを示している。しかしながら、自己生成的な行為のないネコは、効率的に視覚世界を解釈できなかったのである（受動的条件のネコのその後の生涯について心配する声に応えると、ヘルドとハインは受動的条件のネコも一度明るい環境の中で〔能動的に〕動く機会が与えられ、行為に対する視覚的結果を経験すると、知覚技能はほんの数日で改善され、すべての奥行きテストをパスしたことを明らかにしている）。

　ここで興味深い余談として、ヘルドとハイン（Held & Hein, 1963）の研究〔結果〕は、現在衛星ナビゲーションシステム（全地球測位システム；GPS）が広く使用されていることと、自己ナビゲーションの能力の低下に当てはまることである。われわれの多くは、拘束されたネコの知覚結果と同じように、別の人が運転していると、自分自身ではその場所をどう移動したらよいかわからないという経験があるだろう。さらに、実際に運転をしていても、自動化システムにナビゲーションさせていると、その認知的な影響を問題にすることができる。研究が示唆するのは、GPS ナビゲーションシステムを継続的に利用すると、空間的マップを作り出すことができなくなることに加え、移動してきた場所の表象が貧弱に

なるということである（たとえば Ishikawa, Fujiwara, Imai, & Okabe, 2008; Leshed, Velden, Rieger, Kot, & Sengers, 2008; Weisberg & Newcombe, 2016）。

　発達研究も、幼児における知覚と行為との間に相互依存性があることを実証している。知覚と行為の相互依存性は、知覚的発達に対してだけではなく、高次の認知発達や情動の発達に対しても明確な影響を与える（たとえば Campos, Bertenthal, & Kermoian, 1992; Dahl et al., 2013; Glenberg & Hayes, 2016; Lozada & Carro, 2016）。ヘルドとハイン（Held & Hein, 1963）のネコの研究と同様に、幼児を対象とした研究は、自己移動運動と意味のある知覚経験をもつ能力とを結びつけている（Campos et al., 2000）。受動的なネコと同様に、自発的な移動運動の経験が少ない幼児は、ハイハイの経験がある幼児よりも視覚的断崖を横切ることを恐れず、さらにこの効果は、年齢とは独立であることが示されている（Campos, Bertenthal, & Kermoian, 1992）。最近では、ダールたち（Dahl et al., 2013）が、移動運動をし始める前の幼児に、床を蹴って移動することができる車輪付きの装置に座らせる経験をさせた研究を行っている。この装置で移動する経験を得ると、幼児は視覚的断崖に対したとき心拍数の上昇が測定され、その移動装置でトレーニングを受けていない幼児よりも適切な恐怖を抱くことが示された。

　発達的に、高さに対する（生存の観点から）健全な恐怖に移動運動が必要なのはなぜだろうか。その問い対する答えは、奥行き知覚やそれに対する適切な情動的反応に身体が必要かどうかを判断することに役立つだろう。ダールたち（Dahl et al., 2013）は、彼らの研究における移動運動のトレーニングが、視覚的自己受容感覚 ── 環境に反応する自身の身体の動きから得られる視覚情報の理解 ── を改善したと主張している。この視覚的自己受容感覚は、自己産出的行為と視覚情報、そのなかでももっとも重要な周辺的視覚情報のフローとの相関関係の発達から生じる（D. I. Anderson, Campos, & Barbu-Roth, 2003）。

　周辺的視覚情報を受容している幼児は、安定するように体位の変化を示す（身体の揺れ）。（端近くの移動運動から）周辺的オプティカルフロー＊に変化があると、体位補正の減少を引き起こし、高さへの恐怖と深い視覚的断崖を横切らないという反応を媒介する。キャンポスたち（Campos et al., 2000）はまた、高さの恐怖は奥行き知覚の発達にのみよるのではないと主張している。もし発達にのみよるのであれば、5ヵ月児は全員が視覚的断崖に対する恐怖を示すはずだが、実際はそうではない。その代わりに、複数の実験から集約された証拠が示唆するのは、新

＊訳注：移動の方向を特定する物体の見かけの速度のパターンを指す。

生児や幼児の、初歩的な知覚的技能を組織化する移動運動の経験が重要であるということである。この経験は、意味のある知覚経験を得るために視覚の自己受容感覚などの技能を洗練し、劇的に調整する。

　ピアジェ（Piaget, 1954）は、距離の知覚という別の知覚的技能の発達に対する身体の役割を考察した。彼は、幼児が視覚と腕伸ばしを同調させ始めると奥行き知覚を構築することができるが、それは腕が伸ばせる範囲に限られると主張した。その後に、移動経験が、腕が伸ばせる範囲外の情報をもたらし、そこで幼児は垂直空間内の大きさや距離を推定できるようになるのである。ピアジェや他の研究者（Kaufman, 1974）は、運動情報と視覚情報の結合により、幼児が本質的に運動的な、自己努力的な単位で視覚的情報を「尺度化する」ことが可能になると主張している。ピアジェとカウフマンによって説明されたこの測定過程はプロフィットと同僚たちによって改訂され、詳細に論じられている（Proffitt, 2013; Proffitt & Linkenauger, 2013; Witt, 2011）。プロフィットと彼の同僚らは、知覚の「行為特異説（action-specific account）」を発展させたが、彼らの研究室の豊富な証拠に裏づけられている。ただし、その考え方やデータに対しては他の研究者からの批判もある（たとえば Durgin et al., 2009; Durgin, Klein, Spiegel, Strawser, & Williams, 2012; Firestone, 2013; Woods, Philbeck, & Danoff, 2009）。

プロフィットの考え方

　プロフィットの視知覚に対する身体化されたアプローチは、知覚に対するギブソンのアプローチを彷彿とさせ、1990年代に次のようなかなり大胆な考え方を打ち出すかたちで始まった —— われわれはその世界のなかで行動する自分たちの能力の関数として、その世界を知覚する。彼は、知覚には、身体の「反応」が関わるほどには思考が関わるわけではない —— その個別の行為の能力のなかにあると主張した（Proffitt, 2006; Proffitt, Bhalla, Gossweiler, & Midgett, 1995; Proffitt, Stefanucci, Banton, & Epstein, 2003）。これは幼児期から始まり、赤ん坊はそのときの行動の状態によって、その環境のなかでできることとできないことを学習する。つまり、赤ん坊は環境の「アフォーダンス」を学習する。これらのアフォーダンスは、幼児の身体が発達したり行為の能力が変化したりするにつれて変化していく。生涯を通じて、われわれは目標を達成するために必要な行為の可能性の関数として世界を知覚するのである。これを実行するためには、その人の身体は

どのようにこれらの目標を達成できるのかという観点から世界を「尺度化する」必要がある（心理的機能における運動発達の役割についての類似の身体化の考え方については、Adolph & Hoch, 2019 を参照）。

傾斜の知覚

　プロフィットと彼の同僚たちは、最初、傾斜や距離の知覚を検討することによって視知覚における身体の役割を示す証拠を見出した。プロフィットたち（Proffitt, Bhalla, Gossweiler, & Midgett, 1995）は、普段からジョギングをする参加者に、1 週間でもっともきついジョギングをする予定がある日に実験室に来てもらった。プロフィットたちは、ジョギングの前に彼らに 5° ないしは 31° の傾斜（参加者には知らされていない）がある丘の麓に立ってもらい、その丘を見て傾斜の角度を 3 つの方法で尋ねた。ひとつは（水平なら 0°、垂直なら 90° ということを思い出してもらったうえで）数字を言語的に答えるというものであった。もうひとつは視覚照合による推定方法で、可動する円グラフを見てもらい、その「円の一部」を推定した丘の傾斜と一致するまで調整することが求められた（図 2.1、Proffitt, 2006 より）。そして最後は、傾斜の「触覚的」（触覚ベースの感覚的経験に基づく）判断である。この推定は、小さなスタンドの上端についた「手を乗せる板（palmboard）」を，自分の手や板を見ずに、丘の傾斜と同じだと感じるまで調整するというものであった（図 2.2、Proffitt, 2006 より）。

　この丘の傾斜の推定のあとに、参加者にはきついジョギングに出てもらい、そのゴールとして参加者に気づかれないように、こちらも 5° ないし 31° の傾斜がある別の丘に来てもらった（始まりと終わりの丘の傾

図 2.1

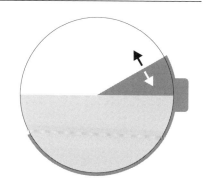

傾斜推定のための視覚的マッチング装置。参加者はパイ型の部分が観察した丘の断面に相当する角度となるように黒い半円を回転させた。ディスクは直径約 15cm であった。"Embodied Perception and the Economy of Action," より。D. R. Proffitt, 2006, *Perspectives on Psychological Science, 1,* p.111. Copyright 2006 by Sage. 許諾を得て再掲。

20

図 2.2

触覚装置（手を乗せる板）を使用する参加者。
彼女の課題は手を見ることなく、丘の斜面と
平行になるように板を調整することであった。
"Embodied Perception and the Economy of
Action," より。D. R. Proffitt, 2006, *Perspectives
on Psychological Science, 1,* p.112. Copyright
2006 by Sage. 許諾を得て再掲。

斜は異なっていて、その順番は参加者ごとにカウンターバランスされていた）。参加者は同じ3つの傾斜判断をすることが求められた。ジョギングの前後における両方の傾斜に対する推定の結果を図2.3に示す（Proffitt et al., 1995 より）。図を見るとわかるように、両傾斜条件の結果は、ジョギングの前であっても、言語条件と視覚条件では傾斜推定がきわめて貧弱であるが（20°もずれているときもあった）、触覚的推定はかなり正確であることを示唆している。もっとも重要なのは、傾斜知覚における疲労の効果は両傾斜条件で有意であり、参加者はジョギング前よりもジョギング後におよそ10°程

度、急であると推定していたことである。そして、この結果は、単純に傾斜を角度で報告できないことに帰することはできない。プロフィットたち（Proffitt et al., 1995）は、視覚的推定で用いた手持ち式のディスクを使って、たとえば単純に「ディスクを35°にセットしてください」とだけ求められたとき、参加者は角度で示された傾斜がそのディスクでどのようになるか、正確にわかることを示した。

　簡単にいえば、プロフィットたち（Proffitt et al., 1995）は、あまりに直感的でわかりやすいので、驚くべきとも面白いともいえない知覚的結果、つまり、疲れていれば傾斜がきつく見えることを見出したのである。しかし、なぜそのようになるのだろうか。そして、このことから、身体がどのように視知覚に情報を与えているかについて何が言えるだろうか。プロフィットと同僚たちは、知覚が「可変的」、ないしは適応的なものであると提案している。われわれは世界を真正なものとしてではなく、身体がそのなかでどのように行動するかという観点から知覚している。これがプロフィットの**身体化された知覚**（embodied perception）という見方の本質である。視知覚は環境からの視覚入力を得て、自動的で意識的な

図 2.3

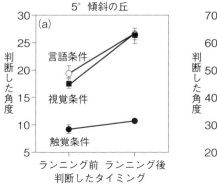
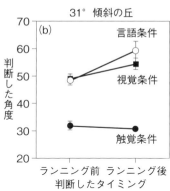

走者によるジョギング前後の傾斜判断の平均。5度（左）と31度（右）の丘に対し知覚された傾斜は口頭、視覚的、触覚的に測定された。誤差範囲は1標準誤差を示す。"Perceiving Geographical Slant," より。D. R. Proffitt, M. Bhalla, R. Gossweiler, & J. Midgett, 1995, *Psychonomic Bulletin & Review, 2,* p.424. Copyright 1995 by Springer. 許諾を得て再掲。

気づきもないまま、身体の移動運動のエネルギーコストを考慮しながらそれらを統合する。それは内的な進化に基づく動因が、エネルギー効率の高い方法で行動させるためである。われわれは、利用可能な量以上のエネルギーを使うことはできない。疲れているときに、実際よりも丘をきつく知覚するのは、それに応じて反応するよう行為システムに情報を与えるため、適応的であるといえる。

　知覚におけるエネルギーコストや身体的労力の役割を示すさらなる証拠が、プロフィットの研究室の別の研究で示されている。参加者に口頭、視覚的、触覚的に判断させた別の実験で、バーラとプロフィット（Bhalla & Proffitt, 1999）は、参加者を丘の麓に立たせ、軽い、または重いバックパックを背負わせた。彼らは、重いバックパックの条件では言語的、視覚的に報告させる条件でよりきつい傾斜判断をしたが、先行研究と同様、触覚反応のときにはそのような効果がみられなかった。バーラとプロフィットがさらに見出したのは、長期間エネルギー不足を経験している参加者 —— 身体状態が良くなかったり、高齢の参加者など —— は、健康で若い対照条件の参加者に比べ、意識的な傾斜の認識において過大評価したことである。しかし、手を乗せる板での視覚的に誘導された行為は、ここでも、身体的潜在能力によって影響を受けなかった。

　触覚的判断、つまり視覚的に誘導された行為を必要とする傾斜の測定は、なぜプロフィット（Proffitt, 2006）が「エネルギー的考慮」と呼ぶものの影響を受け

ないのだろうか。もし身体が視知覚の一部の測度には影響するが、この視覚的に誘導された行為には影響しないのであれば、これは身体が視知覚に影響するという結論に疑問を投げかけるのだろうか。プロフィットたち（Proffitt et al., 1995）は、視覚的に誘導された行為は別個の視覚経路によって伝えられるため、視知覚とは異なると考えた。

　人の脳には、網膜神経節細胞の一部から延びる、2つの別々の視覚経路があるということは現在ではよく知られている。ひとつは、**腹側系**（ventral system）として知られ、下側頭皮質に入力されるもので、もうひとつは**背側系**（dorsal system）として知られ、後頭頂皮質に入力される（Goodale & Milner, 1992; Milner & Goodale, 2008）。腹側系は基本的に、物体の特徴に関する意識的な視覚的気づきなど、主に「何」に関する機能と関連する一方、背側系は無意識的で、視覚的に誘導された行為を担う「どのように」に関する機能を実行する。

　言語的および視覚的報告と触覚的判断の傾斜推定が異なるという乖離がみられること、特に明示的な判断は身体状態の影響を受けるのに対し、行為による判断では影響がなかったことは、これらの異なる反応が異なる視覚システムを基礎にしているということを示唆している。意識的な知覚は身体の影響を受けているようであり、無意識的な知覚は純粋な視覚情報に導かれているようである。2つの視覚経路の働きは、行動にとってきわめて重要であるようにみえる。たとえば、行動に情報を与えるのに、われわれの意識的な知覚システムが丘を実際よりも急勾配であると知覚するにもかかわらず、非視覚的なバイアスの影響を受けない別の視覚システムによって効果的に行動することができる。これにより、5°の傾斜を乗り越えるために不適当に脚を20°も上げたり、重いバックパックを背負って地形に合わせて歩いていても躓くことがないのである。

　シュナールたち（Schnall, Harber, Stefanucci, & Proffitt, 2008）は、傾斜の知覚における別の種類の非視覚的な影響を見出した。今回は、疲労や年齢といった身体的な効果ではなく、社会的サポートの有無という心理社会学的効果であった。参加者は近くに友人がいる状態で傾斜を推定するとき、もしくは横に友人がいると想像したときに、一人で立っていたり、自分にとって否定的な人や中立的な人が立っていたりする状態を想像したときよりも、傾斜を緩く推定した。過去の研究と同様、これらの効果は傾斜の言語的推定と視覚的推定で起こったが、触覚的推定ではみられなかった。身体的なコストが世界の知覚を調整するのと同じように、心理社会的資源も同様に知覚的判断に影響するのである。興味深いことに、関係性の質はこの研究における社会的サポートの効果に影響した。すなわち、友人関

係の期間が長かったり、親密さや温かさがより強いと感じるほど、傾斜をより緩いと知覚したのである。シュナールたちのこれらの結果が示唆するのは、意識的な知覚はエネルギーコストや資源に依存し、心理社会的資源はそれらのエネルギーコストを相殺したり、補填したりするかもしれないことである。

距離の知覚

　プロフィットたち（Proffitt, Stefanucci, Banton, & Epstein, 2003）は、傾斜の知覚に影響するある種のエネルギーコストが、自己中心的な距離の判断、すなわち観察者からターゲットまでの距離の「程度」の知覚に影響することを見出した。これは、重いバックパックを背負い、言語的にターゲットまでの距離を判断する参加者は、バックパックを背負わない参加者よりも、ターゲットを遠いと判断することで実証された。プロフィットと同僚たちは、もし自己中心的距離が環境的**アフォーダンス**（Gibson, 1979）であるなら、その距離の知覚は、その環境中を移動する身体の労力を含むはずであると論じた。つまり、距離の知覚はオプティカルフローや両眼視差といった奥行き知覚を補助する視覚入力や変数の関数であるだけでなく、その文脈におけるその個人の遂行能力によっても決定されるのである。もし距離の知覚が、一部、ある範囲を移動するために必要と予測される労力という非視覚的入力によるのであるなら、次の疑問は、この予測される労力は一般的なものなのか、あるいは、問題となっている行動のみに適用されるのかということである。

　ウィットたち（Witt, Proffitt, & Epstein, 2004）の第一実験では、プロフィットたち（Proffitt et al., 2003）の研究を拡張して、**投球**の労力の増加が距離の知覚に影響するかどうか（つまり、一般的な労力の効果なのか、移動運動に限定されるのか）が検討された。この研究における参加者は、前方にあるターゲットに、重い、または軽いボールを投げたあとに、ターゲットまでの距離を判断した。ウィットたちは、重いボールを投げた参加者は軽いボールを投げた参加者よりも、ターゲットを遠くにあるものと判断したことを見出した。この結果は、距離の知覚への一般的、つまり無条件の身体労力の影響を示唆している。ウィットたちはさらに、距離知覚におけるエネルギーコストと視覚入力の結合の効果が、距離知覚の複数の測度に影響するかについても検討した。

　そのために、彼女たちは傾斜知覚の研究で手を乗せる板を用いて視覚的に誘導

された行為を測定したのと同様に、意識的な知覚によって影響されることの少ないであろう距離の測度を使用した。それは「目隠し歩行」による距離の測定で、参加者は目隠しをされて、言葉で推定値を報告する代わりに、推定した距離を歩くように求められた。目隠し歩行は投球の労力に関する同様の検討でも用いられており（Rieser, Pick, Ashmead, & Garing, 1995）、非視覚的な労力の影響に左右されないことが示されていた。実際、ウィットたち（Witt et al., 2004）も、参加者にさまざまな距離にあるターゲットに対して重いまたは軽いボールを投げさせたあとに、推定した距離を目隠し歩行するよう教示すると、言語的推定とは異なり、投球の影響がみられなかった。これは、当然ながら、これらの労力の効果が本当に知覚の段階で起こっているのか、方略的なものであって、距離の推定を言語的に行うよう教示されたときにのみ起こるのかという疑問をもたらす。

　ウィットたち（Witt et al., 2004）は、これらの結果には、オンラインの知覚が視覚入力と移動に必要と予測される労力の関数であるという主張と一致する解釈があると主張した。参加者が異なる距離から何度もボールを投げた第一実験では、参加者は何試行にもわたってボールを投げなければならないことを知っていた。つまり、参加者は「投球者」として世界を知覚し、距離の推定に投球の労力が反映されていた。しかしながら、投球のたびごとに「目隠しで」歩くことを求められたウィットたちのあとの実験では、おそらく参加者の意図は「歩行者」にあり、投球の労力は無関連であったと考えられる。

　意図の影響の強さを検討するために、ウィットたち（Witt et al., 2004）は別の実験で、意図、つまり、参加者が距離の推定をするたびに行うと予測する行為を操作した。参加者は、全員重いボールを（異なる距離から）ターゲットに向けて3回投げ、ターゲットまでの距離を推定した。しかし、参加者のうち半分には、それぞれの距離の推定のあとに、目を閉じてそのターゲットにボールを投げることを求められるだろうと告げ（目隠し投球による距離の推定）、もう半分の参加者には、目隠しをして、そのターゲットまで歩くよう求めた（目隠し歩行による距離の推定）。その結果、ターゲットへボールを投げることを意図した参加者は、ターゲットへ向かって歩くことを意図した参加者よりも、距離を過大に推定することが実証された。このことから、労力の効果は目前の課題に特異的なものであるという主張が支持される。つまり、参加者が頑張ってボールを投げ、もう一度投げるつもりならば距離は遠く知覚されるが、歩くつもりの距離の知覚には投球はあまり影響がないのである。これは身体的な労力が距離の知覚において一般的な役割を果たすというだけでなく、労力の効果は知覚する者が行おうと意図する

行為に依存することを示している。もしその人の知覚する世界が投球者のもので
あるなら、距離の知覚は投球に必要な労力の関数となるであろう。しかしながら、
その人の意図が歩行者であるなら、距離の知覚は、歩行に用いられる労力に影響
を受け、また重い荷物を背負わされるといった要因に影響されるだろう。

　意図が歩行者であるときに距離の知覚に影響するであろう別の要因として、歩
行に影響する慢性痛があるだろう。これは他の非視覚的な影響と同じように、距
離の知覚に自動的に影響するであろうもうひとつのエネルギー「コスト」と言え
るだろう。ウィットたち（Witt et al., 2009）は、腰や脚に慢性痛を抱える参加者
を探し、長い廊下のさまざまな場所に置かれたパイロンまでの距離を判断させた。
そして、痛みのない統制条件の参加者の距離推定と比較した。その結果、慢性痛
をもつ参加者は、痛みのない統制条件の参加者よりも、歩くときにターゲットま
での距離を遠く推定することを見出した。

　心理社会的資源が傾斜の知覚に影響することを示したシュナールとハーバー
たち（Schnall, Harber, et al., 2008）の研究と同様に、他の研究でも距離の知覚に
影響する社会的・情動的要因が見出され、これらの要因は、身体のエネルギー
資源を変化させるよう働く可能性がある。たとえば、バルセティスとダニング
（Balcetis & Dunning, 2010）は、獲得できるかもしれないお金といった望ましい
ものは、そうでないものよりも近くにあると知覚されることを見出した。この結
果に対して彼らは、知覚のバイアスが、欲求を満たすものへ近づくためのエネル
ギーを与える機能を果たしていると説明した。同様に、コールたち（Cole, Balcetis,
& Dunning, 2013）は、攻撃的な男性など脅威的な刺激は、嫌悪感を誘発させる刺
激や感情を引き起こさない刺激よりも、参加者の近くにあると知覚されることを
見出した。コールたちは、この知覚的バイアスが、参加者の行為制御に影響し、
この場合には、刺激からすばやく遠ざかろうと動機づけると主張した。欲求と
恐怖という2つの情動状態、そしておそらく他の気分状態も（Riener, Stefanucci,
Proffitt, & Clore, 2003）、肉体的に元気を回復したり、重荷を背負わされたりする
のと同じようにして、身体のエネルギー資源に影響を与えるようである。

表現型の発現としての知覚

　プロフィットとリンケナウガー（Proffitt & Linkenauger, 2013）の身体化された
知覚の概念は、知覚にもっと強力な生物学的な、身体に基づく基盤があることを

示唆している。彼らの主張によれば、視角の変換、網膜視差に関わる計算、そして、視覚情報処理を定義する眼球－運動調整はすべて、個人の身体に特有の計測過程を通じて起きる。

　プロフィットとリンケナウガー（Proffitt & Linkenauger, 2013）の「知覚的定規（perceptual-ruler）」仮説は、知覚において、環境から入力された視角を身体によって規定された単位に変換すると示唆する。したがって、同じ物理的現実であっても、われわれは異なる知覚的定規を使用するため、背が高ければ背の低い人とは異なるように世界を知覚するだろう。目の高さは、距離やモノの高さといった知覚的特性を判断したり理解したりするときのものさしとなる（Sedgwick, 1986; Wraga, 1999）。物体の高さを尺度化するために自身の身体を使用することで、環境が投射する視角は著者の知覚的ものさしの仮に40%を占めるとしても、背の低い人にとっては、同一の対象がその人の知覚的ものさしの65%を占める可能性がある。このことは、知覚が身体の直接的関数であり、その知覚から導出される意味は、背の低い人の世界は背の高い人のそれよりも大きいということになる。子どもは、計測処理において大人とはきわめて異なる大きさの定規を使っているため、大人よりも世界を大きく見ているのである。

　プロフィットとリンケナウガー（Proffitt & Linkenauger, 2013）は、目の高さが距離や高さを尺度化するけれども、手でつかめる物体の大きさの計測には自身の手の大きさが用いられるだろうと提案した。子どもが自分の手を計測のための道具として使って、リンゴの大きさをどのように知覚するか、同じリンゴを大人が知覚する様子と比較して想像してみよう。同様に、手を伸ばせる物体までの距離を尺度化するときには自身の腕が使われ、生理学的・行動的な可能性という点での自身の身体の**能力**は、環境の傾斜や距離といった側面を計測するのに用いられる（図2.4、Proffitt & Linkenauger, 2013より）。プロフィットとリンケナウガーは、身体がただ知覚に影響するのではなく、知覚に必須であると主張している。

　われわれの表現型（phenotype）は、遺伝的構成（遺伝子型；genotype）が個人的環境との関数としてどのように表現されるかということを指す。そのためプロフィットとリンケナウガー（Proffitt & Linkenauger, 2013）は、知覚が他の生物学的過程と同じように「表現型の発現（phenotypic expression）」であると主張した。表現型には知覚にとって重要な3つの側面がある。

- 生理的機能：身体の代謝状態
- 形態：身体のかたちや大きさ
- 行動：それぞれの目的や目標に応じて行われる行為

図 2.4　　　　　　　　　　　　　　　図 2.5

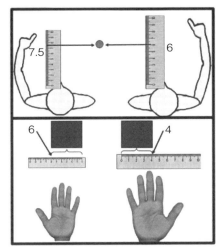 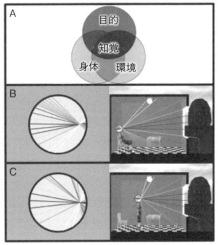

空間の近さの程度は、手を伸ばす（上部）ま
たはつかむ（下部）という行為限界によって
尺度化される。*Action Science: Foundations
of an Emerging Discipline*（p.183）より。W.
Prinz, M. Beisert, & A. Herwig（Eds.）, 2013,
Cambridge, MA: MIT Press. Copyright 2013
by MIT Press. 許可を得て掲載。

（A）知覚は環境、身体、目的の一致を表
す。（B と C）照らされた環境から目に投影
される視角。*Action Science: Foundations of
an Emerging Discipline*（p.173）より。W.
Prinz, M. Beisert, & A. Herwig（Eds.）, 2013,
Cambridge, MA: MIT Press. Copyright 2013
by MIT Press. 許可を得て掲載。

　さらに、プロフィットとリンケナウガー（Proffitt & Linkenauger, 2013）は、知
覚は常に意図的に起こるものである、すなわち、われわれが自分の身体に何かを
してほしいと求める文脈のなかで起こると主張する。図 2.5（2013 年の文献より
転載）に示すとおり、知覚は目標、身体、環境の交点である。この図の下半分は、
移動するにつれて網膜に映る視覚がどのように変化するかを示しており、感覚情
報から知覚への変換を必須としていることに注目してほしい。この図は、視覚情
報はすべて視角という形式で入ってくることを示しているので、第 1 章で触れた
「基盤化」問題を明確に示している。つまり、プロフィットとリンケナウガーが
主張するように、身体でなければ、何がこれらの角度を「基盤づける」、つまり
尺度化できるだろうか。

　知覚にはプロフィットとリンケナウガー（Proffitt & Linkenauger, 2013）が**表現
型の再体制化**（phenotypic reorganization）と呼ぶものが必要である。表現型の再
体制化とは、身体のどの側面が知覚を決定するかは、その人のする行為によって
異なることをいう。たとえば、先に説明した研究に関していえば、身体は投球者

として世界を知覚することが必要な場合もあれば、歩行者として知覚することが必要な場合もある。こうして知覚は、表現型のどの側面が特定の目的に適切かに応じて尺度化される。投球者の場合、おそらく生理的な側面に対するエネルギーコストが知覚に影響するだろう（つまり、重いボールを投げてエネルギーを使い果たすと、知覚される距離は軽いボールを投げた場合よりも大きくなる）。他の場合、たとえば身体が「手を伸ばすもの」であれば、表現型の再体制化は知覚が表現型の別の側面 —— この場合はわれわれの形態、つまり腕の長さ —— に導かれることを要する。もし、パフォーマンスの目標が誘導する知覚であるなら（たとえば、グリーンからのパット）、行為や行動の過去の変動性（この課題や技能について初心者レベルか専門家レベルか）が知覚に影響する表現型のもっとも重要な側面となるだろう。

生理的機能によって尺度化される知覚

　表現型の体制化の発現としての知覚という見解に対する経験的な支持が増えている。この主張を支持する証拠は、先ほど示したプロフィットと同僚たちの研究（たとえば Bhalla & Proffitt, 1999; Proffitt, Bhalla, Gossweiler, & Midgett, 1995）を含む研究の集積によってもたらされていることを踏まえて、身体の生理的機能、代謝のコストの関数としての知覚からみていこう。

　たとえば、これらの研究では、重い荷物を背負わされたり、加齢や痛みによってより永続的なエネルギーコストをもつ参加者は、知覚的にバイアスのある傾斜や距離の判断をすることが示された。これらの研究の多くに対する批判があり、それらの結果は、プロフィットと同僚たちが示唆するような知覚に対する身体効果なのではなく、研究の要求特性によるものであると指摘している（Durgin et al., 2009）。これらの懸念や他の問題点については、本書の最終章で詳細に扱う。

　プロフィットたちは実験操作に参加者が気づく可能性があるという潜在的な問題に対処しながら、知覚に対する身体の生理的機能の影響を検討した。たとえば、生体エネルギーの潜在量における個人差を検討すること（高齢の参加者と若年の参加者の傾斜推定を比較するなど）は、実験操作を伴わないので、要求特性の可能性を排除する方法のひとつである。高齢者は丘をよりきつく見るという知見は、知覚以降の過程によって容易に説明できるものではない（Bhalla & Proffitt, 1999）。

　プロフィット（Proffitt, 2006）の見解は、環境の知覚は行為を「節約する」の

に役立つに違いないというものである。身体は利用可能なエネルギーと、環境の
なかで行動するために必要なエネルギーに敏感でなければならない —— 知覚はそ
の結果、それらのエネルギーに対する考慮によってバイアスを受けるであろう。
プロフィットと同僚の主張によれば、エネルギーの予備が少ないときには（ジョ
ギングのあとの一時的状態や、加齢による恒常的な状態のように）、知覚は利用可能
なエネルギー量と関連して行為に必要なエネルギー量によって尺度化される。資
源が枯渇し、行動へのエネルギーコストが高い場合にはより急勾配に知覚したり、
より遠方に知覚したりするのである。

　このような知覚の説明に関する初期の検討では、エネルギーの予備は直接的に
操作したり計測したりされるものではないとのみ考えられていた。シュナールた
ち（Schnall, Zadra, & Proffitt, 2010）は 2 つの実験を実施して、空間知覚に影響が
あるかどうかを決定するため代謝エネルギーを操作した。これらの実験で、シュ
ナールたちは、参加者にエネルギー状態の操作に全く気づかせない、つまり、参
加者は高エネルギー条件にいるのか低エネルギー条件にいるのかわからない状態
にすることで、要求特性の懸念を回避した。シュナールたちは高グルコースの飲
み物か、カロリーゼロの飲み物を飲ませ（味は同一なので、参加者はカロリーを摂
取しているかどうか推測できなかった）、丘の傾斜を推定させた。シュナールたち
は飲み物から得たグルコースの利用可能性が、参加者の予備エネルギーが高い状
態にするだろうと予測した。実際、高エネルギー条件の参加者は、グルコースな
しの飲み物条件の参加者よりも丘の傾斜を緩く判断した。さらに、グルコースの
操作と独立に、睡眠量や、健康状態、栄養、ストレスといった生理エネルギーの
要因の個人差を用いて回帰分析を行い、それらの要因が傾斜知覚の変数を予測し
たかどうかを検討した。その結果、シュナールたちは、生体エネルギー資源の減
少に関連する変数が、傾斜の推定値の増加に直接的に関連することを見出した。

　同様の結果が、サイクリスト（Zadra, Schnall, Weltman, & Proffitt, 2010）や歩行
者（Zadra, Weltman, & Proffitt, 2016）に対して、エクササイズののちにグルコー
スレベルを上げるカロリー補給サプリを与えるか、グルコースレベルを下げるノ
ンカロリーのサプリを与えるかして、距離を推定するよう求めた研究でも見出さ
れた。これらの研究では参加者における生理学的個人差を評価するために多くの
個人差測度も収集され、それらが距離判断の変動にどのように影響するか検討さ
れた。

　サイクリストでも歩行者でも、カロリー飲料を消費することによってグルコー
スレベルが上昇し、距離の推定は短くなった（通常は消費前と消費後のスコアの

差として測定される)。しかしながら、エクササイズ後のノンカロリーの飲み物の消費は、エクササイズによるグルコース低下に影響せず（グルコースはないので驚くことではない）、消費前と消費後のスコアの差から、距離はプリテストよりもポストテストで長く知覚されることが示された。両研究とも、距離の知覚はグルコース変動の一時的な状態に影響されるばかりでなく、エネルギー産出量（産出量が多いほど距離を長く推定する）や健康レベル（健康な参加者ほど距離を短く推定する）の個人差にも影響されることが見出されている。

　ザドラたち（Zadra, Weltman, & Proffitt, 2016）は、遠い空間における行為には、形態学的（形態および形状）な行為限界は有用な尺度とはいえないとしている。その代わり、距離を測定するための相対的単位は、われわれの生理学的、より具体的には、現在の代謝状態ならばその範囲をどのように移動できるかについての生体エネルギー的考慮だとしている。より最近の研究は、傾斜や距離の知覚における身体の生物学的状態の役割を直接的に示す証拠を提示しており、それらの結果は人工的な研究室における交絡変数や、知覚以降の影響によって容易に説明されうるものではない。

形態によって尺度化される知覚

　プロフィットとリンケナウガー（Proffitt & Linkenauger, 2013）によると、行為や目的、環境がそれを強いる場合、身体の形態、つまり身体の大きさや体型が知覚を決定することがある。たとえば、何かをつかもうとするとき、腕をどの程度伸ばせるかといったことを含むわれわれの身体形態は行為を制約し、**行為限界**（action boundary）をもたらす（用語は Fajen, 2005 に基づく）。小さな川を飛び越えられるかとか、枝から吊り下がっているリンゴに手が届くかといったことを判断するためには、特定の行為限界に対する視覚情報を尺度化する必要がある。

到達可能性が距離知覚に影響する

　手が届くかということに関する身体の行為限界が距離知覚にどのように影響を与えるかを検討する方法として、ウィットたち（Witt, Proffitt, & Epstein, 2005）は、ターゲットへの到達可能性を操作した。彼らはテーブルに円形の光を投射し、その光のターゲットがあった場所を腕を伸ばして指し示すか（その場所までは届かない）、ターゲットの光があった場所を触れることができる長い棒を使わせた。

その後、参加者にターゲットまでの距離を推定させた。ウィットたちは、言葉による距離の推定と、知覚した距離を評価する視覚的照合課題の両方で、ターゲットを腕で指し示させた場合よりも道具を使わせたときに、より近くに見えることを見出した。彼女たちはこの結果を、道具条件において腕の行為限界が拡張したことによると結論づけた。つまり、道具が参加者の知覚的定規を伸ばし、ターゲットの光に（触れることで）届くことができたので、知覚される距離が圧縮されたのである。この結果は入來たち（Iriki, Tanaka, & Iwamura, 1996）のマカクザルの研究で見出された結果と同様であった。この研究では、脳の中心後回尾部、すなわち、収束する体性感覚（身体）情報と視覚情報の受容野の神経活動を記録しながら、道具使用の影響について検討した。入來たちは、離れた物体を取るために道具を使用しているサルは、道具の長さとアクセス可能になった領域を含む視覚受容野が変容することを見出した。ウィットたちの結論と同様、入來たちのデータが示唆するのは、道具の使用が、「身体スキーマ」の表象を神経上で変化させ、それが距離の知覚に影響するということである。

　ウィットたち（Witt et al., 2005）は最後の実験で、ただ道具を持つだけでは距離の知覚に影響しないことを示した。つまり、道具が距離の知覚を縮めるためには、それがターゲットに向けられ、到達可能な領域を伸ばすために使われる必要があるのである。ウィットたちは、これは行為に基づく知覚的計量が用いられていることの証拠であると主張した。つまり、手の届く範囲にあるターゲットは届く範囲にないターゲットよりも近くに知覚されるが、それは手を伸ばそうという意図があるときに限られるのである（図2.5の、行為と環境を目標に結びつける重なった円を思い出してほしい）。

　ブローシュたち（Bloesch, Davoli, Roth, Brockmole, & Abrams, 2012）のその後の研究では、参加者に、別の人がその人自身の腕ないしはリーチを伸ばす道具でターゲットに到達する様子を観察させた。彼女たちは行為の観察は行為と同じ知覚的な結果をもたらすことを見出した。ターゲットに到達可能な場合に、そうでない場合よりも距離が圧縮されたのである。この知見は、行為遂行能力によって距離知覚が変化することを可能にする神経活動が、行為をしている場合でも観察している場合でも同じであることを示唆している。この知見はサルで発見され、他の認知過程に対して提案されたのと同じミラーニューロンシステムが関わっていることを示唆する（Buccino, Binkofski, & Riggio, 2004）。観察中の他者の行為を表象することはその行為の理解を促進し、自身のその後の行為の予測を可能にするのである（Iacoboni et al., 2005）。

　最後に、現在では**道具の身体化**（tool embodiment; Baccarini et al., 2014）と呼ばれるものの検討において、ミラーたち（L. E. Miller, Longo, & Saygin, 2017）は、限界条件の再調整、つまり道具使用による知覚的尺度化過程を検討した。参加者が鏡に映った右腕を見ているために視覚的には左腕が道具で物体をつかんでいるように見える場合（実際は左腕は完全に静止している）、左腕上の接触点間の距離の触知覚が、額上の接触点間の距離の触知覚よりも長く（つまり、腕が長くなったと）知覚されることが見出された。つまり、腕で道具を使用したという錯視は、道具を用いて腕を実際に動かして使用するときにみられる再調整、ないし尺度化と同じことを起こすのに十分だったのである（Witt et al., 2005）。この知見は、身体行為の視覚的経験だけであっても、身体次元や能力の知覚を形づくることを示唆している。ミラーたちの主張によれば、視覚は、われわれが見ている世界を尺度化するときに用いられる身体の多感覚表象に、他の感覚フィードバック（たとえば、運動から来る）を統合するようである。

　身体化された知覚と身体による尺度化に関するさらなる証拠が、利き手と知覚に関する非常に面白いデータから見出されている。リンケナウガーたち（Linkenauger, Witt, Stefanucci, Bakdash, & Proffitt, 2009）は、右利きの人は自身の知覚する右手の長さが、知覚する左手の長さよりも長いことを見出した（図2.4を見て、右腕と左腕で知覚的定規が異なっていることを思い出してほしい）。たとえば、著者は強い右利きなので、まるで左手よりも右手のほうが遠くまで伸ばせるかのように行動することがめずらしくない。左手で容易に届くような左側にあるものをつかむときでも、身体の反対側へ右手を伸ばすことがよくある。たとえば、何かがソファの下に落ちていて、たとえそれが自分の身体の左側にあったとしても、かろうじて手の届く範囲にあるものを取ろうとするとき、自動的に右腕を伸ばそうとするだろう。

　リンケナウガーたち（Linkenauger et al., 2009）は、ハンマーのような日常的な物体の向きを変え、つかみやすそうだったりそうでなかったりにするという巧みな研究を実施した。あるときには持ち手が参加者の右側で、またあるときは左側になり、右利き、左利きの参加者は、ハンマーがどれくらい遠くにあるかを判断した。つかみやすさを操作したいくつかの実験を通じて、リンケナウガーたちは、持ち手の向きをつかみにくい向きにしたとき、参加者はハンマーをより遠くにあると判断することを見出した。当然、距離を特定する視覚情報は、ハンマーの向きによって影響されないが、つかみやすさは変化する。つかみやすさは知覚された届きやすさに影響し、届きやすさは距離の判断を尺度化したのである。

　この結果の興味深いポイントとして、つかみやすさは右利きの参加者にしか影響せず、左利きの参加者の距離の判断には影響しなかった。リンケナウガーたち（Linkenauger et al., 2009）は、これは左利きの参加者は日常から器用なことが多いためであり、ハンマーがつかみにくいということにはならなかったと指摘している*。もし、左利きの参加者がどちらの手でも同じくらい容易に物体をつかめるなら、つかみやすさは届きやすさに影響を与えず、距離の知覚は持ち手の向きの条件間で同じとなるだろう。

手の大きさや利き手が物体サイズの知覚に影響する

　リンケナウガーたち（Linkenauger, Witt, & Proffitt, 2011）は、また、物体の大きさの知覚が行為に用いるであろう身体部位の形態によって尺度化されることを見出した。彼らの研究で、右利きの人は右手にあるとき、または左手に比較して右手に対して、相対的に物体をより小さく判断した。リンケナウガーたちは、これは右利きの人が、左手よりも右手が大きく、つかむ際により効率的だとみるためであり、つかむ能力が大きさの判断に用いられる尺度化過程のための「知覚的定規」として機能すると示唆している。この結論は、この物体の大きさの推定における違いがつかむことができる物体でしか起こらないという事実からも支持される。もし、物体がつかむには大きすぎる場合、右手が近くにあっても左手が近くにあっても、大きさの推定は同じであった。

　手の大きさが知覚された物体の大きさの知覚的定規として用いられるというさらなる証拠が、リンケナウガーたち（Linkenauger, Ramenzoni, & Proffitt, 2010）によってもたらされている。彼らは、参加者が拡大眼鏡を装着し、周囲全体が大きく見えるようになると、身近な物体の大きさも身近でない物体の大きさもともに、当然のことながら、実際よりも大きく判断されることを見出した。しかしながら、同じ物体が、参加者の手をその物体の横に置いたときには縮むことが示され（手もゴーグルによって大きくなるにもかかわらず）、そして興味深いことに、この効果は左手が見えるときよりも右手が見えるときに強かったのである。この利き手によって調整された身体を基礎にした再尺度化効果は、研究に参加したのが右利きの参加者だけであったためと推測される。

　この研究の結果は（図2.6）、利き手の効果は、利き手が知覚においてより良い、

---

*訳注：左利きの人は右利きの人向けの物や環境に合わせなくてはいけないため、器用にならざるを得ないということである。

効率的な知覚的定規として用いられることにあると示唆している。2つ目の実験で、リンケナウガーたち（Linkenauger et al., 2010）は、参加者が「縮小」眼鏡をつけたときには、同様だが逆方向の結果となることを示した。小さく見える環境にもかかわらず、参加者の手が見えるときには、見えないときに比べ、物体をより大きく判断した。しかし、この論文の別の実験では、この「錯覚的な」縮小や拡大が、他の人物の手が見えている場合には起こらないことを示した。リンケナウガーたちの結果は、知覚的再尺度化が、その人の個人的な身体基準に左右されるという説得力のある証拠を示している。

　手が見えるときに起こる大きさ知覚に対する身体−尺度化効果には、また別の興味深い結果として、大きさ−重さの知覚的錯覚がある。この研究は現在も十分な説明がなされていないものの、よく再現されており、リンケナウガーたち（Linkenauger, Mohler, & Proffitt, 2011）に引用されているように、シャルパンティエ（Charpentier, 1891）によって最初に注目されたようである。それはまったく同じ重さだが大きさが異なる複数の物体を参加者に提示して、その重さを尋ねるときに起こる現象である。重さは等しいにもかかわらず、参加者は小さな物体に比べ、大きな物体をより軽いと判断し、大きな物体は重いという直感や典型的な現実に反して、このように錯覚を起こすのである。この錯覚から、リンケナウガーたち（Linkenauger, Mohler, & Proffitt, 2011）は、実験で次のような予測を立てた。参加者の手が見えているときに、つかめる物体が小さく見えるという先行結果から、大きさ−重さ錯覚は、手が見えないときに比べると、手が見えるときにより重いと判断されるだろう。彼らはまさに、そのとおりの結果をさまざまな大きさの物体で見出した。参加者は重さを推定するための滑車で物体を持ち上げたが、手が見えるとき、手が見えない条件

図 2.6

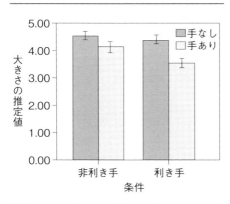

実験1における6つの物体をまとめた、手の条件（利き手か非利き手か）と手の有無（つまり、参加者の手が物体の隣に置かれているかどうか）の関数としての、大きさの平均推定値。誤差範囲は条件内で算出された1標準誤差を示す。"Illusory Shrinkage and Growth: Body-Based Rescaling Affects the Perception of Size," より。S. A. Linkenauger, V. Ramenzoni, and D. R. Proffitt, 2010, *Psychological Science, 21,* p.1320. Copyright 2010 by Sage. 許可を得て再掲。

に比べ物体をより重く判断した。大きな物体を軽く判断することに関わるメカニズムはまだ明確にわかっていないが、手の可視性がこの錯覚に影響するという事実は、身体化された知覚の存在を支持するもうひとつの結果である。

行動によって尺度化される知覚

　知覚において役割を果たす表現型の最後の側面は、技能を磨いてきた行為のように、動きや行為の履歴のあり方で身体が用いられる場合である（Proffitt & Linkenauger, 2013）。この場合、知覚に適した尺度は、自身の行動の変動性である。たとえば、パットのうまいゴルファーは、そうでないゴルファーよりもボールが大きく見えるといった経験的な結果をどのように説明するだろうか（Witt, Linkenauger, Bakdash, & Proffitt, 2008）。もしくは、打率の高いソフトボール選手は、打率の低い人よりもボールが大きく見える場合はどうだろうか（Witt & Proffitt, 2005）。ターゲットへボールを蹴るのを成功させるフィールドゴール*のキッカーは、成功できないキッカーよりもゴールポストの幅を広く知覚する（Witt & Dorsch, 2009）。的に当てるのがうまいダーツ選手は、そうでない選手よりも的の大きさをより大きく知覚する（Wesp, Cichello, Gracia, & Davis, 2004）。

　プロフィットとリンケナウガー（Proffitt & Linkenauger, 2013）は、どんな行動においても技能が向上するにつれて、その行動を遂行するときの一貫性が増加すると述べている。もしその一貫性が（確率分布のように）自身の典型的なパフォーマンスを中心とした変動性として記述されるならば、熟練した遂行者は、自身の行為が典型的なパフォーマンスの周りに集まっていることを暗黙のうちに理解している。これに対し、未熟な遂行者の行為は、平均的なパフォーマンスから、ときに大きくずれたりする。たとえば、熟練したゴルファーは、ホールのかなり近い位置にパットを打つ傾向がある。したがって、知覚は行動によって「尺度化されて」いるので、熟練したゴルファーにとって、パット周辺の狭いエリアに対して、ホールの大きさの知覚は大きくなる。しかしながら、ホールから遠い位置からパットをすることが多い未熟なゴルファーは、周囲の広いエリア（パフォーマンスのばらつきを反映する）に比べてホールを小さく知覚するのである。この説

＊訳注：フィールドゴールはアメリカンフットボールで、スナップされたボールを地面やティーに置いて蹴ることでゴールになることを指す。

明は、ゴルフの腕前がどのようなレベルでも、ホールの近くからパットをすれば
より成功率が高まり、ホールから遠い位置からパットをするゴルファーよりも、
ホールを大きく知覚するということを示す結果からも支持されるだろう。

　ウィットたち（Witt et al., 2008）は、ホールから近い、または遠い位置から
パットをした未熟なゴルファーを対象にして、まさにこのような、ホールの大き
さの知覚はパットの成功率の関数であるという結果を見出した。この知覚的な差
異は、ホールがゴルファーから見えているときでも起こっており、この効果が記
憶や他の知覚以降の過程によるものであるという指摘を排除するものである。実
験室場面で、ウィットたち（Witt, Linkenauger, & Proffitt, 2012）は、パットのグ
リーン上にエビングハウス錯視（大きな複数の円に囲まれた円は、小さな複数の円
に囲まれた同じ大きさの円よりも小さく見える）を作り出した。彼らは、ホール
に向けてゴルフ〔パット〕をした参加者は「小さな円に囲まれる」条件のときに、
「大きな円に囲まれる」条件よりも、ホールのサイズを大きく知覚し、錯覚を起
こしたことを示した。特筆すべきは、穴を大きく知覚した参加者がパットをより
成功させたことで、これは知覚された大きさとパフォーマンスに関連があること
を実証している。ウィットたち（Witt et al., 2012）とウッドたち（G. Wood, Vine,
& Wilson, 2013）の示唆する説明によれば、この効果は、錯覚が注意制御や運動
プランニングに影響し、ホールを大きく知覚することが、参加者のそのホールへ
のパットへの自信を高めたのであろう。明らかに、環境中で効率的に行動する能
力が知覚に影響するとともに、その逆も真であり、知覚もまた行為する能力に影
響するのである。

結論

　認知は行為に仕え、行為は身体によって制約され、また情報を与えられるとい
うグレンバーグ（Glenberg, 2010, 2015）の考えは、プロフィットの身体化された
知覚の概念と一致している。プロフィットと同僚たちが主張するのは、視覚の感
覚経験が意味をもつためには、光学情報の角度単位が、大きさや距離を知覚する
ことを可能にするように、線形の単位に変換される必要があるということである。
プロフィット（Proffitt, 2013）は、「この変換の媒体は人の身体である。これは私
の想像力の欠如を反映しているのかもしれないが、それ以外にありうるのか想像
することができない」（p.474）と論じている。プロフィットはさらに、身体が光

学情報から意味を導出するための尺度化装置、つまり知覚的定規となると述べている。身体のさまざまな側面のひとつだけが、すべての場面で適切な知覚的定規となることはなく、どの側面が用いられるかは行為の目的や、観察者が置かれた環境に依る。たとえば、目の高さという尺度は、地上にある物体の距離を知覚するときのみに適しており、手の大きさという尺度は、つかめる物体の大きさの知覚のみに適しており、つかめない物体には適していない。代謝コストは、移動することになる距離や傾斜を尺度化するときに用いられるだろう。

　このような身体化された知覚の説明は完璧なものだろうか。プロフィットとリンケナウガー（Proffitt & Linkenauger, 2013）は、そうでないと主張している。身体は世界を意味のあるものとして知覚する能力をもたらすという仮定はデータによって強く支持されるが、適切な「知覚的定規」が何であるのかを決定できていない空間知覚も多くある。さらに、本章に提示した知見に対する批判もあり、そのうちいくつかは本書の最終章で議論している。しかしながら、現在の段階では、身体化された認知に対する反対者は、特に、行為がいかに知覚に情報をもたらすのかに関して、方法論や経験的結果に対する解釈については批判しても、知覚研究に浸透している多くの経験的知見に対する代替説明を示すことができないでいる（Proffitt, 2013 と Witt, 2015 の議論を参照）。

▶重要ポイント

* 感覚情報は意味のある知覚に変換される必要がある。この感覚入力は身体の形態、生理的機能、行動により尺度化され、これは環境の文脈とわれわれが世界に働きかける際の目標のなかで起こる（グレンバーグ、プロフィット）。

第3章　社会的・情動的判断における身体の役割

【本章の問い】

- 感情的意思決定の心的表象における身体の役割とは、どのようなものか
- 身体は、どのように情動的反応を伝えるのか
- 身体経験は肯定的か否定的か、良か悪かの表象を、どのように形成するのか

　何年も前のこと、研究者たちは情動における身体の効果について、興味深い仮説を検討した。その仮説は単純で、身体の姿勢、特に表情はその人の情動に直接的に影響するというものである。この仮説は多くの人が幼い頃に母親から聞かされた、「笑えば気分が良くなるよ」といった考えに相当する仮説である。ストラックたち（Strack, Martin, & Stepper, 1988）は、この表情フィードバック仮説を実証的に検討した。彼らは参加者に、唇が笑顔の位置に上がるよう、ペンを（先が外側を向くように）歯でくわえさせたり、同じ笑顔の筋肉を抑制するよう、ペンを唇でくわえさせたりした。参加者には、たとえば、身体に障害をもつ人が口で書くことを学ばなければならない場合のように、普段は用いない身体の部位でさまざまな課題を遂行する能力を検討するための実験なので、この表情をしてほしいと教示した。参加者はそれから複数の課題を遂行したが、うちひとつはいくつかのイラスト（カートゥーン）のユーモアを評価することであった。得られた知見はいまや古典的ともいえるもので、笑顔に関する古来の格言を支持するものであり、参加者は自身の表情によりもたらされた情動が肯定的か否定的か（情動価）について意識的に気づいていないにもかかわらず、笑顔の表情をした参加者は、顰め面のポーズをした参加者よりも、イラストをより面白いと感じた。

　特定の情動価に結びついた身体姿勢をとるというこの一般的な実験的アプロー

http://dx.doi.org/10.1037/0000136-003

How the Body Shapes Knowledge: Empirical Support for Embodied Cognition, by R. Fincher-Kiefer.
© 2019 by the American Psychological Association. All rights reserved.

チは、身体化理論を検討する際や、身体姿勢が社会的判断や認知判断における適
合性効果をもたらすかどうかを検討する際に、きわめて多用されている。しかし
ながら、これらの身体姿勢効果が身体に基盤化された概念知識を真に反映してい
るというためには、身体が結果としての判断に直接的で因果的な役割を果たすこ
とが明確でなければならない。これは、先に触れた研究と同様に、参加者がとっ
ている身体姿勢のもつ情動価に気づかないようにしたり（研究者は、効果的に研
究の目的を隠す）、これらの身体姿勢の生理学的・神経学的結果を検討したりす
ることによって達成される。

　身体経験が思考の表象を形づくると主張する理論にとって、身体が距離や大き
さといった知覚的判断にどのように影響するかを実証することと、知覚したりそ
れに作用したりすることができない**抽象**概念も身体から生じると実証できること
とは全く別である。本章では、知覚や行為に関わる概念におけると同様に、モダ
リティ特異的なシステムにおいて身体が情動価（肯定的か否定的か）や動機づけ
（接近か回避か）の基盤となるという主張を支持する研究をみていく。

行為から感情への身体の効果

　何年も前、ウェルズとペティ（Wells & Petty, 1980）は、参加者に装着してい
るヘッドホンが外れないか検討するためとして、頭を縦に振ったり、横に振った
りするように教示した。参加者はこのように頭を動かしていたが、ヘッドホン
からはそれと知らせずに架空のラジオ放送が流されていた。ウェルズとペティは、
縦に頭を振る条件の参加者は横に振る条件の参加者よりも、あとで放送の内容に
賛成したことを見出した。
　身体の動きが新たな情報への態度の獲得にどのように影響するかに関する別の
検討において、カシオッポたち（Cacioppo, Priester, & Berntson, 1993）は、参加
者にあなたは特定の腕の構えからくる〔筋〕緊張の効果を検討する研究に参加し
ています、と教示した。参加者は、利き手の手のひらを机の端の底面、つまり下
からしっかりと持ち上げるよう求められた。この腕の曲げ方は、腕を身体に向け
て動かすことに関わる筋運動を伴うことから、古典的には接近（approach）運動
であると説明される。別の参加者は、机の端の上面に利き手を押し付けるよう求
められた。この腕の伸ばし方は、身体から腕を離していくための筋肉が関わるこ
とから、回避（avoidance）運動であると説明される。参加者は、コンピュータ画

面に提示される新奇な刺激である漢字＊を評価し、それぞれの形が好きか好きで
ないかを決定する間、これらの腕の動きを維持していた。カシオッポたちは、参
加者が接近、つまり腕を曲げる行為をしているときに、これらの漢字を肯定的に
評価し、回避、つまり腕を伸ばす行為をしているときには否定的に評価するとい
う、**行為から感情へ**（action-to-affect）の効果を見出した。この効果は参加者が漢
字に対する評価的判断（好きか嫌いか）をしているときにのみみられ、漢字がど
の程度複雑かという非評価的判断のときにはみられなかった。カシオッポたちは、
生涯にわたる接近・回避運動の経験と、それらの肯定的・否定的な結果が、新た
な情報を判断する際に自動的な**評価的**連合を確立すると示唆した。

　他の多くの研究でも、行為から感情への効果が実証されている。肯定的感情
や否定的感情に連合する身体の姿勢や運動動作をするとき（たとえば、抑うつに
関連する、うなだれる動作）、処理していることへの態度はその感情に一致するよ
うになる（たとえば Duclos et al., 1989; Riskind & Gotay, 1982; Schubert, 2004）。こ
れらの知見から、態度は少なくとも部分的には、**身体化された反応**によって決
定されるようであると主張されている（Niedenthal, Barsalou, Winkielman, Krauth-
Gruber, & Ric, 2005）。

　身体の姿勢が、多くの社会的判断に影響する特定の態度を身体にもたらすと
いう仮説の検証のひとつに、カーニーたち（Carney, Cuddy, & Yap, 2010）の「パ
ワーポーズ」の検討がある。カーニーたちはヒトや他の種〔動物〕にもみられ
る力強さの身体表現の明確な例を挙げている。白鳥は求愛のときや子どもを守る
とき、水面から体を押し上げて翼を高く広げる。ゴリラは脅威を感じたとき、胸
を突き出して肘を大きく広げ、胸を叩く。ワンダーウーマンは強さの象徴として
脚を広げ、手を腰に当てて立つ。これらの身体を広げる姿勢は、地位や名声のあ
る立場の人々によって踏襲されてきた典型的な姿勢にすぎないのだろうか。それ
とも、それらの姿勢がヒトをより効果的に、より力強く感じさせる**原因**となるの
だろうか。つまり、力という抽象概念は、腕の運動に接近や回避が身体化されて
いるのと同じように、特定の体勢に身体化されているといえるのだろうか。

　カーニーたち（Carney et al., 2010）はパワーポーズの効果に関する研究を行い、
参加者に高パワーの姿勢と低パワーの姿勢をとらせた。これらの姿勢は、拡張性
と開放性という、広く力と関連する 2 つの非言語的次元に基づく。姿勢の本当の

＊訳注：カシオッポたち（Cacioppo et al., 1993）の論文にも詳細は触れられていないものの、アメリ
カの大学で実施された実験のため、参加者は漢字刺激が何を意味しているか知らないという前提のもと、
提示されている。

42

目的を隠すために、参加者は電極（心電図〔ECG〕のリード線）の位置による心電図反応の正確さの違いを検討する研究であると教示された。参加者のふくらはぎと左腕の下側にセンサー〔電極〕を配置し、参加者の身体を図3.1a（高パワー）と3.1b（低パワー）にあるような姿勢になるように実験者が手で調整した。身体姿勢のカバーストーリーをさらに補強するため、参加者にはセンサーは心臓から

図3.1

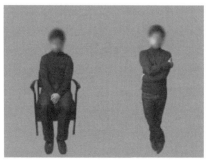

（a）研究で用いられた2つの高パワーポーズ。高パワーポーズ条件の参加者は手足を広げる姿勢をとった。（b）研究で用いられた2つの低パワーポーズ。低パワーポーズ条件の参加者は手足を閉じる姿勢をとった。"Power Posing: Brief Nonverbal Displays Affect Neuroendocrine Levels and Risk Tolerance," より。D. R. Carney, A. J. C. Cuddy, & A. J. Yap, 2010, *Psychological Science, 21,* p.1365. © 2010 by D. R. Carney, A. J. C. Cuddy, and A. J. Yap. 許諾を得て再掲。

一定以上の距離に離す必要があると教示したが、当然ながらECGのデータは実際には記録されていなかった。参加者はそれぞれのパワー条件にあたる姿勢を1分間維持しながら、フィラー課題*を行った。その後、参加者はその姿勢を解き、ギャンブル課題によってリスクテイキングを測定されたあと、自己報告尺度で力に対する感情を測定された。〔また〕ストレスホルモンのコルチゾールを検討するため、（さらにカバーストーリーを補強して）姿勢をとる前後で唾液が収集された。このホルモンは力をもたないときに高く、力を得たときには低くなることが示されている（たとえばSapolsky, Alberts, & Altmann, 1997）。これらの唾液サンプルでテストステロン・レベルも調べられた。これは優勢であったり競争していたりするときには高くなり、負けているときには低くなることが示されている（たとえばBooth, Shelley, Mazur, Tharp, & Kittok, 1989）。

カーニーたち（Carney et al., 2010）は、高パワーポーズの参加者は低パ

---

*訳注：フィラー課題とは，実験で他の条件との時間調整をしたり，実験の本来の意図を曖昧にするために行われる実験の本筋とは異なる内容の課題のこと。

ワーポーズの参加者よりも、ギャンブル課題である程度の報酬を守るためにサイコロを振らないという選択をするよりも、大きな報酬を得ようとサイコロを振ってリスクを冒す傾向があることを見出した。さらに、高パワーポーズの参加者は低パワーポーズの参加者よりも、有意に高い有能感と責任感を報告した。カーニーたちは、力強い身体姿勢を1分間するだけで、こうした知識を活性化する行動的影響があると結論づけた。カーニーたちは、パワーポーズによってテストステロン・レベルが上がり、コルチゾール・レベルが下がるという生理学的変化も報告しているが、これらの結果は追試研究では確認されていない（たとえば Ranehill et al., 2015）。カーニーたち（Carney, Cuddy, & Yap, 2015）は、彼女たちの研究の信ぴょう性についての非常に一般的な疑問に応えて、オリジナルの研究以来の身体姿勢の伸展・収縮について調査した広範な研究をレビューし、要約した。彼女たちは（その時点で）33のすべての研究が彼女たちの結果を追認、もしくは部分的に追認したと報告しているものの、別の研究者は、使用した方法論やこれらの追試研究から得られた統計的証拠に重大な問題があると報告している（たとえば Simmons & Simonsohn, 2017）。しかしながら、カディーたち（Cuddy, Schultz, & Fosse, 2018）は、55の研究に基づく別の体系的なレビューを発表し、自己報告の感情状態、または力強さの感情に「姿勢フィードバック」（パワーポーズをとること）の効果の強い証拠があるとしている。実際、カディーたちがレビューした研究は、人々により力強さを感じさせること以上に、姿勢の操作が参加者の情動や気分の回復、肯定的・否定的記憶の検索に影響することを示唆している。個人的な力強さの感情とその後の情動が、身体姿勢の認知的・行動的影響であろうと思われるという結論は、他のものより論争を呼びにくいといえそうである。この結論への収束的証拠をもたらす研究を検討する価値がある＊。

　フアンたち（Huang, Galinsky, Gruenfeld, & Guillory, 2011）は、力強さの発現における身体姿勢の効果を検討し、これらの身体効果と、同じ力強さに関する知識が認知的に活性化されたときに生じる（フアンたちが「役割の力」と呼ぶ）効果とを比較した。パズル課題において、参加者に与えられる階層的役割（高い権限をもつマネージャと低い権限の部下）と身体姿勢とを独立に操作することで、これらのうちどちらが思考と行動の「近位相関（proximal correlate：より重要な決定

＊訳注：なお、パワーポーズの研究を主導したカーニー（Carney, 2017）は、いまでは、パワーポーズの効果が実際に存在するとは考えておらず、もうこれ以上、この研究に関わったり、授業で紹介したり、他者に研究することを勧めることはないとしている。
https://faculty.haas.berkeley.edu/dana_carney/pdf_My%20position%20on%20power%20poses.pdf

要因）」なのかを検討することが可能になった。フアンたちは参加者に、実験課題で高権限もしくは低権限の役割を与え、高パワーポーズか低パワーポーズの姿勢（伸展対収縮）をとらせた。彼女たちは、行為の測度（リスクテイキングを含むギャンブル課題）でも、思考の抽象化の測度（断片化された写真からゲシュタルトを同定する）でも、姿勢が役割の力に比べて一貫して強い効果を生み出すことを見出した。参加者が与えられた役割は、実際に有意に力強さの自己報告に影響していたが、知識活性化の潜在的指標（単語完成）においても、参加者の姿勢はより強い効果をもっていた。フアンたちは、この結果は、力のある人物のように振る舞い考えるためには、単に自分の身体を、力を誇示する姿勢にさえすればよいことを示したと結論づけた。このように、役割の力ではなく、姿勢が思考と行動のより**近位**な相関なのである。

　最後に、ヤップたち（Yap, Wazlawek, Lucas, Cuddy, & Carney, 2013）は、パワーポーズの負の結果である不誠実な行動について調査した。実験室やフィールド実験で偶発的なパワーポーズの効果について検討した一連の研究で、参加者は誠実にも不誠実にも行動することができるような状況におかれた。ヤップたちは意識的にであろうと（カバーストーリーが与えられた）、偶発的にであろうと（フィールドでも、環境の配置の影響のため）、高パワーの伸張する体勢になった参加者は不誠実な行動を多く示し、多くお金を受け取ってしまったことを報告しなかったり、課題で金銭的報酬に影響を与えるよう反応を変えたりすることを見出した。

　興味深いことに、別の２つの研究で、ヤップたち（Yap et al., 2013）は、身体が収縮するような車の座席に座ったときと、伸張するような車の座席に座ったときの運転行動を比較検討した。１つの実験室研究で、参加者は車の座席に似た椅子に座り、ドライブシミュレーション・ゲームをするよう求められた。フィールド実験では、複数の種類の自動車を実際に運転し、駐車する行動が観察された。これらの実験からは、ドライブシミュレーションの架空の事故によって測定すると、座席によって姿勢が伸張するほど運転がより無謀になり、実際の二重駐車によって測定すると、より駐車違反が多くなることが実証された。ヤップたちは、彼らの結果が、伸張姿勢と不誠実さの関係、そして伸張姿勢と危険な運転の関係が身体姿勢に身体化された力の感覚に媒介されることを示唆していると主張した。彼らの実験は異なる参加者集団を用い、フィールド実験では現実世界のデータを用いており、この姿勢の効果が生態学的に妥当であることを示している。

　最後にもうひとつ、感情に対する行為の効果を示す研究を提示する必要があ

る。身体姿勢効果の生態学的妥当性や普遍性をさらに支持する研究だからである。アイザーマンとコーエン（Ijzerman & Cohen, 2011）は、身体の「振る舞い（comportment）」を検討した。彼らがこの用語を姿勢という用語よりも好んで使うのは、より一般的で物腰や所作を含むからである。特定の姿勢がヒトに普遍的であることと、ヒトではない種でもそうした姿勢に類似性がみられることから、アイザーマンとコーエンは、姿勢と感情のつながりには「配線済みの（prewired）」進化的な基盤があると思われると主張した。たとえば、彼らは、ヒトの直立姿勢や顎を上げる姿勢と誇りや優越、おそらく幸福の経験との間にさえ、進化的なつながりがあると示唆した。同様に、下を見たり、顎が下がった姿勢は、恥や降伏、おそらく悲しみの経験と配線済み、すなわち結びついているだろう。アイザーマンとコーエンは、この配線済みという性質は、必ずしも「固定的」なものではないと指摘した。というのは、文化やジェンダーが、これらのつながりを引き起こしたり、引き起こさなかったりする文脈を与えるからである。彼らはさらに、身体と文化の関係は双方向的であり、身体が特定の文化的価値を顕著にし、また、それらの価値が際立つときに、特定の身体効果を引き起こすと提唱した。

　アイザーマンとコーエン（Ijzerman & Cohen, 2011）は、一連の3つの実験で、「名誉の文化」圏の男性と女性（オランダのラテンアメリカ、アラブ、トルコ人の参加者）を対象に検討した。その文化では、家族への忠誠、高い社会的尊敬、女性の純潔に価値をおく。彼らはさらに「尊厳の文化」圏の両性（アングロサクソンのアメリカ人とオランダ人の参加者）の参加者も対象に検討した。この文化は個人の価値を尊重するため、個人が他者から独立しているときにその特質の強さを示すと信じている。彼らは参加者に頭と顎を上げる姿勢か下げる姿勢で立たせ、表向きは視力検査における酸素吸入の違いを調べるという目的で、その姿勢を維持させた。

　図3.2からわかるように、いくつかの実験のなかのひとつで、アイザーマンとコーエン（Ijzerman & Cohen, 2011）は、文化的価値として名誉が特に重視されるラテンアメリカの人たちでは、頭を高くする身体姿勢をした男性は、頭を下げる身体姿勢をした男性よりも名誉関連の単語に対する感度が高いことを示した。しかしながら、この姿勢の効果はラテンアメリカの女性にはみられなかった。名誉を重視する文化圏のラテン系女性は、この姿勢に名誉が身体化されていない。実際、これらの文化圏の女性は、敬意や謙虚さが名誉なことであると信じており、したがって頭を下げる姿勢が文化的な価値に結びついている（Cohen, 2003）。事実、図3.2を見るとわかるように、アイザーマンとコーエンの実験のラテンアメ

図 3.2

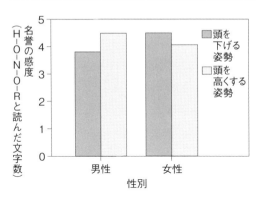

身体の振る舞いと参加者の性別の関数としての、「視力検査」においてラテンアメリカ人が H-O-N-O-R の文字を読んだ数の平均。"Grounding Cultural Syndromes: Body Comportment and Values in Honor and Dignity Cultures," より。H. Ijzerman & D. Cohen, 2011, *European Journal of Social Psychology, 41*, p.463. © 2011 by Wiley. 許諾を得て再掲。

リカ人の女性は頭を上げる姿勢よりも頭を下げる姿勢において名誉に関する単語への感度が高かった。名誉を特に際立った価値としない尊厳の文化にいるアングロサクソンのアメリカ人の男女の参加者は、名誉関連の単語に対する感度測度において姿勢の違いがみられなかった。

アイザーマンとコーエン（Ijzerman & Cohen, 2011）の最後の実験では、身体姿勢と文化的価値の因果方向を反転させた。フィールド実験において、名誉の文化圏の参加者と尊厳の文化圏の参加者に、名誉の規範が際立つような質問紙（暴力に訴える可能性があっても家族を守る）に回答しているときの「膨張」や「収縮」の身体姿勢を観察し、評価した。男性のみが参加者となり、その結果は名誉の文化圏の参加者は、名誉に関連する暴力を支持するときにはより伸張（膨張）し、そのような暴力を支持しないときには小さくなる（収縮する）傾向があることが示された。しかしながら、尊厳の文化圏の男性は、各個人の価値を信じ、侮辱に対して暴力で応えないとき、より強さを感じる傾向があり、名誉に関連する暴力を**拒む**ときにより伸張し、拒まないときに収縮する傾向がみられた。

これらの実験は、文化の身体化の理解を深めるものである。アイザーマンとコーエン（Ijzerman & Cohen, 2011）は、身体姿勢そのものが名誉といった特定の抽象概念を表象しているとは限らないことを見出した。身体表現に抽象的な感情反応を表象するようおそらく「配線済み」であるという事実はあるが、その発現は、文化的文脈、ジェンダー、文化的規範に対するその人の個人的な尊重の度合いに依存するのである。

情動価の身体化

　アイザーマンとコーエン（Ijzerman & Cohen, 2011）の、名誉のような抽象概念はその人の独自で可変的な表象として身体に基盤化されているという示唆は、カササントとルピャン（Casasanto & Lupyan, 2015）の見解とも一致する。彼らは、すべての概念、カテゴリー、単語の意味は、神経認知活動のパターンに表象されており、それらは思考〔内容〕ごとに、また人ごとに異なると提唱した。彼らは多くの人に共有されている具象概念（たとえば「犬」）の知識であっても、その神経認知表象は、その人の社会的経験や身体経験に依存し、構築と検索における文脈にも制約されていることから、特異的であると主張した。カササント（Casasanto, 2009）は以前に、身体は常に文脈の一部であり、その中で知識を構築するのであって、身体がわれわれの形成する表象に影響するとすれば、異なる身体をもつ人は考え方も異なるはずだと主張していた。これがカササントの**身体特異性仮説**（body-specificity hypothesis）で、文化的な文脈が、身体がどのように抽象概念を基盤化するかを形づくることを実証したアイザーマンとコーエンのデータと一致するだけでなく、前の章で議論した、個々の独自の身体が知覚や行為を制約するという考え（Proffitt, 2013）とも一致している。

　カササント（Casasanto, 2009）の身体特異性仮説に従えば、個別化された身体が具体的な行為や物体の心的表象の基盤となることは直感的に十分に理解できる。たとえば、具体的な物体について考えるときその色を心的にシミュレートすることが伴うとすれば、色盲の人とそうでない人は、その神経認知表象に異なる活性化のパターンを示すはずである。同様に、投げるといった行為について考えたり読んだりするときに伴う心的シミュレーションは、その人自身がその行為をどのように行うかに固有であるだろう。右利きの人は、左利きの人とは異なっているだろう。実際、投げるといった行為について考えるときに、身体の優位性〔利き手〕によって運動皮質の反対側の脳半球活性が予測されるだろう。これはまさに、異なる利き手の参加者に身体行為について読ませたり想像させたりするときに見出された結果である（たとえば Willems, Hagoort, & Casasanto, 2010; Willems, Toni, Hagoort, & Casasanto, 2009）。

　カササント（Casasanto, 2009）の身体特異性仮説に都合の良い検証基盤として使われたのが、利き手であった。異なる身体をもつ人々は実際に異なって思考を

表現するのかどうかを検討するのに、これ以上良い方法はないであろうからである。しかし、良し悪しといった抽象概念の心的表象に、身体が異なる人によってどのような違いがあるだろうかを想像するのは単純なことではない。もし、情動価の表象は多様である、つまり身体に特有のものなら、右利きの人と左利きの人では、その人自身の身体の優位性に一致するかたちで、良し悪しについての思考が反対のパターンを示すだろう。反対に、これらの概念の表象が普遍的かつ不変であるなら、右は**良く**（たとえば、「彼は〔私の〕右腕だ（right-hand man）」）、左は**悪い**（たとえば、「左足が2本（two left feet）」；不器用）といった空間−情動価マッピングを示唆する、言語と文化に広く行き渡っているパターンと一致するだろう。カササントは、情動価の身体化を調べるために5つの実験を行った。

　カササント（Casasanto, 2009）の実験1では、左利きと右利きの参加者が紙とペンを用いた図形課題（「ボブ課題」と呼ばれることが多い）を行った。参加者は初めに、ボブという人物が動物園に行くという短い話を聞いた。その話はボブが大好きなシマウマと、嫌いなパンダを見た、というものであった（動物の種類と感情的つながり〔好み〕は、参加者間でカウンターバランスされた）。参加者の前にはボブの頭が書かれた単純な図があった。その図には2つのボックスがあり、水平条件ではひとつはボブの頭の右側、もうひとつはボブの左側に配置され、垂直条件では、頭の上と下に配置された（これらの条件については、図3.3aと3.3bを参照）。参加者はこれらの2つの条件にランダムに割り振られ、良いものをもっとも表現するボックスにシマウマを、悪いものをもっとも表現するボックスにパンダを描くように教示した（この順番も、参加者間でカウンターバランスされた）。

　カササント（Casasanto, 2009）は、もし良し悪しの空間表象が普遍的な言語的・文化的傾向に依存するなら、水平条件では〔参加者の〕利き手にかかわらず良い動物は常に右のボックスに置かれると予測した。しかしながら、もし右利きの参加者と左利きの参加者が肯定性・否定性（情動価）を身体に基盤化しているなら、身体の優位性の違いによって結果は異なるだろうと予測した。これは、良い動物と悪い動物が左右のボックスに違ったふうに置かれるというかたちでみられるだろう。垂直条件は、利き手と上下の次元に対応性がないため、重要な統制条件であった。すべての参加者が、**上は良い**（たとえば、「今日は本当に気分が上々なんだ！（I'm feeling really up today!）」）、**下は悪い**（たとえば、「憂鬱で落ち込んでいる（down in the dumps）」）という言語的・文化的習慣を用いることになるはずである。そのためカササントは、垂直条件では、右利きの人も左利きの人も良い動物をキャラクターの上にあるボックスへ、悪い動物は下のボックスに置くだろう

と予測した。

　図 3.3c と 3.3d は、カササント（Casasanto, 2009）の実験 1 の結果を示しており、水平条件（3.3c）では、左利きの人と右利きの人は、良い動物をどちらのボックスに置くかに反対の選好パターンを示すことが明確に実証された。右利きの人は良い動物を右のボックスに置くが、左利きの人は左に置くという事実は、情動価の表象が身体に特有のものであるという仮説を支持している。垂直条件の結果（3.3d）は、（利き手の違いがみられなかったため）身体に特有の影響とは異なる、上は良い、下は悪いという言語的・文化的慣習による空間－情動価マッピングの普遍的影響を示している *。

図 3.3

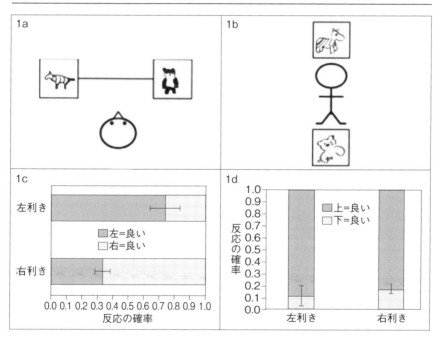

上：カササント（Casasanto, 2009）の実験 1 の刺激と反応の例。(a) 水平条件。(b) 垂直条件。下：実験 1 の結果。(c) 良い動物を左のボックス（暗いバー）と右のボックス（明るいバー）に描いた左利きの人と右利きの人の割合。(d) 良い動物を上のボックス（暗いバー）と下のボックス（明るいバー）に描いた左利きの人と右利きの人の割合。誤差範囲は平均に対する標準誤差を示す。"Embodiment of Abstract Concept: Good and Bad in Right- and Left-Handers," より。D. Casasanto, 2009, *Journal of Experimental Psychology: General, 138,* p.354. © 2009 by the American Psychological Association.

*訳注：この実験の再現性については、訳者解説で簡単に触れている。

50

　言語的慣習では、水平条件の結果を説明できない。というのも、デ・ラ・フエンテたち（de la Fuente, Santiago, Román, Dumitrache, & Casasanto, 2014）も、言語における文化的慣習が情動価と左右空間の連合を変化させないことを見出しているのである。彼らの研究では、アラブ文化圏の参加者とスペイン文化圏の参加者に対して、ボブ課題を用いてこのマッピングを検討した（全参加者が右利きであった。アラブ圏では、おそらく左に対する忌避感が非常に強いため、左利きの参加者を見つけられなかった）。彼らは、もし空間と情動価の連合が文化によって影響されるなら、それはアラブ圏の文化でより著しいはずだと予測した。アラブ圏の文化には、右を好み、左を軽んじるという非常に強い価値観がある（たとえば、イスラム教徒は左手が汚れや邪悪を表すので、左手で食べ物や飲み物に決して触れることができない）。彼らはカササント（Casasanto, 2009）のボブ課題で右利きの結果を追認したが、この異なる文化圏の参加者の間に違いはみられなかった。これらの結果は、右利きの人がもつ良い－右、悪い－左という暗黙の連合は、文化的規範の強さによって加減されるわけではないことを示唆する。

　この身体に特有な空間と情動価のマッピングがどのように現実世界の判断に影響するのか検討するために、カササント（Casasanto, 2009）は、右利きと左利きの参加者に職員採用のシナリオを見せ、いくつかの職（プログラマー、警備員など）について2人のうちどちらを就かせるかを選ばせた。職名はページの中央に置き、採用希望者の職業適性はページの左右に配されていた。これらの適性は、情動価が同じになるように書かれていた。つまり、この架空の候補はそれぞれ特徴をもっているが、同程度であった。参加者は、単に雇うほうに丸をつけるよう求められた。この課題の後半で、参加者は類似した買い物課題を行う必要があり、いくつかの商品（マットレス、カーペットなど）を買う架空の買い物を行い、商品の名前の左右にある説明に基づいて、2つの商品のうち買うものを決定した。仕事課題と買い物課題の両方で他の実験の結果が確証され、利き手に基づいた選好があることが見出された。すなわち、左利きの人は、候補者や商品がページの左にあるときにより良いと考え、右利きの人は右にあるほうを良いと考えた。

　「良い」がその人の優位な側と関連するという証拠に収束する実験室外の知見に、カササントとジャスミン（Casasanto & Jasmin, 2010）による、2004年と2008年のアメリカ大統領選挙の最終公開討論における左利き、右利きの人のジェスチャーの検討がある。2人の右利きの候補（ケリーとブッシュ）と同じく2人の左利きの候補（オバマとマケイン）のスピーチとジェスチャーを分析することによって、カササントとジャスミンは、右利きの人では肯定的なスピーチと右手

のジェスチャー、否定的なスピーチと左手のジェスチャーが関連しており、それに対して、左利きの候補は反対の関連があることを見出した。人々が肯定的、否定的な考えについてコミュニケーションする場合、情動価が身体に特定的に基盤化されていることの目に見える証拠といえる。

　カササント（Casasanto, 2011）は、一連の実験から得られた結果が、少なくとも抽象概念のいくつか、つまり肯定的な情動価と否定的な情動価をもつものは、身体化された起源をもつことを実証していると主張した。この起源は、環境と相互作用する発達過程にある。身体により強い優位側のある人は、その側で物体と関わるほうが反対側で関わるよりもより快適（流暢）である。右利きの人は右側で書いたり、蹴ったり、物体を扱うときに快適であるよう「調整」されているが、左利きの人の流暢性は全く反対となっている。このことから、カササントは、これらの運動流暢性が、どちら側であれ流暢性がより高い側を「良」とし、流暢性がより低い側を「悪」とする潜在的な関連づけをもたらすと提案した。これらの流暢性は、情動価の心的表象の基盤となっている。これは両利きの人は良し悪しに関する空間的選好が一貫していないことを示すデータからも、部分的に支持される。

　これらの空間−情動価マッピングの流暢性に基づく説明は、カササントとクリシクー（Casasanto & Chrysikou, 2011）によっても調べられた。彼らは利き手が長期、もしくは短期間不自由になることの効果と、それが「良し悪し」についてどのように考えるかに与える効果を検討した。彼らが見出したのは、片側だけの脳卒中にかかった右利きの人は、卒中によっても自身の正常な利き手が維持されていれば、カササント（Casasanto, 2009）が用いたボブ課題において、同じように「右が良い」の選好を示した。しかしながら、卒中によって右手に障害を受けた患者で、卒中後に利き手が事実上逆転した参加者は、反対の「左が良い」という空間−情動価マッピングを示した。カササントとクリシクーは、実験2で、漫画図形課題を行う間、参加者の利き手を大きなスキー用の手袋で数分間不自由にさせ、短時間運動流暢性を変化させただけでも、情動価と左右空間の連合を反転させうることを見出した。この反転はおそらく一時的なものであるが、これらのデータは、運動経験がこの空間−情動価連合を引き起こすという結論を支持するものである。

　カササントと同僚たちは、良し悪しの感情状態の基盤化をもたらすのは、運動流暢性、ないし身体行為であると示唆した。他の情動状態が行為と結びついていることを示す神経科学的証拠が、接近・回避の動機づけ状態における利き手の違

いを検討したブルックシャイアとカササント（Brookshire & Casasanto, 2012）の研究で示されている。以前の研究から、右利きの人では接近の動機づけ状態のときには（利き手を制御する）左前頭葉が、回避の動機づけ状態のときには（非利き手を制御する）右前頭葉が活動することが示されている（Davidson, 1992）。カササント（Casasanto, 2009）の身体特異性仮説からは、もし右利きの人の右手は接近行為に、左手は回避行為に用いられるなら、左利きの人はこのパターンが逆になると考えられる。カササントは、進化・発達の過程が利き手を接近に用いられるよう確立し（剣士が利き手で敵に立ち向かうように）、非利き手は攻撃から避けるために挙げられる（盾が非利き手に持たれたように）と主張した。ブルックシャイアとカササント（Brookshire & Casasanto, 2012）は、彼らが**剣と盾仮説**（sword and shield hypothesis）と呼ぶものにおける利き手の違いについて脳波（EEG）活動を検討し、右利きの人の接近・回避の半球化という過去の結果を追認したが、左利きの人のEEG活動は反対になることを見出した。このグループの接近活動は（彼らの利き手に対応して）右半球でみられたが、回避活動は左半球でみられた。これは、感情状態のような情動的動機づけは利き手によって異なって身体化されていることを示唆する。この証拠は、身体が異なれば思考のしかたも異なり、抽象的な思考であっても身体が物理的環境とどのように関わるかに依存するという、カササントの主張に強い支持をもたらすものである。

勝利のボディ・ランゲージ

レースに勝ってテープを切ったときに、われわれはどういったことをするだろうか。すぐに腕を上げ、胸を突き出し、頭を反らして、高揚して口を開けるだろう。身体姿勢により勝利といった抽象的で情動的な概念を身体化することができることを示唆するもっとも説得力のあるデータのいくつかが、スポーツで勝利を勝ち取ったばかりのアスリートの自動的、無意識的、急速なこの身体反応である。それは勝利の瞬間に対するヒトの普遍的な反応であり、興味深いことに、動物もなわばりやつがいのための戦いに勝利したときに、非常に似た姿勢をみせる。さらに興味深いのが、盲目のアスリートも、モデルとなるものを見たことがないにもかかわらず、勝利したときに非常に似た姿勢や表情をする。「勝ち誇り（triumph）」とか「優越的威嚇ディスプレイ（dominance threat display）」（Hwang & Matsumoto, 2014; Matsumoto & Hwang, 2013）として知られる勝利のボディ・

ランゲージは、情動の非言語的表現である。それは非常に普遍的にみられるため、勝利という抽象概念の身体化を示す有力な証拠をもたらす。しかしながら、アイザーマンとコーエン（Ijzerman & Cohen, 2011）の研究が名誉という抽象概念の身体化に関して示したように、この身体化反応もまたその人の文化圏の制約を受ける。

　トレイシーとマツモト（Tracy & Matsumoto, 2008）は、2004年のオリンピック・パラリンピックの柔道競技における30を超える国々の、晴眼者、後天的視覚障害者、先天的視覚障害者の誇りと落胆の非言語的表現を検討した。彼らは、誇りや勝利のプロトタイプ的構成要素——頭を反らせる、腕を上げる、口を開ける、こぶしを握りしめるなど——が、すべての文化圏の人々に勝利の反応としてみられることを見出した。先天的視覚障害者のアスリートも、晴眼者のアスリートと同じ勝利の身体姿勢をとるという事実は、これがモデルがあって学習された反応ではないことを示唆する。また文化横断的にもみられたことは、これが生得的な行動反応であり、成功という抽象的構成概念が身体化されていることを示唆する。

　興味深いことに、肩を落とす、肩を丸めるといった恥ずかしさの身体姿勢の要素が対戦に負けたアスリートにみられたが、その表現には文化が役割を担っていた。個人主義的でステータス志向の文化圏（アメリカのような西洋諸国）の晴眼者のアスリートは、集団主義的な文化圏（アジア諸国）から来た人よりも、負けたときにこれらの身体姿勢をあまりみせなかった。トレイシーとマツモト（Tracy & Matsumoto, 2008）の示唆によると、これは、集団主義的文化圏では恥を社会的失敗に対する適切な反応と考えるのに対し、個人主義的な文化圏ではとても非難される情動であることから、通常失敗の表現を抑えるためである。

　文化横断的な差異を示す証拠は、身体姿勢が恥ずかしさの情動を身体化しているという主張を損なうものではない。むしろ、社会的コミュニケーションのようなある種のより高い目標が、その個人の身体姿勢がその根底にある思考の表象を反映するかどうかに影響を与えるのだと思われる。この主張を支持するさらなる証拠は、恥ずかしさのもっとも強い表現があらゆる文化圏の先天的視覚障害者にみられ、その度合いは後天的に視力を失ったアスリートよりも大きいことである。他者が情動を表現したり抑えたりすることを見たことがない人は、情動を調整する文化特有の規範に対して感度が低いことから、彼らの身体はその感情に対して進化した生得的な行動マーカーをもっとも明確に示すはずである。

結論

　情動における身体の役割を示す証拠は、表情筋の影響、接近・回避を表す行為の効果（基本的な情動反応）、情動的反応（力のような）の行動的測度に対する身体姿勢の影響、そしてその人の身体の優位性に応じた情動反応間の違いを検討した研究によって見出されている。これらの領域のそれぞれの研究が、身体が情動において直接的・因果的な役割を果たすことを示唆する証拠へと収斂している。

　これは、おそらくは社会的コミュニケーションの目標に役立てるために、（誇りのような）普遍的で生得的な情動表現をもたらした進化の過程を通じて起こるのだろう。他の情動表現では、身体の役割は発達過程を通じて起こるようであり、年齢、文化、特有の身体技能や限界の制約を実証する証拠がもたらされている。しかしながら、身体が感情的判断や情動反応に影響することを示唆する証拠は否定できない。身体化理論はこれらの結果を説明することができるが、他の理論的枠組みが同程度の説明力をもつかどうかは、さらなる研究によって決まるだろう。

▶重要ポイント

・身体は、表情や姿勢のフィードバック、身体の優位性を通じて、特定の状況において、どのような情動的反応をもたらすかを決定する（カディー、カササント）。身体化理論は、これが身体運動に関わる脳領野における情動的知識の基盤化を反映していると示唆する。

第4章　高次認知における身体の役割

【本章の問い】

- 身体は、どのように高次の認知的判断に関わるのだろうか
- 身体が、認知的技能や、知覚や情動を伴わない複雑な抽象概念に関する知識の表象の獲得に関わることを示唆する証拠には、どのようなものがあるだろうか

　上記の問いは挑戦的なものであり、身体化理論の中心的な理念の真剣な検証となる。もし、身体化が知識表象の根本的に唯一の理論と考えられるならば、認知における身体の役割が活性化されたシンボル的知識の単なる副産物や付随的な結果以上のものであることを示す証拠を提示しなければならない。

　われわれが**時間**のような抽象概念をもっているなら、この概念の表象に身体が本質的役割を担っているかどうかを決める必要がある。身体化には、概念知識がシンボル的で非モーダル的なものではなく、身体が直接的・自動的に関わるマルチモーダルな表象であることが求められる。おそらく筋肉運動や行為、運動活動に関わる神経ネットワークとして裏づけられるものだろう。発達研究の証拠は、認知的発達が身体行為によるものであることを示唆しており、この理論の検証に用いられている自由意志、時間、数といったいくつかの抽象概念の表象に身体が関わる証拠も得られている。

認知的技能の獲得における行為の役割を示す発達的証拠

　ピアジェ（Piaget, 1952）は、感覚処理と（ハイハイのような）自発的な移動運

http://dx.doi.org/10.1037/0000136-004

How the Body Shapes Knowledge: Empirical Support for Embodied Cognition, by R. Fincher-Kiefer.
© 2019 by the American Psychological Association. All rights reserved.

動の協応（coordination）が認知発達の基礎を築くと初めて主張した発達心理学者の一人であった。彼の主題は、発達が生物学的成熟と環境との相互作用によって決定され、認知的技能の獲得の中心には行為があるということにあった。ピアジェとインヘルダー（Piaget & Inhelder, 1966/1969）は、のちに、幼児の行為能力は客観的思考の基盤として働くとして、心的活動が身体活動に基づくことを主張した。しかしながら、最近になってようやく、独立の移動運動〔ひとり歩き〕に関する心理学的結果が実験研究の対象となってきた（レビューとして Campos et al., 2000 を参照）。

　現在では多くの証拠が、移動運動は幼児の心理学的な変化に先立つ単なる成熟の節目ではなく、自発的な歩行が重要な認知発達を生み出す原因であることを示唆している。アンダーソンたち（D. I. Anderson et al., 2013）の主張によれば、独立の移動運動〔ひとり歩き〕の重要性は、数々の心理学的変化を促進するだけではなく、生涯にわたるものであることにあり、これらの心理学的技能の調整や維持の役割を担っていると思われる。

　発達心理学者は、しばしば著しい認知的成長の前段階とみなされる高所への警戒心と、隠れた物体の探索という 2 つの認知的技能の個体発生について検討してきた（D. I. Anderson et al., 2013）。第 2 章で議論したキャンポスたち（Campos, Bertenthal, & Kermoian, 1992）の高所への警戒心に関する研究が示唆するのは、この重要な認知的技能（生物学的に適応的である）が、視覚的自己受容感覚、すなわちオプティカルフローに由来する、光学的に誘発された自己運動感覚によるものであるということである。キャンポスたちは移動運動の経験がない幼児は視覚的自己受容感覚が十分でなく、独立の移動運動〔ひとり歩き〕が、この知覚的技能の確立に因果的役割を担っていることを見出した。幼児は一度視覚的自己受容感覚を獲得すると、環境を移動するときに姿勢の安定性を維持できるようになる。高所への警戒心を生み出すのは、視覚的自己受容感覚と結びついた姿勢安定性の喪失である。したがって、独立で移動運動をすることがなければ、高所への警戒心もない。

　もうひとつの本質的には知覚的ではない認知技能は、**物体の永続性**（object permanence）の理解である。それは隠れた物体の探索によって実証される。幼児が自身の見えからは隠れている物体を探すことは、視覚的な裏づけがなくても物体の永続性への気づきを示すので、認知発達の重要な出来事である（Piaget, 1952, 1954）。ピアジェ（Piaget, 1954）は、8 〜 9 ヵ月の幼児は直接見ている前で同じ場所に（たいていは小さな布の下に）隠された物体を探し出すことができる

が、同じ物体がその周辺の新たな場所に隠されると、直接見ていても探せないことを見出した。幼児は新たな場所に物体が隠されるところを見たとしても、前に隠された場所を探すという間違いを続けることがあり、これは **A-not-B エラー**（A-not-B error）と呼ばれる。この研究における幼児の遂行成績は、物体が新たな場所に隠されてから（このときも直接見ている前で）探し始めるまでの遅延時間が増加するほど、悪くなる。

　この課題に幼児の探索が成功することは、空間関係の理解を示す証拠であると考えられてきた。それは物体の永続性だけでなく、概念形成や言語的－認知的空間技能、愛着や情動の発達といったものまで、さまざまな認知的発達の基礎にあると思われる（Haith & Campos, 1977; Oudgenoeg-Paz & Rivière, 2014）。興味深いことに、ピアジェ（Piaget, 1954）は、この探索行動が運動経験と幼児の環境の探索の関数であると主張したが、他の研究者は、この発達がまず皮質、特に背外側前頭前皮質の成熟の関数であると説明してきた（Diamond, 1990）。

　ピアジェの見解を支持する証拠は、カーモイアンとキャンポス（Kermoian & Campos, 1988）によって見出されている。彼らは 8 ヵ月半の幼児たちを、移動運動できる前の幼児、歩行器の経験を与えられた移動運動ができる前の幼児、手や膝でハイハイする経験のある移動運動ができる幼児に分けた。幼児全員に、部分的に隠れた物体を探す課題が与えられた。これらの課題は、単純に 1 枚の布の下に隠されたおもちゃを探すものから、物体が隠されてから探索できるまでに時間が空けられる A-not-B 課題まで、難易度はさまざまであった。実験の結果、移動運動経験がある幼児 —— ハイハイしたり、歩行器の経験を与えられた幼児 —— は、歩行できる前の幼児よりも探索課題を有意にうまく遂行することが実証された。移動運動経験をさらに詳しく検討すると、ハイハイの時間がより長い幼児は、これらの課題の成功に線形の傾向〔ハイハイする時間が長いほど成績が良いという傾向〕がみられた。カーモイアンとキャンポスはまた、ハイハイする群と歩行器の群には実際の差異はみられなかったが、両群とも移動運動の経験のない幼児や、手と膝でハイハイするより大変な、あまり前に進まない「腹這い」をする統制群の幼児よりも、探索課題の成績が良いことを見出した。

　これらの結果は、移動運動の開始が空間探索的技能の発達につながるという主張を強く支持する。これらの知見は横断的研究でも縦断的研究でも再現、拡張され、他の文化圏でもみられている。（幼児が汚れるのを嫌うことから）ハイハイを避けるという文化的規範があり、一般的に歩き始めるのが遅い中国の幼児は、移動運動を始めるまで A-not-B テストをうまく行うことができない。彼らの成績は、

独立に移動運動し始める年齢にかかわらず、移動運動の経験によって劇的に改善される（Campos et al., 2000 を参照）。

　当然、これらのデータは次のような疑問を投げかける。運動能力に障害がある子どもは、その障害により空間認知技能の発達が遅れるのだろうか。この問いを肯定する答えを支持する知見が、二分脊椎症（移動運動の発達を遅らせる神経管障害）の幼児の縦断的研究にみられる（Campos et al., 2009）。子どもたちは、独立のハイハイが始まる前と後で、隠し物探索課題の他に、実験者の指差しや視線を追う能力を調べる空間認知課題を受けた。二分脊椎症の幼児は、ハイハイの能力〔の獲得〕が遅かった（通常1年ほど）。しかしハイハイをし始めると、両方の課題とも驚くほど改善した。キャンポスたち（Campos, Anderson, & Telzrow, 2009）は、移動運動できる前は、これらの幼児が全試行の14％しか隠し物探索課題で探索をしないが、移動できるようになったあとでは、隠された物体を64％の試行で見つけることができた。

　定型発達の幼児と、発達遅滞の子どもから得られた収束的証拠はともに、移動運動の経験と空間認知的技能の間につながりがあることを支持する。しかしながら、具体的に移動経験がどのように空間的技能の上達につながるのかは、まだ解明されていない。アンダーソンたち（D. I. Anderson et al., 2013）は、改善された注意方略や、目標達成を遅らせる能力、他者の意図を正しく理解するといったメカニズムを提案しているが、これらの因果的要因の可能性を検討するためには、さらなる実験的研究が行われる必要がある。

　移動運動の経験によって、脳がどのように変化するのかに関する問題も指摘されている（D. I. Anderson et al., 2013）。学習や記憶に重要な役割を果たすことが知られる海馬は、有酸素活動によって劇的な構造変化を示す脳中枢であることが明らかにされた（Thomas, Dennis, Bandettini, & Johansen-Berg, 2012）。もし、自発的な移動運動が海馬の発達を促進させるならば、移動運動は別の高次認知的技能 —— 記憶の発達 —— にも役割を担っている可能性が出てくる。

　グレンバーグとヘイズ（Glenberg & Hayes, 2016）は、海馬の成熟と幼児がエピソード記憶（時間や場所に関する個人的経験の記憶）を形成する能力には関係があるという仮説を展開した。生後最初の数年のことを全く思い出すことができないという幼児期健忘（infantile amnesia）はよく知られ、よく研究されている現象である。誕生後自力では動くことのできない他の種（イヌ、ネコ、齧歯類などの晩熟性種）の子どもも、幼児期健忘の徴候をみせる。そのため、グレンバーグとヘイズは、幼児期健忘は、言語的技能が未発達であることや自己概念をもてない

といったヒト特有の性質によっては説明できないと考えた。その代わり、グレン
バーグとヘイズは、これらの種とヒトが共有していること、すなわち自己移動運
動が、記憶の問題の原因かもしれないと指摘した。

　彼らの主張によれば、自己移動運動がオプティカルフローと頭の向き、自己受
容感覚との間の一貫した相関関係を生み出すため、それによって特殊な海馬細胞、
特に場所細胞（場所の情報を符号化している）やグリッド細胞（場所間の空間関係
を符号化している）が環境に対して「調整（チューニング）」される。これらの相
関が、幼児が抱っこされたりおぶわれている間には起こらないのには、2つの理
由ある。第一に、幼児の頭は大人が動いている間、自由に動かすことができ、オ
プティカルフローが動きの方向と必ずしも一致しない。第二に、動きを生み出し
ているのは幼児ではなく大人であることから、幼児の自己受容感覚（非常に小さ
い）とオプティカルフロー（大人によって生み出されている）の相関が保たれな
い。つまり、ドライバーがたどるルートを乗客が学習できないように、運ばれている
乳児は、環境に対して海馬の場所細胞やグリッド細胞を調整する機会をもたない
のである。この海馬細胞の調整の根底にある相関がなければ、移動運動ができる
前の幼児は、出来事と時間や場所を結びつける安定的なエピソード記憶を形成す
る能力をもたないであろう。

　幼児期健忘に対するグレンバーグとヘイズ（Glenberg & Hayes, 2016）の説明は、
この記憶現象における身体の役割を詳かにするものであり、身体化理論にかっち
りと当てはまる。彼らの主張は、自己移動運動が最終的に、海馬にある場所細胞
やグリッド細胞を環境に対して調整し、エピソード記憶を発達させる機会を与え
るというものである。しかし、こうした記憶も消えてゆき、そのことは**継続的で
急速な忘却**、つまり**児童期健忘**（childhood amnesia）と呼ばれる児童期の別の記
憶現象を説明する。

　乳児がハイハイから歩行に移行するにつれて、頭の方向（ハイハイのときには
下を見ていたのが、歩き始めると前を見るようになる）とオプティカルフロー、自
己受容感覚の間に新たな相関が生まれ、古い相関はなくなっていく。ハイハイの
初期に符号化していた記憶は成人よりも速いペースで忘れられていく（結果とし
て児童期健忘が起こる）。グレンバーグとヘイズは、子どもが〔周囲の〕環境を歩
き探索することで、環境内の空間的関係を理解するレベルにまで達したとき、海
馬システムは、成人のようなエピソード記憶を形成するために特定の時と場所に
おける出来事の位置を符号化するようになると提案した。

　グレンバーグとヘイズ（Glenberg & Hayes, 2016）の仮説は経験的に検討され

る必要があるが、すでにいくつかの研究で支持を得ている。たとえば、ウィンターたち（Winter, Mehlman, Clark, & Taube, 2015）が見出したところによると、活動的なラットが環境を探索すると、特定の位置に戻るときに海馬のグリッド細胞の発火が増加した。しかし、この関連性は環境の周辺をカートに乗せられて動く受動的なラットでは混乱し、破壊されていた。これは、少なくともラットにおいては、自己移動運動が位置に対する海馬のグリッド細胞を調整し、場所と結びつけられる記憶を発達させる機会をもたらしているという主張を裏づける。さらに、リギンスたち（Riggins, Blankenship, Mulligan, Rice, & Redcay, 2015）は、エピソード記憶の能力と6歳時の海馬の体積には正の相関があるが、4歳時の海馬の体積とは相関がみられないことを見出した。この相関には複数の説明があるだろうが、海馬の発達が記憶の向上と関連していることを示唆する。

　グレンバーグとヘイズ（Glenberg & Hayes, 2016）が述べるように、エピソード記憶の獲得に関する仮説は、加齢によるエピソード記憶の喪失に関するデータとも一致している。グレンバーグとヘイズは、高齢者では活動的な動きや新たな探索が減っていくことから、加齢により海馬の場所細胞やグリッド細胞の発火が乱れ、場所との関連が薄くなることで、エピソード記憶の形成が妨げられると示唆した。興味深いことに、海馬はアルツハイマー病や抑うつといった疾病により、驚くほどその体積が減り（Thomas et al., 2012）、両条件とも移動能力が急激に低下することが示されている。

　最近の研究は、移動運動や身体行為に関わる特定の脳構造の成熟が高次の認知過程の発達に重要であるという、身体化理論を支持する考え方に強力な足場を築いている。関連する別の研究では、実行機能（executive function）の発達における身体化の考え方を検証している。実行機能は、行為の選択や継続的な注意、注意が逸れることへの抑制に用いられる認知的な過程である。これらは通常ワーキングメモリ過程と考えられ、行為の制御を主な目的として発達した（Gottwald, Achermann, Marciszko, Lindskog, & Gredebäck, 2016）。ゴットワルドたち（Gottwald et al., 2016）は、実行機能は最終的に心的な行為の制御に用いられるが、それは運動行為の制御能力とともに発達しなければならない（すなわち、実行機能は運動制御に基盤化されている）と仮定した。

　ゴットワルドたち（Gottwald et al., 2016）は、実行機能が運動制御の発達によって生じるのなら、できるだけすぐに実行機能を測定できれば、この関連性を示す証拠が見つかるはずであると予測した。彼らの研究では、18ヵ月の幼児がいくつかの実行機能課題を行った。その課題には、実験者が触らせないようにす

るので、魅力的なおもちゃに手を伸ばすことを抑えなければならない単純抑制課題や、幼児が見ているところで引き出しの中におもちゃが隠され、5秒後にそのおもちゃを探せるかくれんぼ方式のワーキングメモリ課題などがあった。幼児たちは、行為の最小観察単位における運動制御、すなわち初動の「ピーク速度」と呼ばれる、幼児の運動速度を評価する課題も与えられた。ゴットワルドたちは、初動のピーク速度が速い幼児は、運動制御の能力がより発達しており、単純抑制課題やワーキングメモリ課題でも高い成績を示すことを見出した。彼女たちはこれらの運動単位で測定される手を伸ばす行為をプランニングする能力には、高次の実行制御が関連していると主張した。これらのデータは、先に示した認知的技能が運動能力から生じていることを示唆するデータと一致している（つまり、認知能力は身体に基盤化されている）。

　これまでに取り上げてきたことを要約すると、身体化理論が示唆するのは、もし高次の認知的技能が身体に基盤化されているなら、身体行為におけるこれらの技能の個体発生を示す証拠が見つかるはずだ、ということである。これは実際に、以下により支持される。

1. 生存に特に重要である高所への警戒心の発達は、自発的な移動運動と関連する。
2. 自発的な移動運動が、隠れている物体を探す幼児の能力において本質的役割を担っているという知見。この能力は、物体の永続性、空間関係の理解、行為のプランニングなど、いくつかの重要な認知的発達の顕著な特徴である。
3. グレンバーグとヘイズ（Glenberg & Hayes, 2016）は、小さな子どもにおける海馬の発達がエピソード記憶の形成に関与していると提案している。エピソード記憶の発達が移動運動と結びつくのは、海馬の細胞が移動運動の開始とともに場所や位置に対して調整されるようになるからである。これにより、時間の経過とともに、子どもの生活における出来事との関連づけが可能となり、このことが記憶を生じさせる。
4. 最後に、認知的技能に必須な実行機能は、行為の能力と関係するという証拠がある。認知過程の制御と操作の能力である実行機能は、少なくともその初期において、行為の制御能力に依存しているようである。

　認知能力が身体行為に基づくかどうかを決定するためにさらに検討する必要がある能力は、他にも多数ある。

抽象概念の表象における身体の役割

　高次の認知的技能の**獲得**における身体の役割についての証拠が増えている。もし発達研究を離れるなら、身体化理論が取るべき別の方向性は、抽象的思考の概念化における身体の役割に関する証拠を見出すことだろう。この証拠が重要なのは、抽象概念の理解に身体状態や姿勢、行為が関連していることを実証するためである。そしてこの証拠は、身体や情動とは関連のない、たとえば**時間**などの抽象概念に関与するなら、とりわけ印象的である。

自由意志

　まずは、自由意志という抽象概念から始めよう。多くの人は自由意志（大まかに定義すると、自身の活動を制御したり、意思決定をしたり、夢を追うときに外的な制約を受けないといった能力）があると信じていることが研究で示されてきた（Monroe & Malle, 2010）。この自由意志の概念は、心的にどのように表象されているのだろうか。エントとバウマイスター（Ent & Baumeister, 2014）は自由意志の身体化を検討し、個人の身体状態が自由意志に対する信念をどのように決定するかを探求した。もし、この概念が個人の行為を制御する能力に基盤化されているなら、その制御を制約するような医学的な障害をもっている人は、そのような制約をもっていない人に比べると、自由意志をあまり信じないと報告するだろう。

　エントとバウマイスター（Ent & Baumeister, 2014）は第一の研究で、てんかんをもつ人（予測不能な発作を特徴とする障害）、パニック障害をもつ人（制御感の欠如や予測不能性を特徴とする障害）、どちらの障害ももたない人という3グループの人たちに、自由意志の信念について尋ねる調査を行った。彼らはてんかんをもつ人とパニック障害をもつ人が、統制条件の人よりも自由意志一般を信じていないことを見出した（「自由意志は人間性の本質である」といった質問への回答）。しかし、これらの障害は自分自身の自由意志における信念には影響せず（「自分が自身に関する判断を下している」といった質問への回答）、統制条件の人の信念と有意な差はみられなかった。本質的に相関的なデータだが、この結果は、身体状態は自分自身の自由意志に対する信念を必ずしも変化させることはなく、世界がどの程度制御可能であるかと考えるかに関わる一般的な概念表象に影響を与える可能性がある、という予備的証拠をもたらした。

　研究2では、一時的に身体的な欲求が生じている身体状態の人に対して調査した。エントとバウマイスター（Ent & Baumeister, 2014）の予測は、欲求の差し迫った状態は、無意識的に自身の身体を完全には制御できないことを思い出させ、個人的な自由意志についての信念（この研究では自由意志に対する一般的な信念は測定されていない）に影響するであろうというものであった。参加者は、自身の空腹状態、喉の渇き、排泄欲求、性欲、疲労を自己報告した。エントとバウマイスターは、空腹の尺度を除く身体的欲求の尺度得点が高いほど、個人的な自由意志の得点が低いことを見出した。

　研究1と合わせると、これらデータは、身体状態が自由意志に対する信念を決定するだろうというさらなる証拠をもたらす。研究3は、空腹状態が自由意志に対する信念測度に影響しないという研究2の結果について考えられる説明を、興味深いかたちで検証した。エントとバウマイスターは、研究2の調査に回答した参加者には、ダイエットに励む人とそうでない人が確実にいたと仮定し、ダイエットに励む人はそうでない人に比べ、身体を制御する能力について全く異なる考え方をもっているだろうと推測した。ダイエットは食べることへの衝動に抵抗することを伴うので、それをうまくできる人は生理的欲求を制御できると常に自分に言い聞かせている――自由意志に対する信念を強化している――に違いない。しかしながら、ダイエットをしていない人は他の生理的欲求と同じように空腹を経験しており、その結果自由意志への信念に対する尺度値が低くなる。2つの集団の自由意志への信念得点を（研究2におけるように）組み合わせると、互いに拮抗して、空腹がこの測度に影響を与えていないかのようにみえることになる。

　研究3では、ダイエットに励む人とそうでない人を特定したあとに、生理的欲求（空腹）の調査と個人的な自由意志に関する調査を行った。図4.1 は、空腹とダイエットの有無の間で自由意志に関する信念の測度に交互作用がみられたことを示す。エントとバウマイスター（Ent & Baumeister, 2014）が予測したように、ダイエットをしていない人は生理的欲求（空腹）を経験しているとき、空腹でないときに比べ、（研究2において他の生理的欲求がそうであったように）身体を制御する能力に対する信念を低下させていた。しかしながら、ダイエットに励む人が空腹を感じたとき、自由意志に関する信念は全く反対の傾向を示した。ダイエットに励む人は、この生理的欲求に抵抗するので、行為や人生に対する制御感の信念を強化していた。このことは、ダイエットに励む人が空腹を感じていないときよりも空腹を感じているときに、自由意志に関する信念の得点が高いことによって裏づけられる。身体化研究の多くは認知への影響を決定するために身体の実験

64

図 4.1

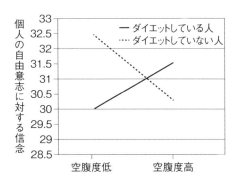

的操作に注目するが、この調査研究は、長期的な身体状態が認知と結びついており、自由意志といった抽象的な哲学的構成概念の表象を変化させることを示唆する。

ダイエットの状況は空腹感との交互作用があり、個人の自由意志に対する信念を予測する。"Embodied Free Will Beliefs: Some Effects of Physical States on Metaphysical Opinions," より。M. R. Ent and R. F. Baumeister, 2014, *Consciousness and Cognition, 27*, p.152. © 2014 by Elsevier. 許諾を得て再掲。

時間

われわれは時間の心的表象をどのように構築しているのだろうか。さまざまな文化で広くみられる有名なメタファーは、時間を表現するのに空間次元を使ったり（たとえば、**短い**試験とか**長い**授業といったような長さ）、明示的に時間と空間次元を結びつけたり（たとえば、彼女の未来は彼女の**前**にある、彼の過去は彼の**後ろ**にある、といった前後の軸）している。このため、われわれは空間領域を使って、時間の理解を構造化すると仮定されてきた（Boroditsky, 2000, 2011; Casasanto & Boroditsky, 2008）。（メタファーは、われわれが抽象概念をどのように心的に表象するかを反映しているという考えについては第 8 章で扱う）。

われわれの身体は、本質的に世界との知覚運動的相互作用を通じて時間と空間を結びつけるように構成されている。身体の前側は前方を見ること、経験したことのない物に向かって動いていくこと（つまり、未来）を可能とし、動くにつれて、すでに経験したものが自分の後ろに来る（つまり、過去）。動きを規定する身体の感覚運動システムは、時間の概念的理解の基礎となり、前への動きは未来という抽象概念の概念的基盤をもたらし、後ろへの動きは過去という概念の基盤をもたらす。この時間の身体化は言語のなかで比喩的に示されているが（たとえば、「過去に戻る（going back in time）」「先んじる（jumping ahead）」といった表現）、運動移動のなかにも現れているだろう。

マイルズたち（Miles, Nind, & Macrae, 2010）は、身体の前への動きは未来についての思考に関連するが、後ろへの動きは過去についての思考に関連するという仮説を検証した。その方法は、参加者が心的なタイムトラベルを行っているときの姿勢の自発的な傾きを測定することであった。参加者の脚の左側に、研究の後

半で使うと教示されたモーションセンサーが取り付けられた。彼らは（鮮明な心的イメージを促すという目的で）目隠しをさせられ、ある地点に楽な姿勢で立ち、特定のイメージの教示に従うよう伝えられた。彼らは、4年前の日常生活について思い出して典型的な一日の出来事をイメージするか、4年後の未来に何が起こるかについてイメージして典型的な一日のイメージをするかした。マイルズたちは、心的なタイムトラベルが観察可能な行動に影響し、過去を思い出すよう求められた参加者は、（中立から）後ろ方向への姿勢の傾きを示したが、未来を想像することを求められた参加者は前方向への姿勢の傾きを示したことを見出した。参加者は誰も自身の〔身体の〕動きに意識的には気づいていなかった。マイルズたちは、時間について考えることが、実際に空間を移動するために用いられる知覚−行為システムに基盤化されていると主張した。

　姿勢の傾きに関するこの証拠は時間の表現における身体の役割を支持しているかもしれないが、過去は後ろ、未来は前という広く用いられているメタファーとも一致している。これは身体の動きが活性化されたメタファーによるものなのかどうか、つまり時間が言語に表象されているのか、それとも運動システムに基盤化されている概念を反映した動きによるものなのか判断することを難しくさせる。時間という抽象概念が空間という常に身体と相対する物理的次元に内的に表象されるという証拠は、その知見に言語的な慣習が関わっていないとき、特に興味深いものとなる。過去を空間の左側に、未来を空間の右側に関連づけるという言語的慣習はないが（たとえば、火曜は水曜の**前**の曜日であって、火曜は水曜の**左側**ではない）、時間の心的表象は左から右に走る心的な時間軸に基盤化されているという証拠はきわめて強固なものである。

　反応時間を用いた研究からは、左−右の心的時間軸に関する強い証拠が示されている。たとえば、サンティアゴたち（Santiago, Lupáñez, Pérez, & Funes, 2007）は、参加者にコンピュータ画面上に提示された単語に対し、その単語が未来を示していたら片方の手で、過去を示していたらもう片方の手で反応させた。反応時間は過去の単語に対し左手で、未来の単語に対し右手で反応したときのほうが、逆で反応したときよりも反応時間が速かった（この効果は利き手とは無関係であった）。

　ウィーガーとプラット（Weger & Pratt, 2008）も、非言語的刺激で時間−空間一致効果を見出した。彼らは俳優が人気だったのは参加者が生まれるよりも前だったか後だったかを判断させた。これらの俳優の写真（たとえば、ジェームズ・ディーン対ブラッド・ピット）に対してもし早い時期（つまり生まれる前）なら

参加者の左手で、もし遅い時期（つまり生まれたあと）なら参加者の右手で反応させた。〔俳優の〕名前そのものからは、サンティアゴたち（Santiago et al., 2007）の研究における単語のようには時間的情報は伝わらないにもかかわらず、参加者〔の反応〕は写真が時間の左－右の表象と一致するときに速かった。

　最近も、この時間－空間一致効果はディンたち（Ding, Feng, Cheng, Liu, & Fan, 2015）によって再現されているが、彼らはこの効果が過去や未来の出来事がどれくらい〔現在から〕離れているかによって非対称的であることを見出した。具体的には、ディンたちは、近い過去や近い未来（たとえば、昨日や明日）における出来事について参加者の左右の手で反応させるときには、典型的な一致効果を見出した。しかしながら、より離れた過去や未来の出来事（たとえば、去年や来年）について判断させると、一致効果はより離れた過去でみられたが、より離れた未来ではみられなかった。ディンたちは過去と未来は心的な時間軸のなかに非対称的に表象されており、未来に関する空間的表象よりも過去に関する空間的表象のほうが強いことを示唆した。彼らはその理由について、過去の表象の構築は実際の出来事に基づいているが、未来の表象はイメージされたものにすぎないためであると示唆している。これらのデータは、心的な時間軸についての興味深い一層の支持をもたらす。特定の記憶表象は確かに空間表象と結びついているかもしれないが、時間的文脈内にある経験の現実性に基づいているのである（つまり、エピソード記憶は心的な時間軸上に符号化されている）。

　この過去から未来への左右のマッピングは、時間の理解が物理的な領域に関連しており、言語的な慣習とは独立だということを示唆する。世界中の言語が時間を説明するために空間的メタファーを使用しているが、これらのメタファーは左－右マッピングを明示的に使用しているわけではない。このことは、時間の空間へのマッピングが表象の言語レベルにあるわけではなく、より深い概念表象のレベルにあることを示唆する。しかしながら、その人の文化における読み書き（もしくは言語的）経験が、心的な時間軸の方向を決めているようでもある。ファーマンとボロディツキー（Fuhrman & Boroditsky, 2010）は、非言語的刺激を使用し、参加者が時間について推論するときに文化的に決定された空間表象を使用しているかどうかを検討した。

　ある実験で、ファーマンとボロディツキー（Fuhrman & Boroditsky, 2010）は英語話者とヘブライ語話者に、日常で起こりうる出来事の写真を自分が好きな順に並べるよう求めた。別の実験では、これらの参加者は次々と提示される写真のペアについて時間順序の判断を、片方の手で「先にあった」、もう片方の手

で「後にあった」と反応して行うよう求められた。ファーマンとボロディツキーは、英語話者とヘブライ語話者が読みの方向に時間順序を配置することを見出した（英語話者は左から右、ヘブライ語話者は右から左）。さらに、英語話者は「先にあった」判断を左手で、「後にあった」判断を右手でするときに判断が速かったが、ヘブライ語話者は逆のパターンを示した。これらのデータが示唆するのは、読み書き経験が、人の時間の表象を形づくる、あるいは「空間化」し、この文化に特異的な空間表象は言語的課題と同様に、非言語的課題において時間判断をするときにも自動的にアクセスされるということである。

　デ・ラ・フエンテたち（De la Fuente, Santiago, Román, Dumitrache, & Casasanto, 2014）は、人の空間－時間マッピングが読み書き経験によってのみではなく、時間に対する文化的態度によっても決められることを示唆して、この議論を拡張した（たとえば、アラビア語では英語と同様に、前－未来、後ろ－過去のメタファーがあるにもかかわらず、アラビア語話者は未来を後ろに、過去を前にあると考える）。デ・ラ・フエンテたちはこの問題について、（アラブ文化圏の）モロッコ人とスペイン人の参加者を対象に検討し、これらの参加者を若年層（平均26歳）と高年齢層（平均76歳）に分けた。前章で説明したカササント（Casasanto, 2009）の「ボブ課題」をアレンジしたものを用いて、デ・ラ・フエンテたちは、参加者の過去に関係する物体、または参加者の未来に関係する別の物体を「ボブ」の絵の前または後ろにあるボックスのどちらかに置くよう求めると、アラブ文化（モロッコ人）の若年層と高年齢層、およびスペイン人では高年齢層だけが、過去に関連する物体をボブの前に、未来に関する物体をボブの後ろに置いた。ボブの前に過去の表現をすることは、アラブ文化が過去に注意を向けることを反映しており、高齢のスペイン人が同様にしたことも、高齢者は未来に注目するよりも過去に注目するという傾向を反映している。しかしながら、若いスペイン人は過去に関する物体をボブの後ろに、未来に関する物体をボブの前に置き、言語的慣習と一致していた。これらのデータは、時間表象をもたらすこれらの空間－時間関連性が、定着している言語的影響とは独立であるという主張を強化している。

　これら複数のパラダイムから、時間について考えることは空間的情報の影響を受けることを示唆する強い証拠があるが、さらに問われるべき疑問がある。時間と空間の表象がどのように結びついているのかである。時間と空間が同じ表象システムを共有する可能性があるのなら、空間のことを考えずに時間のことを考えることはできないのだろうか（Boroditsky, 2000）。

　アイクマイヤーたち（Eikmeier, Schröter, Maienborn, Alex-Ruf, & Ulrich, 2013）

68

は、時間と空間の表象の重なりを検討するために新たなパラダイムを用いた。最初の実験では、画面上に、たとえば「昨日、ハンナは自転車を修理した」とか「上司は明朝、申込書にサインするだろう」といった過去か現在に関する文を提示した。参加者は実験条件では「前」か「後」と、できるだけ速く声で反応することが求められ、統制条件では「過去」か「未来」と声で反応した。アイクマイヤーたちの仮説は、もし時間の次元が空間次元に強く結びついているなら、実験条件と統制条件の反応時間の差は小さくなるだろうというものであった。しかしながら、時間と空間の重なりが小さいなら、実験群よりも統制群のほうが、正しい反応をするのが速くなるだろう。

図 4.2

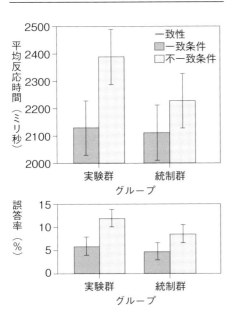

一致条件（参加者が文に対して正しい反応、つまり未来に関連する文には「前」とか「未来」を、過去に関連する文には「後ろ」とか「過去」と反応するよう求められる）と不一致条件（参加者は過去と未来に関連する文に対して反対の反応を求められるので、干渉を検討できる）の反応時間と誤答率を図 4.2 に示す。この図を見るとわかるように、一致条件と不一致条件の差は実験条件と統制条件で変わらず、時間と空間の表象が強く重なっていることを示している。

実験2では、この重なりが文の代わりに非言語的刺激でも起こるかどうかを検討し、音を参加者の前後どちらかに提示した。この実験では、実験条件において参加者はどちらかの位置からくる音を聞いたあとに「過去」または「未来」と反応し、統制条件の参加者は音を聞いたあとに「前」または

実験1：グループと一致性ごとの平均反応時間（RT、上段）と誤答率（下段）。信頼区間はマッソンとロフタス（Masson & Loftus, 2003）が推奨する方法で計算された。"Dimensional Overlap Between Time and Space," より。V. Eikmeier, H. Schröter, C. Maienborn, S. Alex-Ruf, and R. Ulrich, 2013, *Psychonomic Bulletin & Review, 20,* p.1122. © 2013 by the Psychonomic Society. 許諾を得て再掲。

「後ろ」と反応した。実験1と同様、一致群（時間と空間の正しいマッピングで反応する）と不一致群（反対のマッピングで反応する）があった。結果は、実験1と同様であった。ここでも、一致条件と不一致条件の差は実験条件と統制条件で変わらず、時間と空間は強く結びついている（この場合、過去と未来は前後軸にマッピングされている）ことを示している。

　アイクマイヤーたち（Eikmeier et al., 2013）の主張によれば、これら2つの研究の結果は、時間と空間の表象は本質的に重なっているという立場、もしくは、交差しているという意味で重なっていなくとも、時間の表象は空間の表象に埋め込まれているといえるという立場と一致している。この見解は、時間と空間が神経ネットワークを共有することを示唆するデータと一致している（Basso, Nichelli, Frassinetti, & di Pellegrino, 1996）。ブエティとウォルシュ（Bueti & Walsh, 2009）は、時間と空間の神経経路を頭頂皮質に見出し、それが行為を導出する役割をもっていると主張した。つまり、時間の表象は、空間情報をもたらす神経経路と同じ場所に符号化されているようであり、これらの経路は行為するために、身体にも用意されているのである。

　空間と時間の表象が神経基盤を共有していることをさらに支持する興味深い研究として、サージたち（Saj, Fuhrman, Vuilleumier, & Boroditsky, 2014）は、身体の左側の情報を空間的に表現できない人の心的な時間軸を調べた。左側空間無視は脳の右半球、特に頭頂葉の下部または後部の領域の脳損傷によって起こる認知障害である。これは病変部とは反対側において、患者が物体を知覚、同定し、物理的空間において物体に向かって移動する能力が（何らの運動障害はみられないとしても）損なわれる症候群である。左側空間無視の患者は、皿の左側にある食べ物を食べない、顔の右の髭しか剃らない、読書中にページの左側にある単語を見逃すといったように、強い右側空間バイアスを示す（Azouvi et al., 2002）。左側空間無視は表象的困難とも関連しており、左側空間に提示されている情報を生成したり思い出したりすることができなくなる。つまり、右半球に損傷を負った患者は、記憶に基づいて物体の左側を描けなかったり、馴染みのある空間の左側から目印になるものを検索することが難しくなったりする（Bisiach & Luzzatti, 1978）。左半球は右半球と異なり、空間処理に重要な神経経路が少ないことから、左半球損傷による右側空間無視は非常にめずらしい。したがって、右半球が損なわれていない限り、空間的障害はみられにくい（Beis et al., 2004）。

　サージたち（Saj et al., 2014）は、もし空間表象が心的な時間軸に沿った出来事の表象に必要なら、空間無視によって左側の空間を表象することができない患者

は、時間の「左側」を表象することが困難だろうと仮定した。サージたちはフランス人の右半球卒中患者で、左側空間無視がある人と空間無視はない人の記憶課題の成績を、統制条件の健常者の成績と比較した。参加者は架空の登場人物が10年前に好きだったことのリストや、10年後に好きでいそうなことのリストを学習する符号化フェイズが与えられた。リスト項目は物体の線画で（たとえば、食べ物リストでは卵、ハンバーガーなど）、それぞれの上には登場人物が過去に好きだったものなのか、未来に好きになりそうなものなのかを示す手がかり（白い野球帽か黒のシルクハット）があった。4つのリストが提示され、それぞれのリストの提示後、参加者は再生フェイズを行うとともに、画面上に旧項目と4つの新項目を提示する再認フェイズを行い、患者〔参加者〕は、その項目を思い出して、それが登場人物の過去に関するものか、未来に関するものかを口頭で答えた。

　再生フェイズと再認フェイズの結果は同じパターンを示し、左半側空間無視の患者は登場人物の過去に関連する項目として提示されたリスト項目（心的時間軸の左側にある）の再生（と再認）が大きく損なわれていた。未来に関する項目を思い出すとき、空間無視がある患者は、他の右半球卒中患者や統制条件の参加者に比べて特段の記憶障害を示さなかったが、過去の項目を未来の項目であると誤って判断する傾向がみられた。これらの知見は、（半側空間無視により）空間を表象できないことから、結果として心的な時間軸に沿った出来事を表象できなくなることを実証している。こうしたデータは、これらの患者の病変部位である後部頭頂皮質の神経経路が、空間の表象と時間の表象に共有されているという主張をさらに支持する証拠をもたらしている。

数の大きさ

　時間という抽象概念と同じように、数の大きさ（numerosity or number magnitude）という抽象概念も左から右への空間次元に表象されているようである。左右次元は身体に固有のものであるため、数の大きさに関する身体化の見方は心的数直線に従う。すなわち、身体の左にあるものは身体の右にあるものに比べ小さい数を表しているだろう（Restle, 1970）。これは大きさの表象が抽象的で非モーダル的であるということに反している。数の大きさの表象に関する証拠を身体の効果に見出すことができる。イーランドたち（Eerland, Guadalupe, & Zwaan, 2011）は、もしわれわれが心的数直線に沿って数を心的に表象しているなら、人の身体を気づかれないように左右にわずかに傾けると、数の推定に影響するだろうと仮定した。

　イーランドたち（Eerland et al., 2011）の研究の参加者は、〔ゲーム機の〕Wii の
バランスボードの上に乗りながら、2つの実験で（ビルの高さやアルコール度数と
いったさまざまな次元について）推定する問題に回答した。彼らは直立の位置を
維持するよう求められ、そうすることの手助けとして、彼らの前に置かれたコン
ピュータ画面に「足圧中心（center of pressure）」が表示された。彼らは足圧中
心を画面上の円の十字線内に保つ必要があり、それを達成するために、必要なと
きには身体のバランスを取り直すことが可能であった。このとき参加者に気づか
れぬよう、実験者は彼らの身体姿勢を操作したので（変位の大きさは、中心から
どちらかの側に2%だけ）、参加者はときに左または右にわずかながら傾いていた。
　参加者が中心の位置にいることを示す（実際はそうではない）ディスプレイの
上の画面に、数値を推定する問題が提示され、実験者は反応を記録した。図 4.3
は、参加者が右または左に傾いているとき、直立のときに回答した問題に対する
標準化された平均推定値を示す。どちらの実験の結果も、左に傾いたとき、参加
者は右に傾いたときよりも小さい推定値を出したことを示している（しかしなが
ら、正立位置における推定値は右に傾いた位置における推定値と有意な差はみられな
かった）。数の推定におけるこれらの姿勢の影響は、数が左から右への空間次元
に基盤化された心的数直線上に表象されていることを示唆する。
　身体の姿勢が定量的な推定に影響するということは確かに数認知における身体
化の見解と一致す
るが、収束的証拠
が必要である。大
きさと奇偶性（奇
数と偶数）の心的
表象がデイハー
ネたち（Dehaene,
Bossini, & Giraux,
1993）によって検
討された。参加者
が奇偶性を判断し
たり、大きさを判
断したりする一連
の実験で、参加者
は左右の手で反応

図 4.3

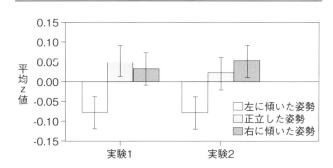

実験1（N = 33）と実験2（N = 58）における3つの姿勢条件ご
との参加者の推定値の平均 z 得点（±1標準誤差）。"Leaning to
the Left Makes the Eiffel Tower Seem Smaller: Posture-Modulated
Estimation." より。A. Eerland, T. M. Guadalupe, & R. A. Zwaan,
2011, *Psychological Science, 22*, p.1512. © 2011 by Sage. 許諾を得
て再掲。

した。課題の種類や利き手にかかわらず、ディハーネたちは、小さい数に対して左手の反応は右手の反応よりも速く、大きい数に対してはその反対となることを見出した。

　彼らはこの大きな数と右の空間、小さい数と左の空間との連合を、「反応コードにおける空間－数連合（Spatial-Numerical Association of Response Codes; SNARC）」効果と呼んだ。彼らは参加者が奇数対偶数の数の課題に対して左右の手で反応する奇偶性の判断においても、SNARC効果を見出した。この課題では、参加者は明示的に大きさの情報へ反応するわけではないが、それでも相対的に小さい数には左手で反応するほうが速く、相対的に大きい数には右手で反応するほうが速かった。このことはディハーネたちに、数の大きさとその空間表象はアラビア数字の提示によって自動的に活性化されることを示唆した（しかしながら、SNARC効果の最近の検討とそれがみられる条件については、Basso Moro, Dell'Acqua, & Cutini, 2018を参照。それらの知見は、SNARC効果が起こる根本原因は空間－数連合と反応関連過程の組み合わせにある可能性を示唆する）。興味深いことに、発達研究では、SNARC効果が就学前の幼稚園児にもみられることが示されている（Hoffmann, Hornung, Martin, & Schiltz, 2013）。さらに、デ・ヘヴィアたち（de Hevia, Girelli, Addabbo, & Macchi Cassia, 2014）は、7ヵ月の幼児であっても、大きさが左から右へ増えていくほうを、左から右へ大きさが減っていくよりも好むことを見出し、数と空間の連合が早くからみられる性質であることを示唆している。

　SNARC効果は、数認知の意味表象が左から右に広がる空間の物理的次元に密接に関連していることを表しているが、その後の研究では、これが外的な参照枠組み（frame of reference）に基づくことが実証された。ディハーネたち（Dehaene et al., 1993）の実験のひとつでは、半分の参加者には数の大きさ判断課題に対して（他の実験と同様）左右の手で反応させたが、もう半分の参加者には課題に対して腕をクロスさせて反応させた。これにより、SNARC効果が手をベースにした参照枠組みに基づくのか、外的な参照枠組みに基づくのかという問題を検討することができる。彼らは腕をクロスさせる条件で、小さな数に対しては、右手で反応することになったにもかかわらず、左側のボタンを使うほうがより速く反応し、大きい数に対しては反対のパターンを見出した。これらのデータが示すのは、数の大きさが反応する手と連合しているわけではなく、大きな数は外的空間の右側に、小さな数は外的空間の左側に連合しているということである。

　クローレンたち（Crollen, Dormal, Seron, Lepore, & Collignon, 2013）は、ディ

ハーネたち（Dehaene et al., 1993）の数の比較課題を用い、手の位置を通常にする、またはクロスさせるという操作を取り入れた。この手続きを用い、クローレンたちは心的数列の発達過程、特にその獲得における視覚の役割を扱うことができた。彼女たちは、もし数認知が感覚運動能力に基盤化されているならば、視覚経験と視覚から発展する触覚経験によって発達するのではないかという仮説を立てた。晴眼者と後期に失明した視覚障害者（この研究では、平均で29歳以降に失明）にとって、小さい頃の視覚－触覚経験が知覚や行為に用いられる空間の外的座標系をもたらすだろう。このことは、ディハーネたちのSNARC効果（小さい数では左側の反応が、大きい数では右側の反応が速くなる）が、クロスする条件でもそうでない条件でも起こることを意味するはずである。しかしながら、早期に失明した人は視覚経験がないため、外的な参照枠組みを使用できず、数の大きさ判断課題を実施するときには解剖学的な参照枠組み（つまり、左右の腕〔を基準にする枠組み〕）を使用しなければならないことを意味するはずである。

　クローレンたち（Crollen et al., 2013）の知見は、まさに予測どおりの結果であった。すなわち、晴眼者および後期に失明した参加者には、数の大きさ判断課題で、通常の手の位置の条件とクロスさせた手の条件の両方でSNARC効果がみられた。これは、数が外的、つまり世界中心的な座標系にマッピングされていることを示す。しかしながら早期に失明した参加者は、通常の手の位置の条件でのみSNARC効果がみられ、手をクロスさせる条件では、逆SNARC効果、つまり、大きい数は左側のとき、小さい数は右側のときに反応が速かった。もちろん、これは反応に用いた手の効果であり、手が置かれた身体の側を意味するわけではない。クローレンたちは〔この結果から〕、数認知の発達には身体の左右空間次元に大きさをマッピングするという基本的な感覚運動基盤が関わっていると主張した。〔一方で〕早期に失明した人にとって、このマッピングは身体の解剖学的参照点に基づいたままである。

　クローレンたち（Crollen et al., 2013）の主張によれば、視覚入力が触覚経験と結びつくと数と空間の自動的な「再マッピング」が発達的に起こり、（手をクロスさせる条件の結果に裏づけられるように）、数が最終的に体外の（身体の外側の）座標系にマッピングされるようになる。興味深いことに、クローレンたちは、心的な時間軸と同様に、このSNARC効果が読みの経験の関数である可能性があると示唆している。読みは人が初めから終わりへ（本質的には、小さいものから大きいものへ）、そして開始から終了へ（本質的に、過去から未来へ）進み、目が左から右に動くことが伴う。点字も左から右に読むので、読書経験は、晴眼者と視

覚障害者の数と時間の意味表象の「空間化」を手助けするだろう。視覚障害者にとって、SNARC 効果は読みとの空間的対応によるものであるが、それも手が基盤となるのである。一方、晴眼者にとって、読みと SNARC 効果は眼球中心であることから、数の外的な参照枠組みが得られる。

　読みの経験が心的数直線に重要な役割を果たすという主張の支持は、ディハーネたち（Dehaene et al., 1993）の実験によってもたらされる。この実験で、イラン人の参加者は、数比較課題において逆方向の SNARC 効果、つまり小さい数は右手で、大きい数は左手で反応すると速くなることが示された。この結果は、右から左に進むというイラン文化における読み書きの実践によって説明することができる。

　ここまで、時間の表象と数の表象について、どちらも左右という軸の空間次元に基盤化されているようであるという点において、強い類似性をみてきた。興味深いことに、時間と数の空間化の方向は、文化やその文化のなかの読み書きの方向に依存するようである。現在では、数と時間が両方とも空間認知を促進する同一の皮質ネットワークに根ざしていることを示唆する強い神経認知的証拠がある（Bueti & Walsh, 2009; Cutini, Scarpa, Scatturin, Dell'Acqua, & Zorzi, 2014; Hubbard, Piazza, Pinel, & Dehaene, 2005）。

　クティーニたち（Cutini et al., 2014）は、SNARC 効果の関数として 2 つの異なる頭頂野で頑健な活動を見出した。これらの両側の頭頂間溝と左側角回領域は、空間定位課題（左対右のキー押しを求める）に加え、数処理課題でも活性化する。クティーニたちの主張によれば、それらの神経生理学的結果は SNARC 効果が反応選択（Keus & Schwarz, 2005）や極性対応（Proctor & Cho, 2006）といった他の説明を排除し、数－空間の相互作用のための神経学的根拠を示唆する。

　頭頂葉の特定の神経経路は数－空間と時間－空間の相互作用の中心となるようであるが、行動データのなかには、これらの表象に独自の経路があることを含意するものがある。ボッティーニたち（Bottini, Crepaldi, Casasanto, Crollen, & Collignon, 2015）は、クローレンたち（Crollen et al., 2013）と同じパラダイムを使用して、（クローレンたちにおける心的な数直線でなく）心的な時間軸の発達における視覚の役割を検討した。ボッティーニたちは、参加者が晴眼者かどうか、手をクロスさせているかどうかにかかわらず、「過去」ボタンは左側で反応したほうが（右手であっても）、「未来」ボタンは右側で反応したほうが（左手であっても）反応が速いことを見出した。クローレンたちは心的数直線に用いる参照枠組みが晴眼者と視覚障害者で異なることを見出したが、ボッティーニたちの結果

は、視覚経験がなくとも心的時間軸は常に外的な空間に固定されていることを
示唆している。失明した参加者は心的時間軸と心的数直線で異なる空間枠組みを
使用していることから、それらは表象的に区別されることを示唆する。最近の証
拠ではさらに、時間の表象と数の表象の独立性が支持されている（Hendricks &
Boroditsky, 2015; Pitt & Casasanto, 2017）。今後の研究では、これらの概念の空間
次元へのマッピングの違いや視覚経験や触覚経験、文化的に決定される読み書き
の方向、時間や数の概念化における共通の空間的メタファーなどの要因の重要性
について探求する必要があるだろう。

結論

　本章には、身体が高次認知において役割を果たすという証拠を見出すためのさ
まざまなアプローチが集約されている。自己移動運動が物体の永続性の理解のよ
うな認知的技能の獲得や、実行機能と記憶過程のために重要な役割を果たすとい
う明確な発達的証拠がある。〔しかし〕一部の発達心理学者は、認知機能の発達
における身体行為の役割を否定している（Adolph & Hoch, 2019 を参照）。
　抽象概念の表象において身体が役割を担っているという証拠もみられた。自由
意志や時間、数の大きさを理解することには、明らかに身体効果が関わっており、
慢性および急性の身体状態や身体の周囲の空間のために使用する参照枠組みが含
まれる。過去の意味知識の理論は、理論中に身体の直接的役割がなかったために、
これらの結果を受け入れることが難しかった。むしろ、〔過去の理論では〕身体
効果が脱身体化されたシンボル的知識の活性化の**結果**であるとされるが ── この、
まず脱身体化された知識があるとする仮定についての経験的な証拠はほとんどな
い。代わりに、本章で示されたデータは、抽象的知識の表象はマルチモーダルで
あり、感覚運動機能から発達し、感覚や運動行為に関わる神経経路を共有してい
るという身体化理論で説明することが可能である。

▶重要ポイント
- 基本的な認知技能の獲得を促進する感覚運動システムは、行為を通じて調整さ
  れる（キャンポス）。
- 時間や数などの抽象概念の知識表象は、行動効果と神経活動の両方から裏づけ
  られるように、身体周辺にある空間の物理次元に基盤化されている（クローレ

ン、クティーニ)。

第5章　言語理解における身体の役割

【本章の問い】

• 言語理解に対する身体化アプローチを経験的に支持する証拠とはどのようなものか

• 文章の処理中に行為をすること（もしくはしないこと）が理解を促進したり阻害したりするというように、意味は身体行為に基盤化されているのだろうか。それとも、意味は言語処理中に誘発される先行する感覚運動経験の心的シミュレーションに由来するのだろうか

• 意味のモーダル的で基盤化された表象に加え、非モーダル的でシンボル的表象も含む、言語理解のハイブリッド型ないし多次元型モデルが正当化される余地はあるだろうか

　言語理解に対する身体化された認知のアプローチは、身体経験と言語の間に本質的なつながりがあることを示唆する。グレンバーグなど（たとえば Glenberg & Kaschak, 2002; Kousta, Vigliocco, Vinson, Andrews, & Del Campo, 2011; Ponari, Norbury, & Vigliocco, 2018; Willems, Hagoort, & Casasanto, 2010; Zwaan, 2016）の主張は、言語理解では、知覚や行為、情動のための神経システムが使われているというものである。つまり、われわれが行為の産出に使う神経メカニズムと同じものを、行為に関する言語の理解のためにも用いているため、「言語理解は身体行為に基盤化されている」のである。

　この主張に対しては、行動的証拠と神経科学的証拠の両方がある。言語理解に関するこの議論は、抽象的情報を身体がどのように知覚や行為プランニングに用いられるシステムに基盤化しているかを強調する「グレンバーグ的」見

http://dx.doi.org/10.1037/0000136-005

How the Body Shapes Knowledge: Empirical Support for Embodied Cognition, by R. Fincher-Kiefer.
© 2019 by the American Psychological Association. All rights reserved.

解（Glenberg, 1997）から、「バーサルー的」見解へ移行するのに最適な場である。「バーサルー的」見解では、理解には過去の経験、想像、他者の観察のシミュレーションが伴い、これによって抽象的で恣意的な言語的シンボル（つまり、単語や句、構文；Barsalou, 1999, 2008a, 2008b）から意味を導出することが可能になるとする。当然、シミュレーションには身体が知覚したり、行為したり、単に想像したことの再演が伴うため、身体の役割を心的シミュレーションの活動から切り離すことは難しい。第1章で触れたとおり、これがグレンバーグとバーサルーの見解はともに身体化の考えに基づいており、矛盾するものではなく相補的であるという所以である。しかしながら、これらの見解は、理論的に別ものとはいえないものの、わずかに異なる「レンズ」によって経験的研究の文献を見直させ、これらの異なる視点がどのように連携して言語理解を説明するのかを教えてくれる。

言語理解は身体行為に基盤化されている

　伝統的な言語理解の見解では、言語は**命題**（proposition）と呼ばれる抽象的で非モーダル的なシンボルを用いて意味を伝え、命題は統語規則を用いて結合される、と説明される（たとえばChomsky, 1980; Kintsch, 1998; 言語的な意味を確立することについてのさまざまなアプローチを徹底的に議論している文献として、de Vega, Glenberg, & Graesser, 2008）。これら理解の理論がきわめて複雑であることは、談話の理解が、テキストベースのレベルから状況レベルやメンタルモデルのレベルの表象まで、複数レベルの文章表象の構築を伴うだろうことを示唆している（Glenberg, 1997; Myers & O'Brien, 1998; Zwaan, Langston, & Graesser, 1995）。しかしながら、理解に対するこの見解は、状況モデル構築には知識を表象するモーダル的シンボルシステム、もしくは知覚的シンボルが関わるとするバーサルー（Barsalou, 1999）の提案にシフトし始めている。これらの知覚的シンボルは、知覚的経験から直接的に導出される。知覚的シンボルシステムの枠組みは、理解には文章と読み手の背景知識との相似関係を確立する必要があると強く主張している。したがって、理解には知覚的シンボルの活性化や過去の感覚運動経験のシミュレーションが伴う。読みにおける知覚的シンボルの使用は、文章の解釈を産み出す理解レベル、すなわち、状況モデルの構築を促進する（Glenberg & Robertson, 1999）。

　状況モデルの構築に知覚的処理が伴うという仮説を検討する研究がある（Fincher-Kiefer, 2001）。この研究で著者が実証したのは、文章を読みながら同時に記憶内に視覚的配列を保持している読み手は、記憶内に言語的配列を保持している読み手と比べて理解過程が阻害されることである。この干渉効果は、理解における知覚的（この場合は視覚的な）処理の役割を支持している。しかしながら、身体化された理解のより強い立場は、身体行為が理解において役割を担うと示唆している。たとえば、言語理解における身体化アプローチのひとつでは、言語的な意味は身体行為に基盤化されていると予測する。したがって、文の理解中になされた行為は、文の処理や理解に影響を与えるはずである。

　グレンバーグとカシャック（Glenberg & Kaschak, 2002）は、意味の構築には感覚運動情報の動員が伴うという仮説を検証した（この理論的な考え方は、最初に**インデックス仮説**（indexical hypothesis）として紹介された；Glenberg & Robertson, 1999, 2000）。参加者は文を読み、「コートニーはあなたにノートを渡した」とか「ジョーはカードをあなたに歌った」など、意味の通る文と通らない文に対して有意味性判断を行った。ここで注意したいのが、この有意味性の判断自体は行為の処理とほとんど関係がなく、この判断は、行為が含意する方向性についてほとんど考慮することなくできるということである。はい／いいえの有意味性判断をするために、グレンバーグとカシャックの参加者は、自身の膝の上にあるボックスのボタンを押すよう求められた。試行の始めに、参加者は3つのボタンのうち、真ん中のボタンの上に手を置いていた。「はい」のボタンの位置がこの実験において重要な変数であった。「はい」のボタンは、参加者が手を身体から離す必要があるボタン（「はいが遠い」条件）、または手を自身の体に近づける必要があるボタン（「はいが近い」条件）のどちらかであった。参加者は、彼らの身体へと向かう行為（「コートニーはあなたにノートを渡した」）、ないしは身体から離す行為（「あなたはコートニーにノートを渡した」）が含意される文を読んだ。さらに、文のうちいくつかは、先ほど示したような、物体の物理的移動を説明する**具象的移動**の文であったが、別の文は、物理的ではない移動を説明する**抽象的移動**の文であった（たとえば、「警官は無線であなたにメッセージを送信した」「あなたは無線で警官にメッセージを送信した」）。

　グレンバーグとカシャック（Glenberg & Kaschak, 2002）は、すべての文のタイプの有意味性判断時間で行為−文適合性効果（action-sentence compatibility effect; ACE）を見出した——身体に向かう行為を含意する文の理解は、有意味性判断の判断を行うときの動きも身体に向かう（「はいが近い」条件）ときのほうが、身体

から離れる動き（「はいが遠い」条件）ときと比べて速く、身体から離れる行為を含意する文に対しては反応時間に逆のパターンがみられた。これらの結果は、グレンバーグとカシャックに、行為を描写する文を読むときに運動活動の心的表象が自動的に呼び起こされることを示唆した。具象的な移動の文においてみられたACEが、抽象的な移動の文でもみられたという事実が示唆するのは、移動動詞の意味が、どの程度抽象的か（たとえば、「任せる」「言われる」）にかかわらず、行為の可能性や、どのように行為が起こりうるかの理解と関わっているということである。グレンバーグとカシャックの示唆によれば、彼らが用いた文はきわめて明示的な行為と結びついたものであったが、字義的な行為を伴わない文（たとえば、「犬が唸った」）であっても、おそらくは何らかの行為を要求する豊かな文脈のなかで理解されるだろう。したがって、意味は典型的には、身体行為の表象から導出されるであろうと述べている。彼らは、言語の進化的基礎が生存に役立つよう行為を促進し、計画し、調整することにあると考えるなら、理解が「〔進化の〕歴史の観察可能な名残」（p.564）を示していることは驚くにあたらないと述べた。

　グレンバーグとカシャック（Glenberg & Kaschak, 2002）の知見を拡張した研究は多くあり、意味は行為のプランニングや遂行のために用いる神経経路で伝達されるため言語が理解されるという主張を支持している（たとえばLai & Desai, 2016; van Dam, Speed, Lai, Vigliocco, & Desai, 2017）。ズワーンとテイラー（Zwaan & Taylor, 2006）は、言語理解におけるオンラインの運動「共鳴」、つまり行為システムの活性化を検討するために、別の種類のACEの手続きを用いた。この実験における参加者は、時計回りまたは反時計回りの方向の行為を含意する文に対する有意味性判断を行った（たとえば「ジェニーは電球を回してはめた」とか「エリックはボリュームを下げた」）。これらの判断はノブを回すことによって行い、参加者はそのノブを有意味の場合は時計回りで、無意味の場合は反時計回りで、または組み合わせを反対にしたかたちのどちらかで反応した。グレンバーグとカシャックのACEと同様に、ズワーンとテイラーは有意味判断の回転方向が、読んでいる文が含意する回転の方向と一致する方向のときに、よりすばやく回転させることを見出した。

　この一連の実験のひとつで、ズワーンとテイラー（Zwaan & Taylor, 2006）は、言語処理に関わる運動共鳴（活性化）の時間的枠組みを検討するために、手続きをいくらか変更した。有意味性判断を求める代わりに、単語ないしは短い句からなるフレームを1つずつ提示させるために、時計回りないし反時計回りでノブを

回すことを参加者に求め、フレームごとの読み時間が計測された。文の含意する
方向と回す方向が一致していたときに、方向が一致していないときと比較して、
文の動詞領域の読み時間が短いことを見出した（別種の適合性効果）。この手続き
により、ズワーンとテイラーは、動詞の理解にはその意味と結びついた行為の運
動共鳴が伴い、理解する際に同じような行為が携わっているとこの動詞の理解が
促進されると結論できた。

　テイラーたち（Taylor, Lev-Ari, & Zwaan, 2008）は、方向性の曖昧な行為を含
むが（たとえば「大工がネジを回した」）、その後に方向性の曖昧さが取り除かれ
る文（たとえば「板はしっかりと繋げられた」）について同じ手続きを用いること
によって、この結果を拡張した。彼らは、行為を曖昧でなくする単語は、動詞
でもそうでない品詞でも、先に触れた適合性効果を誘発することを見出した。こ
のことは、運動活性化が単に特定の行為を言い表す1つの単語に対してではなく、
全体としての言語の理解に関わることを示している。

　文の意味の構築において役割を果たすこれらの運動表象は、どの程度特異的な
のだろうか。すなわち、文字どおりのもので、文で述べられた身体部位だけが
活性化するのか、それとも、文章で記述された行為のより全体的な表象なのだ
ろうか。マッソンたち（Masson, Bub, & Warren, 2008）とバブとマッソン（Bub
& Masson, 2010）は、言語理解中に起こる運動共鳴の特異性について探求した。
マッソンたちは（Masson et al., 2008）、参加者に「弁護士は電卓を脇に蹴飛ばし
た」といった文を提示した。もし運動活性化が文の述べる出来事の逐語的描写を
表象するために用いられるのなら、このような文や類似の「〜を見た」といっ
た非相互作用的な動詞を用いた似たような文を理解するとき、手の活動の活性
化はみられないはずである。この仮説を検証するために、研究の参加者は、グラ
スパザウルス（Graspasaurus）と呼ばれる装置の使い方の訓練を受けた。この装
置によって、参加者は**機能的な**把持（functional grasps; 電卓を使うように指を伸ば
してつつくというような、意図的な目的のために物体を使用するときに行う把持）や
容積測定的な把持（volumetric grasps; 電卓を持ち上げるときに使う広い水平の把持
で、物体を持ち上げたり動かしたりすることに用いられる）に対応したすばやい手
のジェスチャーが可能になる。

　実験では、参加者に文を音声提示した（何試行かに1回、意味論的なプローブ問
題が提示されるので、文の理解が必要であった）。これらの実験の重要な側面として、
文は把持可能な物体（たとえば、電卓、指ぬき、ピストル）に言及しているが、文
中の動詞は物体に対して向けられる注意に言及するもの（たとえば、近づく、見

る）、または手は用いないが物理的な相互作用に言及するもの（たとえば、蹴る、踏まれる）であった。文を聞いた直後に、参加者は視覚的な手の行為手がかりが提示され（描写された物体に関連するものとそうでないものがあった）、できるだけ速くグラスパザウルスを用いて同じ手の行為をすることが求められた。従属変数はグラスパザウルスを使うためにかかる反応時間で、もし行為が文を聴くことによって活性化されたならば、参加者の手の行為はより速く起こるだろうと予測された。

　マッソンたち（Masson et al., 2008）が見出したのは、把持可能な物体（電卓）を指す単語を含む文を処理する参加者は、これらの文の動詞が手の相互作用を含意していなくとも、機能的な手の行為（その物体に特有の目的のために必要な行為）に対するプライミング効果を示すということであった。さらに、〔物体との〕相互作用を示す動詞（踏む）を用いた文も、具体的に手で物体を操作することに触れていなくとも、容積測定的な手の行為、すなわち物体を操作する（持ち上げる）のに必要な行為をプライミングした。

　マッソンたち（Masson et al., 2008）は、単文の理解の間に運動活動が自動的に活性化されることは、文の根底にある意味に必ずしも特有ではないと結論づけた。「弁護士は電卓を脇に蹴飛ばした」のような文を理解するとき、蹴ることに関連する運動領域の活性化が実際にあるかもしれないが（この実験では計測していない）、おそらくより重要なのは、その使用に適した行為の活性化とともに、電卓を持ち上げたり動かしたりする感覚と連合する感覚運動活動の活性化もあるということである。このことから、理解の間の運動活性化は、その必要があれば特異的であるかもしれないが、その物体との相互作用について知られていることと同様である可能性が考えられる。

　言語理解中の感覚運動システムの関与に関する行動的証拠は、神経イメージング研究や神経心理学研究の証拠によっても支持され、確認されている。まず、行為関連語の理解が適切な脳の運動野における活性化をもたらすかどうかを決定することで、感覚運動システムが意味の神経相関（neural correlates）＊であるかどうかが検討された。ある機能的磁気共鳴画像法（functional magnetic resonance imaging; fMRI）研究では、参加者が脚（「蹴る」）や手（「つまむ」）が関わる行為を述べた動詞を読んだ。すると読みの最中に起こる運動前皮質の活性化のパター

＊訳注：神経相関とは、特定の内容の処理を行うのに十分となる最小限の神経細胞のまとまりの活動を指す。もとは意識を担う神経細胞群を探すという研究文脈で用いられた用語だが、ここでは、感覚運動システムが意味の十分条件であるのかの検討の文脈で用いられている。

ンは、実際にそれらの身体部位を動かすときに起こる活性化のパターンとはっきりと類似していた（Hauk, Johnsrude, & Pulvermüller, 2004）。他の研究では、単語の理解を超えてこの結果を拡張し、手の行為を述べた文（「ナイフを握る」）の理解と足の行為を述べた文（「ボールを蹴る」）の理解に応じて、運動前皮質の活動領域が異なっていることを見出した（Aziz-Zadeh, Wilson, Rizzolatti, & Iacoboni, 2006; Tettamanti et al., 2005）。

運動皮質が行為ベースの言語に意味をもたらすことのおそらくさらに強力な証拠は、運動障害をもつ患者に関する神経心理学研究からのものである。運動ニューロン障害（筋萎縮性側索硬化症；ALS など）は、運動システムには影響していても、認知は保たれていると考えられているが、バクとホッジス（Bak & Hodges, 2004）は、この障害が名詞に比べ行為の動詞の理解を損なうことを見出した。グロスマンたち（Grossman et al., 2008）も同様のことを見出しており、ALS 患者は、行為の知識を必要とする認知的判断（たとえば、単語と説明のマッチング課題）が、物体の知識を必要とする判断に比べて有意に損なわれていた。行為の知識が必要な測度における ALS 患者の成績は、運動皮質の萎縮の度合いと相関していたが、この相関は、物体の知識の測度に基づく成績ではみられなかった。

フェルナンディーノたち（Fernandino et al., 2013）が見出したのは、運動システムに影響を及ぼす障害であるパーキンソン病の患者は、抽象的な文と比較して、行為関連の文の処理が選択的に損なわれるということである（読み時間が長かったり、有意味性判断において正答率が低かったりする）。さらに、これらの患者は比喩的な行為に関わる文（たとえば「議会はその計画に対する支持を引き出した」）の理解における弱点も示した。このことは、運動システムが字義的な行為に関する文の処理に加え、行為動詞の比喩的な意味の処理においても機能的役割を果たすという見解を支持している。

まとめると、これら運動障害をもつ患者のデータは、行為の産出に関わる脳領野が、行為に関する概念的知識の基盤も提供していることを意味する。身体が万全に機能していないと、身体に関わる言語の理解にも混乱があるようだ（運動システムの障害をもつ患者の研究とそれらの限界についての詳しい議論は、Willems & Casasanto, 2011 を参照）。これらの研究の結果は、抽象的な言語や比喩的な言語も身体化された表象の観点から処理されることを示唆する現在の理論と一致している（Gallese & Lakoff, 2005）。

身体障害の結果として起こる言語の機能障害に関する別の経験的事例を、ボツ

リヌス毒素A（ボトックス）を使った研究に見出すことができる。ハヴァスたち（Havas, Glenberg, Gutowski, Lucarelli, & Davidson, 2010）が検討したのは、否定的な情動を表現するときに用いられる表情筋（眉の筋肉：皺眉筋）を麻痺させると、否定的な情動について述べる文の処理が阻害されるか、ということであった。眉間のシワの治療としてボトックス注射を受ける予定の女性に対し、幸福、悲しみ、怒りに関する文を2つの時点で読むように求めた。最初のセッションでは、女性たちはこれらの文を理解するために読み、その読み時間が測定された。その後、女性たちは皺眉筋に予定されたボトックス注射を受けた。同じ女性たちが2週間後に（ボトックスの効果を確認するために）やってきて診察を受けたあとに、同じ情動の新しいセットの文を読んだ。図5.1は各セッションにおける怒り、悲しみ、幸福の文の読み時間を示している。ボトックス注射のあとには怒りや悲しみの文の読み時間が有意に長くなっていたが、幸福の文の読み時間は注射の影響を受けなかった。

これらのデータは、表情をブロックすることが、その表情に結びついた情動を引き起こす文の処理を選択的に阻害することを実証している。ハヴァスたち（Havas et al., 2010）の主張によれば、これらの結果は、情動的な言語処理の理解において身体行為（顔の動き）

図 5.1

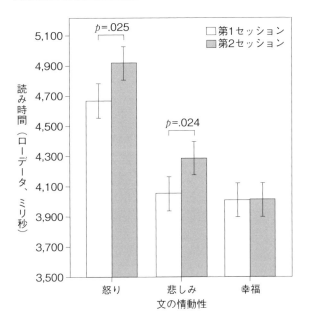

ボツリヌス毒素Aの注射を皺眉筋に打つ前（第1セッション）と後（第2セッション）の怒り、悲しみ、幸福の状況について述べた文の平均読み時間。誤差範囲は±1標準誤差を示す。バー上にある角括弧は、セッション間の有意差を示す。"Cosmetic Use of Botulinum Toxin-A Affects Processing of Emotional Language." より。D. A. Havas, A. M. Glenberg, K. A. Gutowski, M. J. Lucarelli, & R. J. Davidson, 2010, *Psychological Science, 21,* p.897. © 2010 by Sage. 許諾を得て再掲。

が周辺的役割ではなく、機能的な役割を担っていることを示唆している。感情表現に用いられる神経システムは、言語における情動の理解にも用いられるようである。ボトックス注射が否定的な情動の文の理解を阻害することは、応用的に抑うつ症状のための薬に使えるかもしれない。

　顔面フィードバック仮説（Strack, Martin, & Stepper, 1988）が予測するように、否定的な表情表出は否定的な気分を生み出し、否定的な思考パターンを活性化させ、否定的な気分を増大させる。ハヴァスたち（Havas et al., 2010）の研究は、表情表出によって否定的情動を容易に表現することができなければ、否定的感情を維持する傾向があるフィードバックシステムが壊れることを示唆する。ボトックス注射を大うつ病性障害をもつ人の眉間のシワに用いたフィンツィとローゼンサール（Finzi & Rosenthal, 2014）の研究は、この仮説を支持する知見を見出している。

　身体が言語理解において役割を果たすというこの神経科学的支持は説得力があるように思えるが、よくある批判は、特定の運動皮質の活性化は、単に意味知識の非モーダルなノード全域にわたる活性化が拡散したことの単なる「付随的な」結果ではないかというものである。つまり、知識表象はシンボル的で非モーダル的であるが、これらの表象が活性化されたあとに、身体行為が続くというのである。この議論は、意味の構築にとっての基盤化された心的表象のいかなる機能的な役割も、基本的に否定する。

　この批判への反論として、一部の研究者は、言語的な手がかりに対する神経反応がいかに急速かを実証するために、高密度の脳磁図（magneto encephalography; MEG）を用いた。パーベミューラーたち（Pulvermüller, Shtyrov, & Ilmoniemi, 2005）は、妨害課題を行っている参加者に対し、顔関連ないし脚関連の行為語を音声で提示し、MEG を用いて神経活動を測定した。彼らが見出したのは、顔関連語刺激は脚関連語刺激とは異なる時空間的脳活動を示し、これらの行為単語に対する脳の「サイン」は、単語が固有の語彙項目であると認識されてから 200 ms 以内に起こるということである。パーベミューラーたちの主張によれば、異なる意味によって特有の運動野が瞬時に活性化するという事実は、運動活性化が、方略的な読みの効果や理解したあとの心的イメージを表しているという考えと一致しない。むしろ、これらの単語の意味表象の必須の一部であるようである。

　単語を聞いたり読んだりしたときに運動野が急速に活性化するにもかかわらず、言語理解中の意味構築にこの活動がどのような機能的重要性をもつのかは未だ

明確ではない。グレンバーグたち（Glenberg et al. 2008）やパーベミューラーた
ち（Pulvermüller, Hauk, Nikulin, & Ilmoniemi, 2005）は、言語理解における運動活
性化の因果的役割を探求するために、経頭蓋磁気刺激法（transcranial magnetic
stimulation; TMS）を用いている。グレンバーグたち（Glenberg et al., 2008）は、
参加者に具体的な移動の文（「あなたはマルコに新聞を渡す」）、抽象的な移動の文
（「アンナはあなたに権限を譲る」）、そして移動に関連のない文（「あなたはマルコ
と新聞を読む」）を読ませた。それぞれの文を読む間、TMS のパルスが左半球の
運動皮質、具体的には手の行為を制御する領域に照射された。これらのパルスは
運動反応（運動誘発電位、motor evoked potential; MEP）を誘発するが、この研究
では、把持や移動に関する行為に関わる筋肉である母指対立筋から MEP を測定
した。TMS のパルスは、文に含まれる動詞の提示開始後 200 ms か、〔その文の〕
最後の単語の提示開始後 200 ms に照射された。この遅延は、書かれた単語刺激
の提示開始後 150 ～ 200 ms 以内に運動活性化が起こるというパーベミューラー
たち（Pulvermüller, Shtyrov, & Ilmoniemi, 2005）の知見をもとに選択された。

　グレンバーグたち（Glenberg et al., 2008）の予測は、もしこれらの移動の文の
理解に、実際の運動システムの活動（手の動き）なしに運動システムの活動の調
整が伴うなら、移動に関連のない文よりも移動に関連する文を読んだときに、運
動システムの活動がより大きくなる（より大きな MEP が観察される）はずである
というものであった。さらに、もしこれらの文のオンラインの理解に運動活性化
が伴うなら、文の終わりよりも動詞の提示後に大きな MEP が観察されるはずで
あるとも予測した。グレンバーグたちの結果はこれらの予測を支持し、MEP は
実際に移動に関連する文を読んだときに移動に関連のない文を読んだときよりも
大きくなり、具体的な移動関連文と抽象的な移動関連文の間に MEP の違いはみ
られなかった。特筆すべきは、MEP は文の終わりよりも、動詞の理解中に大き
くなったことであり、このことは、運動行為の心的イメージを用いた理解後の過
程によってこの現象が起こるとする解釈に反する証拠となる。

　これらの結果はグレンバーグとカシャック（Glenberg & Kaschak, 2002）の行
動データを再現しており、運動システムが具体的な移動関連文と抽象的な移動関
連文の両方のオンライン理解に関わっていることを示している。それらはさらに、
理解中に起こる運動活動が、単に身体部位に言及する明確な言語との初期の感覚
運動連合に起因する付随現象ではないことも示唆している。もしそれが付随的な
現象であれば、手や腕の動きに言及していない抽象的な文では、具体的な文でみ
られるものと同じ運動活動効果は示さないだろう。

　グレンバーグたち（Glenberg et al., 2008）は、それらのデータが、運動皮質における汎用的な「移動行為スキーマ」があることの証拠を示していると主張した。彼らは、このスキーマは幼児期に発達し、幼児期の物体に手を伸ばす、つかむ、動かすといった経験に基づいていると主張した。この行為スキーマ（神経活動パターン）は、別の場所にさまざまな物体を動かすという多くの経験を通して一般化される。運動皮質の該当領域は、行為スキーマが具体的ないし抽象的な移動に関する言語を理解するために必要になったときに活性化するのである。

　グレンバーグたち（Glenberg et al., 2008）やグレンバーグとガレーゼ（Glenberg & Gallese, 2012）は、この行為スキーマは、おそらく、サルの運動前野で最初に発見されたミラーニューロンシステム（mirror neuron system; MNS, di Pellegrino, Fadiga, Fogassi, Gallese, & Rizzolatti, 1992）にあると主張した。これらのニューロン群は、サルが手や口を使った行為を行うときに活動するが、それが、同じ行為を別の個体が行ったのを観察するときにも活動する。〔つまり〕MNS は、遂行－観察神経マッチングシステムであり、他者の行為の理解の原因と考えられている（Tettamanti et al., 2005）。このシステムと言語理解を関連づけることで、テッタマンティたち（Tettamanti et al., 2005）は、MNS の活性化が、参加者が行為を観察しているのではなく、口、手、脚を用いた行為を記述する文を聴いているときにみられるということを見出した。アジズ - ザデたち（Aziz-Zadeh, Wilson, Rizzolatti, & Iacoboni, 2006）が見出したのも、参加者が同じこれらの行為の短い記述を読んでいるときに、MNS の脳領域が活性化するということであった。これらのデータが示唆するのは、行為に関する言語の理解が、その行為を観察するときに用いられるのと同じ神経回路を用いている――おそらく、両者は行為の遂行において用いられる神経活動の心的シミュレーション、または再演を伴う――ということである。この論争に対する興味深い支持は、MNS の一部が、古くから言語処理に関連する脳の中心であるとされてきたブローカ野にあるという事実である（Tettamanti et al., 2005）。

　本章でここまで議論してきた研究は、言語理解における身体の直接的効果に焦点を当ててきた。提示してきた証拠は、読んでいる最中の身体行為が理解に影響し、ときに処理を促進し、ときに理解を妨げることを実証している。さらに、たとえば、ボトックスや運動ニューロン疾患による麻痺で行為できないことも、言語理解に影響を与えることを示した。神経心理学的結果は、運動活動に関わる脳領野が言語の理解にも関わっているという証拠をさらにもたらしている。これらはすべて、意味が「身体に基盤化されている」という主張を支持する証拠の一タ

イプをなしている。

　別のタイプの証拠は、理解は知覚や行為を伴う過去の経験を再利用したり、再演したりすることを伴うという意味で、身体の間接的効果に関わるものである。先に示したMNS研究は、観察したり、聴いたり、読んだりする経験をシミュレートするために用いられるシステムについての神経学的証拠をもたらす。この再演はシミュレーションを構成し、バーサルー（Barsalou, 1999）の見解では、シミュレーションがすべての思考の計算論的な中心要素である。シミュレーションは、その思考を最初に形成した身体経験に関連した神経活動の再演なのである。

言語理解には感覚運動シミュレーションが伴う

　シミュレーションの神経学的証拠に加え、行動研究からも強力な経験的支持が得られており、それらは言語を理解するときに行う心的シミュレーションが感覚運動経験の具体的な再演であることを実証している。ズワーンや他の研究者（Simmons et al., 2007; Stanfield & Zwaan, 2001; Zwaan & Pecher, 2012; Zwaan, Stanfield, & Yaxley, 2002）は、理解中に用いられる心的シミュレーションが形や方向、色といった物体の特性に敏感であることを見出している。心的シミュレーションの知覚的特性を実証するのに多く用いられる実験パラダイムは、単純な文－画像検証課題である（Stanfield & Zwaan, 2001）。〔これらの実験で〕参加者は物体の方向などの視覚的次元を含意する単文を読む（たとえば「ジョンはコップの中にペンを入れた」「ジョンは引き出しの中にペンを入れた」）。その直後に、特定の方向（垂直、水平）になったその物体（ペン）の画像が提示され、参加者は、その物体が文のなかで言及されていたかどうかをボタンを押して答えた。図5.2は、「卵がケースの中にあった」と「卵がフライパンの中に

図5.2

冷蔵庫内とフライパン内で異なる形をした卵。"Language Comprehenders Mentally Represent the Shapes of Objects." より。R. A. Zwaan, R. A. Stanfield, & R. H. Yaxley, 2002, *Psychological Science, 13,* p.169. © 2002 by Sage. 許諾を得て再掲。

あった」という文に対する形の心的表象を検討したズワーンたちの研究（Zwaan, Stanfield, & Yaxley, 2002）で用いられた2つの画像である。

　この手続きで重要なのは、含意された方向や形（別の実験では色）は、そのときの課題とは無関連で、実際、参加者は文をきちんと理解していなくとも課題に応えることができた（単に名詞だけに注目すればよかった）ということである。しかしながら、もし言語理解が文で説明されている経験を心的にシミュレートすることを必要とするならば、どんな理解の測度も、画像の中の物体の方向や形が文中に記述されたものと一致しているか、していないかということに影響を受けるはずである。

　ズワーンたち（Zwaan et al., 2002）の形の心的シミュレーションを検討した2つの実験の結果を表5.1に示す。反応時間のデータは、実験1の一致条件と不一致条件の物体の再認判断と、実験2の画像−命名反応時間を示している。これらの結果は、方向の特性を検討した研究とも対応するものであり、参加者は読んだ文で含意されていたものと一致する画像を、一致しない画像よりも速く検証した（これらの研究の追試の試みについてはZwaan & Pecher, 2012を参照）。

　ホーベン・マナートたち（Hoeben Mannaert, Dijkstra, & Zwaan, 2017）は最近、色を含意する文で同様の一致効果を示し、その〔とき用いられた〕画像は正しい色ないしは異なる色のいずれかであったが、正しい色は彩度がいろいろ異なっていた。一致効果は、正しい色の彩度が減じると弱くなり、このことは理解中に行われるシミュレーションが知覚的に豊かな内容であることを示している。ズワーンとペッチャー（Zwaan & Pecher, 2012）は、これらの結果が、〔文を〕理解したあとに起こる心的イメージによるものではないと主張した。

表5.1

測度	条件		
	一致	不一致	中立
	実験1		
反応時間（ミリ秒）	697（202）	761（210）	—
正答率（%）	97（6）	93（7）	—
	実験2		
反応時間（ミリ秒）	605（115）	638（128）	617（125）

実験1における物の再認時間と正答率、および実験2における画像への命名時間
［注］括弧内に標準偏差を示す。"Language Comprehenders Mentally Represent the Shapes of Objects." by R. A. Zwaan, R. A. Stanfield, & R. H. Yaxley, 2002, *Psychological Science, 13,* p.169. © 2002 by Sage. 許諾を得て再掲。

　心的イメージは意識的で、資源を多く必要とする過程と考えられているのに対し、理解のときに起こる心的シミュレーションは意味を生み出す自動的過程である。ズワーンとペッチャー（Zwaan & Pecher, 2012）は、もし心的シミュレーションが心的イメージと同じなのであれば、彼らの一連の方向と形に関する研究でみられた一致効果の大きさは、心的イメージの能力と相関するだろうと述べた。彼らが、参加者の一致効果の大きさと心的イメージの能力の相関を検討したところ、そのような有意な相関はみられなかった。ズワーンとペッチャーは、彼らの研究でみられた一致効果が、理解の間に起こる無意識的な心的シミュレーション過程を反映すると結論づけた。

　カシャックたち（Kaschak et al., 2005）は、文の意味の心的シミュレーション中に起こる知覚的処理の特異性を探求するために、別のパラダイムを用いた。彼らは動きに関する文を読んでいるときに起こる視覚処理を検討した。カシャックたちの研究の参加者は、たとえば「リスが急いで逃げていった」とか「ネコが木に登った」というような特定の方向に関する動きを記述した文を聴き、有意味性判断を行った。〜の方へ向かって、〜から離れて、上へ、下へと、いずれかの方向が含意されたこれらの文を聴いている間、参加者には同時に、文に記述されたものと同じ方向（一致条件）か、反対の方向（不一致条件）の動きを描写する視覚的ディスプレイが提示された。

　カシャックたち（Kaschak et al., 2005）は、他の多くの研究（たとえば Glenberg & Kaschak, 2002; Zwaan & Taylor, 2006）における一致効果と同様に、視知覚が文に記述された動きと一致していたならば、文がより速く処理されるかどうかを調べた。しかしながら、彼らは視知覚の処理には視覚的な動きを記述する文の理解に必要な神経回路が用いられるため、文理解に干渉するであろうとも考えた。カシャックたちのデータは後者を示した。すなわち、一致条件の有意味性判断は不一致条件のものよりも時間がかかり、このことは、理解者が視覚処理もしている方向の動きが含意された文を処理するときには、干渉効果があることを実証している。

　一致条件で有意味性判断が遅くなることを示したという事実は、言語理解中に構築されるシミュレーションのために採用される知覚的メカニズムには高度な特異性があることをカシャックたち（Kaschak et al., 2005）に示唆した。これは全般的な知覚干渉効果ではない。遅い判断時間は、視覚的に提示されている動きが、処理している文で記述されている動きと同じ条件でのみみられたのである。カシャックたちは、動きの知覚には、特定の方向の動きに限定した神経メカニズム

が用いられると結論づけた。同じ方向の動きを伴う出来事のシミュレーションを構築しようとすると、これには知覚で用いられるものと同一の神経メカニズムが必要となる。もしこれらの出来事が同時に起これば、視覚的シミュレーションの構築が難しくなるために文の理解が阻害されるだろう（読解中の他の視覚的干渉効果については、Fincher-Kiefer, 2001; Fincher-Kiefer & D'Agostino, 2004 を参照。視覚過程とシミュレーションの関係が双方向であるという知見については、動きに関する単語の理解が動きの知覚的検出を阻害することを見出した Meteyard, Bahrami, & Vigliocco, 2007 を参照）。

　カシャックたち（Kaschak, Zwaan, Aveyard, & Yaxley, 2006）はさらに、知覚刺激の処理とシミュレーションを構築する際の促進効果と干渉効果が起こる条件について検討し、一致する刺激を同時に処理するときに、資源の競合により干渉が起こると結論づけた。しかしながら、一致する刺激を継時的に処理するとき、典型的にはある課題のあとに別の課題を行うと、一方の処理が他の処理をプライムするために、促進が起こる。促進効果または干渉効果の原因となる条件はさらに検討する必要があるが、知覚的シミュレーションが意味の確立に不可欠であると主張する言語理解の身体化理論によって、両方とも説明することができる。

　神経科学は、言語処理において起こる心的シミュレーションの性質や特異性に関するこれらの結論のための裏づけを提供する。ウィレムスたち（Willems et al., 2010）は、もし単語の理解に思考を経験するときに用いられる知覚や行為の心的シミュレーションを伴うならば、これらの神経認知的表象は、日常世界で異なる振る舞いをする人ごとに異なっているはずだと予測した。たとえば、左利きの人と右利きの人は、**投げる**という単語を提示されたときに、実際の行為を制御している脳領野が異なるために、異なる神経活動のパターンを示すはずである。ウィレムスたちは左利きと右利きの参加者に fMRI のスキャナーに入ってもらい、語彙判断課題や心的イメージ課題において手に関わる動詞（たとえば、つかむ、つまむ）や手に関わらない動詞を提示した。彼らが見出したことによれば、語彙判断課題において、左利きと右利きの人は利き手とは反対側の運動前皮質に対照的なパターンの活動がみられたが、これは手の行為動詞のみに当てはまり、手の関わらない動詞にはみられなかった。

　彼らはさらに、手に関する行為動詞の意識的な心的イメージは、それらの行為をプランニングし、遂行することを担う脳の〔使用している効果器とは〕反対側の運動野によって促進されることを見出した。しかしながら、この身体特異的な活動パターンは、心的イメージ課題の際には運動前皮質と一次運動皮質の両方で

みられたが、語彙判断の間には運動前皮質でのみみられた。語彙判断課題と心的イメージ課題でみられた活動パターンの乖離が示唆するのは、語彙判断における意味的判断に用いられる潜在的なシミュレーションが、顕在的な心的イメージと同じではないということである。

ウィレムスたち（Willems et al., 2010）は、言語処理中のシミュレーションに用いられる行為スキーマは心的イメージで用いられるものほどには精緻化されておらず、具体的ではないだろうと結論づけた。たとえば、「投げる」というシミュレーションには、行為や行為者、物体、ターゲットに関わるより一般的な行為プランが含まれるのに対し、「投げる」の心的イメージには特定の型の投げ方や物体の軌道などが含まれているだろう。ウィレムスたち（Willems, Labruna, D'Esposito, Ivry, & Casasanto, 2011）はこの fMRI 研究の追跡研究の追試として TMS 研究を行い、語彙判断課題中に運動前皮質でみられた運動活動と行為単語の意味的分析の間に因果関係があるのかどうかを検討した。

ウィレムスたち（Willems et al., 2010）は、右利きの参加者のみを用い、右側運動前皮質の手領域に刺激を与えたあとよりも、左側運動前皮質の手領域に刺激を与えたあとに手に関する行為動詞に対する語彙判断が速くなることを見出した。このような語彙判断の反応時間のパターンが異なる促進効果は、手の関わらない行為動詞では起こらず、行為−言語理解における運動前皮質の活動に機能的な役割があることを示唆している。身体が異なれば行為のしかたも異なり、その結果、行為単語の意味を表象する異なる神経経路をもたらすものと思われる。

この言語理解中に起こるシミュレーションに関する実験的検討への批判として、これらの研究は通常、単語や単文の基盤化に注目しているということがある。しかし、言語理解のことを考えるとき、確かに、われわれはより広い目で言語について考えている。ズワーン（Zwaan, 2014）の主張によれば、（単語や個々の文のように）テキストが脱文脈されているのに基盤化された表象について主張することには問題がある。というのは、言語理解についてわかろうとするならば、実際により長い談話においてシンボル的表象や基盤化された表象が役割を担っているかどうかを知る必要があるからである。

この批判に対し、ニーホフとウィレムス（Nijhof & Willems, 2015）の研究では、言語理解におけるより豊かな表象について検討する試みがなされている。ニーホフとウィレムスは、文章でどのような言語が使われているか、理解にどのような種類のシミュレーションが含まれているか、そしてどのような個人差が、理解に用いられるシミュレーションの性質について示唆を与えるか、という観点から談

話の理解を検討した。このために彼らは、文芸小説の理解における個人差を検討できるよう、fMRIによるイメージング〔技術〕を用いた。3つの物語を、行為や視覚的な内容が多く含まれる部分と、登場人物の思考、信念、意図が多く含まれる部分に区切った。これらはそれぞれ読解中に起こりうる2つの異なる種類のシミュレーションを代表する──読み手が行為や風景についての文章情報を処理するときに起こる感覚運動シミュレーションと、**メンタライジング**（mentalizing）（Frith & Frith, 2006）と呼ばれる、他者の思考や動機づけのシミュレーションである。先行研究では、左右の運動皮質における活性化は感覚運動シミュレーションと関連しており（たとえばSpeer, Reynolds, Swallow, & Zacks, 2009; Willems & Casasanto, 2011; Willems, Hagoort, & Casasanto, 2010）、前頭前野皮質前部、右側頭頭頂接合部、楔前部の活性化はメンタライジングの際にみられることが示されていた（たとえばFrith & Frith, 2006; Van Overwalle & Baetens, 2009）。

　ニーホフとウィレムス（Nijhof & Willems, 2015）は、参加者が小説を読んでいる間に、理解中に用いられるシミュレーションの種類に強い個人差があることを見出した。登場人物の目標や意図について読むときに脳のメンタライジングに関わる領域（前内側前頭前野）で強い活性を示すが、行為や風景について読むときには運動前皮質の活動が低い読み手がいた。また、別の読み手は完全に反対のパターンを示し、行為や感覚に関する文章を処理するときに運動前皮質に強い活動がみられるが、登場人物の思考について読むときにメンタライジングの領域の活動が弱いことを示した。ニーホフとウィレムスは、このオンラインの神経学的証拠が、読みの選好が個人ごとで異なることを示していると主張した。ある人は登場人物の信念や目標などを考えるというかたちで文学に触れ、また別の人は読んでいる内容、おそらくは説明されている光景や音、行為といったより具体的な側面をシミュレーションすることで文学に触れているのである。

　ニーホフとウィレムス（Nijhof & Willems, 2015）の比較的長い文章に対する検討から得られたこの暫定的な証拠が示唆するのは、理解中に構築されるシミュレーションの種類は、選好や目標、専門知識、文章の種類といった変数によって異なるということである。言語の理解に用いられるシミュレーションの検討において探求することは多くあるが、現在までの経験的な知見が示唆するのは、これらのシミュレーションが神経学的活動であり、世界に関する過去の知覚的経験や行為に基づく経験、あるいは想像した経験さえもの再利用を表しているということである。

結論

　言語は身体化されているかを問うことは、われわれが意味を伝えるために使用している言語的シンボルの理解において、身体が役割を担っているのかどうかを問うことである。これまでみてきたように、たとえば、（病気やボトックスの注射で）身体に障害があると言語処理にも障害がみられるなど、身体が〔理解に〕直接的な役割を担っているようである。あるいはまた、身体は間接的に役割を担っているようであり、**シミュレーション**と呼ばれる過去の身体経験の再演によって、文章の意味をわれわれに与えることを可能としている。言語理解におけるこれら2つの方向に経験的な支持が得られている。

　たとえば「蹴る」のような言語的情報を処理するとき、その動詞の理解には身体的にその行為をするために用いられる運動システムの動員が関わる（たとえば Hauk, Johnsrude, & Pulvermüller, 2004）。また情動に関する単語や文を読むとき、理解にはその情動状態の内的シミュレーションを伴う（たとえば Havas, Glenberg, & Rinck, 2007）。この、言語理解には過去の身体経験の感覚運動シミュレーションが伴うという主張には、イメージング研究に加え、行動研究を通じた強力な経験的証拠がある。

　言語理解についての知識を深める際、注意する必要のある問題がさらに2つある。第一に、身体化理論の課題は、これまでずっと、抽象語がどのように身体に基盤化されているかを説明することであった。行為に基づく言語が、言語的シンボルの理解における身体の役割を検討するための明らかな検証基盤となってきた。抽象語における身体行為の効果を検討することはより難しい。そこには、身体との明確な関連性がない。

　このあとの章では、このような身体化理論の課題に触れ、抽象概念の心的表象がどのように感覚運動システムに基盤化されているかを説明していく。前の議論では、移動に関係する抽象概念についてこの問題に触れた。そして、これらの抽象概念は移動に関する具象概念が基盤化されているのと同じようにして、身体行為に基盤化されていることが証拠により示唆される。ヴィグリオッコたち（たとえば Kousta, Vigliocco, Vinson, Andrews, & Del Campo, 2011; Vigliocco et al., 2014）は、抽象概念が多くの具象概念よりも強く感情に基盤化されているという主張に対して、興味深い行動的、神経科学的支持を与えている。第8章でも、他の抽象

概念もメタファーという言語的手段を通じて感覚運動システムに基盤化されている可能性があるという証拠を提示する。メタファーは直接的に身体と関連のない抽象概念（たとえば「やさしさ」）と、関連のある具象概念（たとえば「温かさ」）の間に連合を確立する（「彼女は温かい」）。

　取り組むべき2つ目の問題は、基盤化された表象が言語理解を説明するのに十分かどうかということである。ズワーン（Zwaan, 2014）は言語理解の多元的視点を主張し、そこには基盤化された表象と意味のシンボル的表象の両方が含まれると論じている。彼の主張では、言語が処理されるときに、基盤化された表象がもっとも利用可能であることが適切な場面があるとしている。たとえばデモンストレーションは、参加者、物、ジェスチャー、他の行為などすべてがコミュニケーションに関わり、理解するのに感覚運動シミュレーションが必要とされる*。しかしながら、他の場合、たとえば、哲学的議論や科学論文のような高度に抽象的な文章を読む場合には、意味の最初の表象は抽象的なシンボルがかかわるだろう。どのような形式の表象がもっとも良い意味を生み出すかに関わる別の要因は、専門性であろう。自身の技能についての言語を処理する専門家は、初心者よりも多くの感覚運動経験をもっているので、専門家には基盤化された表象を生じるが、初心者にはシンボル的な表象か、不十分に基盤化された表象しか生じないだろう。これは、初心者が専門外の内容に関する言語の理解が乏しいことを説明するかもしれない。処理の目標（理解するためにどのくらい「浅い」処理で済むか）や言語的技能のような他の変数が、シンボル的表象と基盤化された表象の相互作用を決定するであろう。

　ズワーンは、これら2つの形式の表象が同時に活性化されるが、複数の要因によってどちらの表象が優位となるかが決まると主張した。他の研究者も、文章理解中のシンボル的表象と基盤化された表象の相互作用について議論している。特に連続した談話やより日常的な言語理解に関してそういった議論がみられる（Barsalou & Wiemer-Hastings, 2005; Bottini, Bucur, & Crepaldi, 2016; Lebois, Wilson-Mendenhall, & Barsalou, 2015; Louwerse, 2011; Taylor & Zwaan, 2009）。明らかに研究すべきことはまだ多くある。しかしながら、より伝統的な知識の意味的ネット

＊訳注：ズワーン（Zwaan, 2014）のモデルでは、言語理解が環境中にどの程度埋め込まれているかによってレベル分けをしており、デモンストレーションはもっとも環境に埋め込まれた（深い）レベルとしている。一方、もっとも埋め込みが浅いレベル（上の例では、哲学的議論をしたり科学的論文を読んだりする場合）はアブストラクションと呼ばれ、抽象的シンボルシステムによる処理が優勢となるとしている。

ワークと基盤化された表象を統合し、それぞれの表象が必要とされる場合を考慮する理論的枠組みに組み込むことによって、言語からどのように意味を汲み取るかの理解が進むだろう。

▶重要ポイント

• 感覚や行為に用いられる神経システムは、言語を理解するときに用いられるシステムと同じものである。

• 言語における単語（シンボル）は、初めに知覚や行為、情動に用いられるシステムに（発達的、進化的に）関係づけられることによって、その意味を獲得する（グレンバーグ、バーサルー）。

第6章　認知判断におけるシミュレーションの役割

【本章の問い】

- 知覚的知識と概念知識が同じ表象システムを共有するという考え方を支持する証拠は、どのようなものか
- 思考を形づくるのは、過去の感覚経験や身体経験の再演であるシミュレーションなのか

　本書のこれまでの章で注目してきたのは、認知における身体の役割であった。これは身体化に関する多くの理論家が採用してきた見方であり、この見方を支持する証拠はきわめて明確である――すなわち、身体状態は一部の認知状態において原因であり、身体状態も一部の認知状態の結果であるという見方である（たとえば Glenberg, 1997）。

　この身体中心的な考え方に反するものではないが、もうひとつの視点として、認知は、感覚、知覚、運動活動、内省に伴う過去に経験した状態のシミュレーションであることを強調する考え方がある。この過去経験の再演であるシミュレーションは、身体とこころの過去の活動に依存することから、これらの2つの見方は不可分に関連している。本章と次章では、思考が知覚的シンボル（perceptual symbol）において表象されるという証拠を示す。つまり、われわれの知識は、その情報を最初に知覚したときに活動していたものと同じ神経システムに貯蔵されているのである（Barsalou, 1999）。したがって、情報を知覚した神経経路の再利用であるシミュレーションこそが思考を形づくるという証拠、そして、このことに身体が関わっている、もしくはいないという証拠を見つけることが、最重要の課題となるだろう。

http://dx.doi.org/10.1037/0000136-006

How the Body Shapes Knowledge: Empirical Support for Embodied Cognition, by R. Fincher-Kiefer.
© 2019 by the American Psychological Association. All rights reserved.

バーサルーの考え方

　「知覚的シンボルシステム」と題されたバーサルー（Barsalou, 1999）の記念碑的論文は、知覚的シンボルシステム（perceptual symbol systems; PSS）理論を詳細に述べている。この理論は、**物理的シンボルシステム仮説**（physical symbol system hypothesis; PSSH, Newell & Simon, 1976）と呼ばれる知識表象に関する過去の仮説を検証した標準的な認知理論から劇的な転換を遂げた。簡単にいえば、PSSH では、記憶は非モーダル的で、色や情動、行為のような現実の特性の「代わりになる」表象的特性を備えた物理的シンボル（0 と 1 のパターンを貯蔵するコンピュータのメモリと関連づけられることが多い）によって構成されている。第1章で議論し、図 1.1 と 1.2 に示したコリンズとロフタス（Collins & Loftus, 1975）の意味記憶の意味的ネットワーク理論は、PSSH のひとつである。これらの物理的で抽象的なシンボルは、コンピュータ言語における if-then 構文と同様の規則によって操作され、さらに重要なのは、それらが指し示すものと恣意的に関連づけられていることである（たとえば、ネコという概念を表象するためにコンピュータが 0 と 1 の系列を用いるように、**ネコ**という心的なシンボルにはどんな音を出すのか、どのような見た目なのか、どのように動くのかといったことは含まれない。認知の PSSH 理論に関するより詳細な説明については、Glenberg, Witt, & Metcalfe, 2013 を参照）。
　認知の PSSH 理論の問題は、コンピュータにはうまく当てはまっても、人の知識表象の理論としては直感的に満足のいくものではないということである。身体化された認知の理論を検討する認知心理学者たち以前にも、知識について PSSH モデル以外のモデルが構築されており、少なくとも外界の指示対象にさかのぼることができる（つまり基盤化された）概念表象が探求されていた（McClelland & Elman, 1986; Eich, 1985; Murdock, 1982）。これらの知識モデルは、どのようにしたら概念の表象を外界に応答する神経レイヤーに関連づけることができるのか（ここでも、基盤化が重要である）、そして意味記憶として機能するかたちで構築できるのかということを捉えようとしていた。
　バーサルー（Barsalou, 1999, 2008a, 2008b）の PSS 理論も PSSH モデルへの応答であり、知識表象に関して全く異なる見解を提示している。バーサルーは知識の基盤化を定義するにあたり、概念は単語や命題といった抽象的なシンボルではな

く、モダリティ特異的な知覚的シンボルで表象され、知覚や行為を担うものであると主張した。心的活動は思考が生じる物理的、身体的文脈から分離することはできない。実際、バーサルー（Barsalou, 1999）は、知覚状態があらゆる感覚運動活動によって生じるという意味において、認知は「本質的に知覚的である」と述べている。たとえば、ある経験が起こると（彼の挙げている例は椅子に座るというものだ）、脳はマルチモーダルな身体経験の無意識的な神経表象を記録する。そこには、椅子の表面の触覚経験や、視覚的経験、椅子に座る運動行為、さらには〔座ったときの〕快適さや快適でないといった内省も含まれるだろう。さらに、そのときの知覚的状態に関する意識的経験も含まれるだろう。

　図 6.1 に示すように、バーサルー（Barsalou, 1999）は、この知覚的状態の一部が「抽出され」、それが長期記憶表象になると主張した。大事なので特に述べておくと、この概念化の重要な側面は、長期記憶は知覚状態と同じ表象形式、つまりもともとの知覚経験の際に起こった神経活動と同じものだということである。これは**アナログなモーダル的シンボル**であり、それ以降はいつでも、椅子に関する情報を検索する必要があるときには、その知覚的シンボルが椅子に関する概念知識の代替物（referent）として象徴的に機能する。この知覚的シンボルは、これまでに経験してきた多くの椅子に関わるすべての知覚的・感覚運動的特徴から抽象されたものだろう。

　バーサルー（Barsalou, 1999）は、「知覚的シンボルの収集が進むと、認知の根底となる表象を構成する」（p. 578）と述べている。つまり、すべての認知的表象は中核的な知覚的シンボルに位置づけられている。**思考**の中心となる計算過程は、その思考を感覚運動的に形成することに関わる神経活動のシミュレーション、すなわち再演である。バーサルーは、このシミュレーションが学習時の

図 6.1

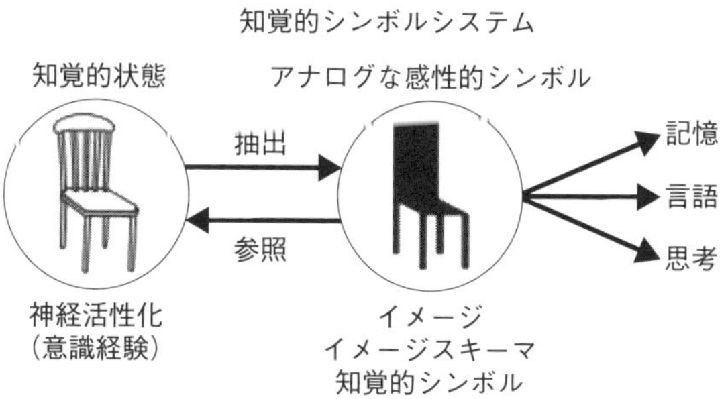

知覚的シンボルシステム

知覚的状態　　アナログな感性的シンボル

抽出 →　　← 参照

神経活性化
（意識経験）

イメージ
イメージスキーマ
知覚的シンボル

記憶
言語
思考

知覚的シンボルシステムの根底にある基本的仮定：感覚運動システムにある知覚状態の一部分が抽出され長期記憶に保存されてシンボルとして機能する。"Perceptual Symbol Systems." より。L. W. Barsalou, 1999, *Behavior and Brain Sciences, 22,* p.578. © 1999 by Cambridge University Press. 許諾を得て再掲。

経験を完全に再現する必要はないと述べていることを指摘しておく必要があるだろう。実際、多くのシミュレーションはこれらの最初の経験を部分的に再現したものであり、これが知識の検索にはバイアスやエラーを伴うことが多い理由である。

　バーサルーによれば、これらの知覚的シンボルはマルチモーダル（たとえば、音響的、触覚的、視覚的）で、非モーダル的なシンボルシステムを主張する伝統的な意味記憶のモデルに対抗するものである。図 6.2 もバーサルー（Barsalou, 1999）の記念碑的論文から転載したものであるが、まず知覚的状態が経験されたのちに、異なる表象形式に「変換される」とする〔バーサルーとは〕別の考え方による知識表象を示している。これは**命題的**で**非モーダル的**な形式であり、これらが必要なときに記憶から検索される知識の表象を形成する。これらの非モーダル的シンボルは、それぞれが指し示す知覚的状態と恣意的に結びついている。つまり、**椅子**という単語は、物理的な椅子とは表象的類似性をもっていない。意味ネットワーク理論を支持する研究者は、単語が文字どおりにこれらの非モーダル的表象の内容を形づくるとは考えておらず、何らかの言語学的形式（つまり命題）がそれをすると考えている。これは、概念の表象はそれを表象している知覚的状態と構成的に同一であり、言語的ラベルはそれに連合しているという PSS の見解とは完全に対照的である。

図 6.2

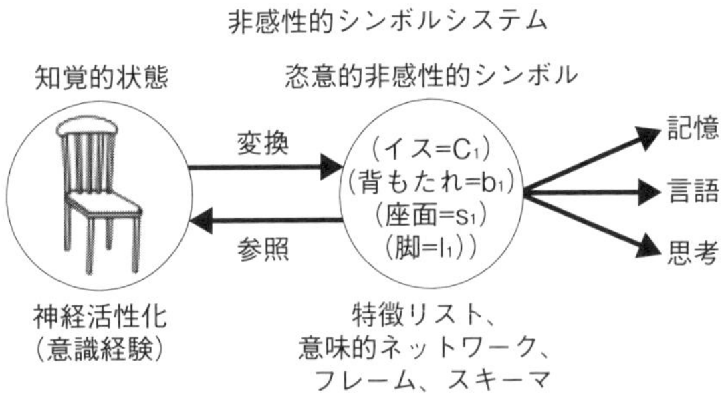

非感性的シンボルシステム

知覚的状態　　　恣意的非感性的シンボル

変換　　　　　　　　　　　　→記憶

（イス＝C_1）
（背もたれ＝b_1）
（座面＝s_1）　　→言語
（脚＝l_1））

参照　　　　　　　　　　　　→思考

神経活性化　　　　特徴リスト、
（意識経験）　　　意味的ネットワーク、
　　　　　　　　　フレーム、スキーマ
　　　　　　　　　述語計算文

非モーダル的シンボルシステムの根底にある基本的仮定：知覚状態はこれらの状態を非モーダル的に記述する完全に新しい表象システムに変換される。"Perceptual Symbol Systems." より。L. W. Barsalou, 1999, *Behavior and Brain Sciences, 22*, p.578. © 1999 by Cambridge University Press. 許諾を得て再掲。

　バーサルー（Barsalou, 2008a）によると、知識は非モーダル的シンボルによって表象されるという、以前の広く受け入れられていた PSSH の見解を研究者が厳格に検証し始めたのは、ここ 15 〜 20 年のことにすぎない。通常、この考え方は意味記憶の計算モデルを開発する際に用いられる。こうしたモデルは、現象的に人の記憶に近

いかたちで振る舞うことが多い（たとえば、J. R. Anderson, 1974 による、記憶の効果として直感的に魅力的なもので、いくつかの実験的研究で支持されているファン効果）。しかしながら、意味的ネットワーク理論の実験的検証では、知識の非モーダル的もしくは命題的表象という見方を疑問視させる証拠が蓄積されている。その代わりに、実験的研究が示唆するのは、身体状態や身体状態のシミュレーションが認知において決定的な役割を果たすということであり、このことが身体化された認知の理論に導いた。バーサルーは、**身体化された認知**よりも**基盤化された認知**（grounded cognition）という用語を好んでいる。これは、彼が述べるところによると、身体化された認知は認知における外的な身体状態の**必要性**を強調しがちであるのに対して、基盤化された認知は認知がさまざまなしかたで表象されることに気づかせてくれるからである。これらは身体状態を含むが、さらにメタ認知、内省、想像などの内的状態 —— いずれも身体とは独立に行うことのできるシミュレーション —— も含む。

知覚的シンボルシステムに関する証拠

　PSS に関する証拠となる神経イメージング研究の結果は、物体に関する概念知識を処理したり検索したりするときには、知覚や行為をしているときに起こる特性を表象する脳領野が活動することを示す。マーティン（Martin, 2007）は知覚や行為に用いられる神経経路と、物体についてわかるために用いられる神経経路が有意に重複していることを実証する神経イメージング研究の豊富な結果を提供している。ある課題において物体に関する概念知識が提示されると、その物体に関わる知覚（たとえば、紡錘状回における形態や色）や行為（たとえば、運動前野や頭頂領域における握るや蹴るといったもの）の最中にそれらの特徴を表象する脳領野が活性化する。これは、物体の概念は知覚や行為に用いられる神経経路に表象されるという、基盤化された認知の主張を支持する（Barsalou, 1999, 2008a, 2008b）。

　神経心理学者は、特定の脳領野に損傷がある患者を用いて、概念知識はその知識の感覚運動処理に用いられるのと同じ神経経路に表象されるという主張を支持する証拠を見出している。たとえば、聴覚処理を担う左側の後側頭皮質への損傷は、物体の概念知識の喪失をもたらすことから、側頭葉は具象物に関する表象が貯蔵されている重要な部位であると考えられる（Hart & Gordon, 1990; Martin,

2007)。さらに、他の種類の脳障害では、特定の物体知識が失われることが多い（たとえば Cree & McRae, 2003; Gainotti, 2006; Humphreys & Forde, 2001）。

　たとえば、視覚野（後頭葉）の損傷は、動物に関する知識を損なう可能性を高める。これは、おそらく視覚処理が動物カテゴリーとの相互作用に使われる主要なモダリティであるためである。運動処理が道具との相互作用に使う主要なモダリティであることを考えると、運動野の損傷は道具についての知識を失う可能性を増加させる。この症例研究による証拠は、概念知識の**処理**について見出された神経イメージング研究の証拠と一致する。すなわち、動物について〔の言葉を〕読んだり、聞いたり、想像したりするときには脳の視覚中枢が特に活動するが、道具や操作可能な物体についての情報を処理するときには運動野が活動する（Bub & Masson, 2012; Chao & Martin, 2000）。同様に、実際に食べていなくとも、食べ物の情報を処理すると味覚領野が活動し（Simmons, Martin, & Barsalou, 2005）、匂いを表象する単語や物体を処理すると嗅覚領野が活動する（González et al., 2006）。マーティン（Martin, 2007）も、感覚運動特性は知識のカテゴリーごとに異なる脳領野に表象されることが多いという証拠について述べている。たとえば、生物と非生物の運動は脳の別の領野に表象される。

　これらのデータが示唆するのは、概念知識はその概念に結びつく特性や行為の異なる側面を表象する脳領野にわたって分散しているということである。しかしながら、これらの種類の研究でみられた脳活動は、概念表象の機能を担うものではなく、概念表象にとって付随的なものであるという反論もある（Mahon & Caramazza, 2008）。イーたち（Yee, Chrysikou, Hoffman, & Thompson-Schill, 2013）は、もし感覚運動表象が概念表象そのものであるなら、双方向的な関係を示す証拠が存在するはずだと主張した。これは、概念知識は感覚運動活動を生み出す一方で、感覚運動活動は概念知識を引き出すはずだということを意味する。したがって、たとえば、操作可能な物体の名前を聞くと把持に関わる運動パターンが活性化するが、把持に関する運動パターンを活性化させればその物体の概念を部分的に活性化させるはずであろう。さらに、何らかの理由から物体に関する運動パターンを活性化させることが難しいとしたら、その物体について考えることも難しいはずである（第5章で、この予測を支持するデータをいくつか提示している。たとえば、筋萎縮性側索硬化症（ALS）の患者は運動行為に関わる概念知識の検索が実際に困難である）。

　イーたち（Yee et al., 2013）は、この感覚運動活動が概念知識を引き出すという仮説を検証するために、特定の物体を使った運動行為を妨げる干渉パラダイム

を用いた。彼らは特定の運動行為を妨害することが概念知識へのアクセスと干渉するだろうと予測した。また、運動表象がある概念をどの程度機能的に表象するかは、その人がその物体を使った運動経験をどの程度もっているかによるとも予測した。したがって、その物体に関わった経験の多い人ほど、その物体について考える際に運動パターンを妨害することの影響が大きくなるだろう。

　実験1で、イーたち（Yee et al., 2013）は、画面上に提示した単語に対して参加者に簡単な認知的判断をさせた（「この単語は具象的ですか、それとも、抽象的ですか」）。単語のなかには、操作することの多い物体を指すもの（たとえば、歯ブラシ）と、ほとんど操作されない物体（たとえば、アンテナ）を指すものがあった。参加者はこれらの認知判断をするが、さらに、手を動かす「パティケーキ」課題（これらの手の運動は、提示された単語に関する運動をしながらでは行うことはできないものであった）か、抽象的な形に対する心的回転課題のどちらかを行った。実験終了時に参加者は〔実験中に提示された〕具象単語をもう一度聞かされ、その物体にどの程度触れたことがあるか答えた。イーたちの見出したところによると、参加者が手を動かすパティケーキ課題を行っているときには、ほとんど操作しない物体に比べて、操作することの多い物体（つまり、速く正確に具象抽象の判断を行う）について考えるのに、より時間がかかった。さらにイーたちは、物体を使った相互作用の経験の量がこの干渉効果の度合いを決めることを見出した。

　実験2では、実験1と同じ手を動かす行為か心的回転を行う干渉課題を用いたが、一次課題を具象・抽象判断（判断に物体の想像を伴う）を行うものから変更し、想像する処理段階を飛び越えて、より直接的に物体の概念表象を引き出す画像命名課題を行わせた。イーたち（Yee et al., 2013）が見出したところによると、このときも手を動かす課題は、操作することの多い物体について考える能力と干渉した。より具体的には、物体の名前を産出する能力と干渉した。実験1と同様に、手を動かす課題が画像の命名に干渉する度合いは、参加者がその物体にどの程度触れたことがあるかに関連していた。

　イーたち（Yee et al., 2013）の結果は、先行研究でみられた運動野の活性化が、単に物体に関する知識の表象に付随するものではないことを示唆する。彼らの研究は、物体の概念に関連する運動野を忙しくさせると、その物体について考えることが難しくなることを示している。もし「歯ブラシ」を処理することが脳の運動野を活性化させ、かつ、別の目的で同じ一般的な運動野が活性化することが「歯ブラシ」の概念処理に干渉するなら、この双方向の関係は運動野が物体概念の表象の機能を担っていることを示す。

　ここまでに取り上げた研究は、何らかの刺激を最初に処理した感覚運動システムがその情報を概念的に表象するシステムと同一であるという証拠に注目するものだった。この PSS の考え方には、シミュレーションが認知の計算過程の中心であるという別の側面がある。これは、これらの思考の表象は知覚と行為に用いられる神経ネットワークに基盤化されているが、それらの表象はその表象を作り出すために使用されるのと同じシミュレーション、すなわち、再演を通して利用可能となるということを意味する。シミュレーションに関する証拠は、きわめて広い分野の心理学的研究から得られている。

認知課題からのシミュレーションに関する証拠

　バーサルー（Barsalou, 1999）は、シミュレーションが概念の最初の処理を部分的に再演するだけでなく、構成的である、つまり全体論的なものではないと主張している。彼の主張によれば、シミュレーションは過去の経験のビデオ記録のようなものではなく、知覚経験の多くの要素を含み、それらの要素はその時々によって違ったふうに構成される。知覚的シンボルはすべてのモダリティ（視覚、聴覚、触覚、匂い、行為、情動など）を表象することができるが、そのアクセス可能性は思考ごとに異なる。ペッチャーたち（Pecher, Zeelenberg, & Barsalou, 2003）は、もし概念知識の表象がマルチモーダルなら、その知識のシミュレーションは、焦点となるモダリティによって異なる可能性があるという仮説を検証した。たとえば、ある概念の視覚的側面がもっとも顕著な場面（たとえば、クランベリーは赤い）もあれば、シミュレーションがその概念の味の側面に焦点を当てる場面（たとえば、クランベリーは酸っぱい）もある。
　概念表象が知覚的であるとして、どのモダリティが際立つかによって違いがあるのかを検証するために、ペッチャーたち（Pecher et al., 2003）が取り入れたのは、知覚的モダリティ間のスイッチング（たとえば、視覚から聴覚）には「コスト」があることを実証した知覚研究のパラダイムであった。スペンスたち（Spence, Nicholls, & Driver, 2001）は、参加者に 3 つのモダリティ（視覚：光、聴覚：音、触覚：指への接触）のいずれかに現れる信号を検出させた。参加者はこれらの信号が自分の左右いずれの側に提示されたかを答えた。信号は同じモダリティに連続して提示される場合と、異なるモダリティに提示される場合があった。スペンスたちが見出したところによると、信号が異なるモダリティに連続提示さ

れる（たとえば、光のあとに音が提示される）と処理に「コスト」がみられた。す
なわち、信号検出にかかる参加者の反応時間は、刺激が同じモダリティに連続し
て提示された場合よりも遅くなった。そこでペッチャーたちは、もし概念処理に
感覚運動シミュレーションが伴うなら、このスペンスたちのパラダイムを使用す
ると、あるモダリティから別のモダリティに移動させると概念処理にも「スイッ
チングコスト」と同じようなものが観察されるだろうと推測した。

　ペッチャーたち（Pecher et al., 2003）は、参加者に属性判断課題を行わせた。
各試行で、参加者はある属性が特定の概念に当てはまるかどうかを「はい」か
「いいえ」で回答した。この属性は6つのモダリティのいずれかにおける特徴で
あった。たとえば、彼らは「ミキサーはうるさい」（聴覚モダリティ）かどうかや、
「ピーナッツバターはベタつく」（触覚モダリティ）かどうかを判断した。一部の
試行には概念は異なるがモダリティは同じ判断試行が先行し、別の試行には異な
るモダリティの属性を判断するように求められる判断課題が先行した。

　ペッチャーたち（Pecher et al., 2003）の予測によれば、もし概念処理と知覚処
理が（同じ表象システムを利用しているために）同じように振る舞うなら、前後の
試行が異なるモダリティに関するものの場合には概念処理におけるスイッチング
コストがみられるだろう。結果はこの予測を支持するもので、ある試行と次の試
行でモダリティが切り替わる場合に、同じモダリティにとどまる試行よりも反応
時間が遅くなった。つまり、知覚処理におけるモダリティの切り替えと同様に、
概念処理におけるモダリティの切り替えには処理コストがかかり、モダリティ特
異的な脳領野が概念知識の特性を表象することが示唆された。さらに、この研
究におけるスイッチングコストは知覚的な刺激（光や音）ではなく言語的な刺激
（単語）で生じたものであるので、このことから、言語処理が本質的に知覚的で
ある感覚運動シミュレーションを生じさせることが示唆される。

　ファン・ダンツィーグたち（Van Dantzig, Pecher, Zeelenberg, & Barsalou, 2008）
はペッチャーたち（Pecher et al., 2003）の知見を拡張して、参加者に知覚的検出
課題（「光、音、振動はあなたの右／左側に提示されましたか？」）のあとで属性判
断課題（葉っぱはカサカサという音をたてますか？）を行わせた。この研究の結果
は、ペッチャーたちが見出した**モダリティ切り替え効果**が、知覚処理と概念処理
の間でも起こることを実証した。属性判断課題への反応時間は、先行する知覚検
出課題と異なるモダリティで行われるときには、2つの課題が同じモダリティで
行われるときに比べて遅かった。

　ファン・ダンツィーグたち（Van Dantzig et al., 2008）が示唆するには、彼女た

ちの結果は知覚処理（単純に知覚刺激を検出すること）が概念知識の活性化に影響しうる。これは、知覚処理と概念処理は少なくとも部分的には同じ表象システムに基づくという、基盤化された認知の仮説を支持している。このモダリティ切り替え効果は干渉効果を反映する。すなわち、単純な刺激を検出するのに必要な低次の知覚処理は、属性判断の概念課題に必要な心的シミュレーションの構築を妨害した。属性判断課題で概念処理を行うためのモダリティ特異的な脳領野の活性化を非モーダル的シンボルシステムのなかで説明することは難しい。非モーダル的シンボルシステムでは、属性判断の反応時間を概念間の連合リンクを通じて説明することが多いからである（しかしながら、この効果の境界条件については Solomon & Barsalou, 2004 を参照）。

記憶研究からのシミュレーションに関する証拠

　概念知識のマルチモーダル表象に関する証拠となる記憶研究が示すところによると、概念についての記憶には符号化の際に知覚的シンボルが貯蔵される（たとえば、視覚的、聴覚的側面についての知覚的シンボル）。このことは、のちに類似した概念を知覚したときに先の記憶とともに貯蔵されている知覚状態のシミュレーションを促す。このことは知覚的推論、すなわち、知覚された刺激を興味深いしかたで超えた知覚を生じさせる。たとえば、ハンセンたち（Hansen, Olkkonen, Walter, & Gegenfurtner, 2006）が見出したのは、典型的な色（たとえば、バナナであれば黄色）をもつ物体を参加者に見せると、物体の自然な色のシミュレーションが無彩色（つまり、グレイ）で提示したその物体の知覚を反対色方向（つまり、青っぽいバナナ）に歪めるということであった。同様に、運動を知覚するとき、観察者は（貯蔵された知覚的記憶のために）物体の軌跡を実際の運動を超えてシミュレートし、そのシミュレートされた動きを間違えて想起する（たとえば Stevens, Fonlupt, Shiffrar, & Decety, 2000）。語彙的知識でさえも、発話知覚効果につながるシミュレーションを発生させる。このことは、「音素復元効果」（Warren, 1970）＊のために、発話知覚において文中の音素の脱落に気づかないなどの例にみることができる。この古典的な結果は、トップダウン的な知識の効果

＊訳注：ワレン（Warren, 1970）の例では、legislatures /lédʒɪslèɪtʃə/ の s の音素を抜いた音声刺激を提示しても s が知覚された。

の証拠であると解釈されてきたが、いまなら、音素的に不完全な単語に関する過去の経験によってシミュレーションが起こった結果と解釈できるだろう。

　バーサルー（Barsalou, 2008a）も、潜在記憶の効果は、これらの知覚的推論と同様にシミュレーションとして理解することができるかもしれないことを示唆している。無意識的に処理された刺激に対する反復プライミングは、たとえば、顔などの刺激が一度でも知覚的に処理されると、その顔をもう一度処理することが求められたときに、過去の接触のシミュレーションが起こるということで説明できるかもしれない。このことは、二度目の接触は知覚的に処理したことのない顔に比べて速く正確な反応をもたらすという結果を生じる（Schacter, Dobbins, & Schnyer, 2004）。さらに、反復プライミングは記憶のモダリティと知覚された刺激のモダリティが一致しているときにもっとも強くなり（たとえばJacoby & Hayman, 1987）、このことは表象の形式が共有されていることの証拠になる。

　顕在記憶の効果も、PSSの表象との関係で解釈することが可能である。ウィーラーたち（Wheeler, Petersen, & Buckner, 2000）は、顕在記憶における感覚運動シミュレーションの強力な支持を見出すために、ごく単純な学習実験のあとに神経イメージング〔技術〕を用いた。ウィーラーたちは参加者に画像と音の項目セットを学習させ、fMRI装置の中でスキャンしながら項目セットを再生させた。〔その結果、〕何の画像だったかを再生しているときは視覚皮質の領域が活性化するが、音の項目を再生するときには聴覚皮質の領域が活性化した。つまり、学習した情報の検索は、その情報を最初に知覚したときに用いられたものと同じ感覚経路の再活性化を伴うのである。さらに、スロトニックとシャクター（Slotnick & Schacter, 2004）が見出したところによれば、正しい記憶だという「感覚的標識」を検出することが可能である。すなわち、抽象的な形の正再認は視覚的に類似するルアーの虚再認よりも、大きな視覚皮質の活動を生じたのである。

　シミュレーションはさらに、古典的な記憶効果も説明可能である。符号化された刺激は最初に知覚されたモダリティの領域に表象されるため、刺激の記憶は同じモダリティで検索するほうが異なるモダリティで検索するよりも優れている（たとえば、符号化特定性効果；Tulving & Thomson, 1973）。さらに、符号化時に行った行為を検索時にもう一度行うことで、行為の記憶が促進されることが知られている（Engelkamp, Zimmer, Mohr, & Sellen, 1994）。このことも、符号化時に生成された感覚運動表象と検索時のシミュレーションの特異性に重なりがあったほうがよいことを裏づける。

発達研究からのシミュレーションに関する証拠

　幼児の概念知識が身体による（運動）行為から発達するということと、これら
の過去の運動ルーチンのシミュレーションが幼児の意思決定に用いられることの
証拠は、幼児が典型的に陥るエラーにみることができる。リヴィエール（Rivière,
2014）は、子どもたちの行為における選択エラーについてレビューし、**スケール
エラー**について論じている。これは、月齢18～36ヵ月の子どもたちが、自身に
とって小さすぎる物体に身体を合わせようとするエラーである。デローチたち
（DeLoache, Uttal, & Rosengren, 2004）が見出したところによると、スケールエ
ラーは日常的な活動のなかで自発的に起こるもので（たとえば、ミニチュアの椅
子の上に座ろうとする）、行為の試みがうまくいかない場合、子どもは不満を感じ、
失望を伴うことも多い。バーサルー（Barsalou, 1999）の言葉でいうと、運動行為
のシミュレーションは物体の知覚の際に自動的に現れるその物体の知覚的シンボ
ル（すなわち、椅子に座ること）と連合して、行為エラーを起こす原因となる（こ
れは、部分的なシミュレーションによって起こる種類のエラーである）。このエラー
について、身体化の説明を踏まえてデローチたちは、これらの行為エラーは本物
の大きさの物体でなら成功する運動ルーチンを抑制することの失敗によるものだ
と主張した。
　もうひとつよくみられる行為エラーは、7～12ヵ月の子どもが起こす**A-not-B
エラー**である。これは、子どもが隠された物体（通常は、少し大きい布の下に隠
された小さなおもちゃ）を、もともとあった場所（場所A）ではうまく見つけら
れるが、その後実験者が、子どもが見ている前で、その物体を近くの場所（場所
B）に隠すことで起こる。物体を隠してから子どもが探し始めることを許される
までの時間が短い場合には、子どもはその物体が新しい場所にあるという視覚的
な手がかりがあるにもかかわらず、以前の場所を探し続けるというエラーが起こ
る。クリアフィールドたち（Clearfield, Diedrich, Smith, & Thelen, 2006）は、この
よくみられるエラーは、物体に手を伸ばすことがうまくいった過去の知覚運動活
動によって確立された安定的な運動パターンによると主張する他の発達学者たち
の意見に同意している。スケールエラーと同様に、運動活動の再演がこの課題に
おける意思決定を左右するが、重要なのは、運動活動も子どもの場所の理解や物
体の永続性を表象しているということである。

　興味深いことに、クリアフィールドたち（Clearfield et al., 2006）が見出したところによると、このA-not-B課題における幼児の行動を月ごとに追跡していくと、幼児は5ヵ月の月齢で正しく見つけられるようになるが、さらに発達が進み月齢7〜8ヵ月頃になると、またエラーがみられるようになる。彼らの示唆によれば、小さい頃には手を伸ばすことは強力な運動記憶（神経活動のパターン）の確立と十分に結びつかないために、このくらいの年齢では探索課題を正しく実行することが可能なのである。このことは、A-not-Bエラーが、長期記憶内に確立された過去の運動活動のシミュレーションを抑制できないことによるということの証拠となる。

　リヴィエール（Rivière, 2014）は、子どもたちの選択における身体化を反映した行為エラーをもうひとつ提示している。C-not-Bエラーは、実験者が手の中にあるおもちゃを子どもに見せたあとに、その手を3つの布のどれかの下（A、B、C）に隠すという、3箇所探索課題でみられる。実験者がBの布の下でおもちゃを手放すと視覚的な盛り上がりができるが、Cの布の下まで手を移動し続ける。2歳半くらいの子どもたちは、場所Bの視覚的情報を無視して、実験者の手が通過した最後の布、つまりCの下に物体を探すという探索エラーを起こす傾向がある。リヴィエールとレカイヤー（Rivière & Lécuyer, 2003）の説明によれば、C-not-Bエラーが起こるのは、子どもたちは「コンテナ（この場合は実験者の手）」を最後に見た場所に物体があるという、その時点での知識を表象する運動ルーチン（または、シミュレーション）を適用するためである。

　この説明を支持するものとして、リヴィエールとレカイヤー（Rivière & Lécuyer, 2008）は、課題中に子どもの手に小さな重りをつけると、エラーがみられなくなることを発見した。彼らの示唆によると、重りをつけることで課題が成功したのは、C-not-B課題の手の移動を知覚するときに起こる自動的な運動シミュレーションが妨害されたからである。他の研究でも、C-not-B課題で、たとえば、手の代わりに棒でおもちゃを取らせたり、手を伸ばす動きのルート上に透けて見える障害物を置いてそれを乗り越えて手を伸ばさせたりすることによって、子どもたちの「通常の」運動ルーチンを妨害した。これらの変更により、おそらくこの課題で通常用いられる運動活動のシミュレーションが変化し、子どもたちが課題をうまく遂行することを可能にした（Rivière & David, 2013）。

　最後に、リヴィエールとレカイヤー（Rivière & Lécuyer, 2008）は、重度の運動障害をもたらす遺伝性の神経筋障害である脊髄性筋萎縮症の子どもたちは、同年齢の統制群の子どもよりも、A-not-B課題やC-not-B課題の成績が有意に高い

ことを見出している。リヴィエールとレカイヤーの主張によれば、年齢や障害のために一貫した運動記憶を形成することが難しい子どもたちは、これらの行為に基づく選択を成功させる可能性が高い。このことは、これらの発達課題でみられる典型的なエラーは、過去の運動行為のシミュレーションがこれらの課題に不適切に適用された結果であるという主張を強化する。

熟練を要するパフォーマンスからのシミュレーションに関する証拠

　感覚運動シミュレーションが思考の表象である、つまり、**意味**を担っているという証拠は、成人を対象とした、熟練した行為の効果を調べた興味深い研究にみることができる。ヤンたち（Yang, Gallo, & Beilock, 2009）はタイピングの領域を選び、熟練したタイピストが実際の文字のタイピングのしやすさに応じて一部の文字列に運動流暢性を経験しているかどうか、そしてこの運動流暢性（つまり、タイピングのシミュレーション）が心的表象を構成するかどうかを検討した。もしそうなら、この運動流暢性の記憶はどのような結果をもたらすのだろうか。

　最初の実験で、ヤンたち（Yang et al., 2009）は、熟練者と初心者のタイピストに 2 文字の文字列（ダイアド）のリストを学習させた。ダイアドには（別の指でタイプする文字であるために）タイプしやすいものと（同じ指でタイプする文字からなるため）タイプしにくいものがあった。参加者はダイアドを見るが、タイプはしなかった。教示も、それらが好きかどうかを、口頭で「はい」か「いいえ」で反応して答えることを求めるだけであった。ダイアドの提示に続き、参加者には抜き打ちの再認テストが与えられ、ダイアドが前に提示された項目か新規項目かを答えた。

　ヤンたち（Yang et al., 2009）が見出したのは、熟達したタイピストは、まったくタイピングをしていなくても、ダイアドがどのくらいタイピングしやすいかに再認記憶成績が影響を受けるということであった（そして参加者は、この研究がタイピングに関するものだということに気づいていなかった）。タイピングしやすいダイアドは、タイピングが難しいダイアドに比べ旧項目にあったと誤再認しやすいが、この効果は熟達したタイピストのみに起こり、初心者には起こらなかった。このことは、運動流暢性の効果が自動的なシミュレーションによる、具体的には、経験を通じて発達したこれらのダイアドをタイピングする際の運動プランニングによることを示している。シミュレーションは、そのダイアドの記憶表象となる。

別のタイピングしやすいダイアドが再認時に提示されると、運動流暢性により提示されたダイアドの部分的なシミュレーションが促され、その文字自体は提示されていなくとも、参加者に「あった」と反応するようバイアスをかける。これは（実際の身体行為ではなく）、過去の身体行為のシミュレーションの観点からどのように記憶効果が説明できるかを示すもうひとつの例である。この例では、部分的なシミュレーションによってバイアスやエラーを説明できる。

　第二の実験で、ヤンたち（Yang et al., 2009）が検証した仮説は、もし再認における運動流暢性の効果がタイピングのオンラインのシミュレーションによるものであるなら、参加者がダイアドの提示直後に別の運動課題を行うとシミュレーションと干渉し、効果が減少するだろうというものだった。さらに、ダイアドの提示によって起こるシミュレーションは非常に限定的であろうから、タイピングに必要な指と同じ指を用いる二次課題のみが、この潜在的なシミュレーションに干渉すると予想された。ヤンたちは熟達したタイピストと初心者のタイピストにダイアドのリストを提示したが、この実験では再認テストに先立ち、一部の参加者にはダイアドをタイピングするのと同じ指が必要となる運動課題が与えられ、別の参加者にはその文字をタイピングするのとは関係のない指が関わる運動課題を提示した。ヤンたちは、最初の実験で起こった再認における運動流暢性の効果と同じものを見出したが、この効果は、ダイアドの文字をタイピングするのとは別の指を伴う二次運動課題の条件でのみみられた。二次課題で文字をタイピングするのに同じ指が必要となる場合は、再認における運動流暢性の効果は消えた。これらの知見は熟達したタイピストにはみられたが、初心者のタイピストは、いずれの実験でもどの条件においても、運動流暢性の効果を示さなかった。

　これらの結果が示唆するのは、単純に文字のダイアドを知覚するときに、文字と指の間の連合を発達させた専門家のタイピストは、それらをタイピングする際に、それに伴う行為を自動的にシミュレートしているということである。この潜在的なシミュレーションはこれらのダイアドに対し運動流暢性を引き起こし、この流暢性が再認判断に影響を与え、この実験の場合には、学習していない項目の誤再認につながるのである。これは、行為が明示的に伴わない場合でも、行為における流暢性の情報を与えると運動システムが記憶に影響することを示す一例である。つまり、これは、身体そのものを伴わないシミュレーションの証拠なのである。

　キーボードのタイピングと携帯電話のタイピングは、心的表象を活性化させるシミュレーションを調べる研究において利用できる便利な行為である。トポリ

ンスキ（Topolinski, 2011）の研究では、携帯電話 —— 当時はそれぞれのキーに数字と文字が配されたキーパッドであった —— が用いられた（図6.3参照）。テキストメッセージをタイピングする機会が至るところにあることを踏まえ、トポリンスキは、携帯電話における数字列のタイピングは、関連する文字列の心的シミュレーションを活性化させ、結果的に単語の意味を活性化させるかどうか（たとえば、5683がLOVEなど）を検討したいと考えた。図6.4は、この研究で用いられた携帯電話の図である。この装置では、数字のみがキーパッドに示されたので、参加者は自身がタイピングしている数字列に関連する単語を意識的に認識することはできなかった。

　この研究では参加者のうち半数が、携帯電話で数字の系列を入力し、その直後に正面にあるコンピュータ画面上で語彙判断課題を行うことを求められた。語彙判断課題の文字列のうちいくつかは、入力した数字（文字）列と対応していたが、他の文字列は数字列に関わりのない単語であった。もう半分の参加者は、コンピュータキーボードの数字パッドで数字列をタイプした（このキーパッドも文字がないものになっていた）。その結果、コンピュータキーボードの条件ではなく、携帯電話で入力する条件の参加者は、単語に対応する数字列を入力した場合に、

図 6.3

携帯電話のキーパッドのイラスト。携帯電話では数字と文字は国際標準であるE.161配　列（International Telecommunication Union, 2001）を用いてボタンに割り当てられる。"I 5683 You: Dialing Phone Numbers on Cell Phones Activates Key-Concordant Concepts." より。S. Topolinski, 2011, *Psychological Science, 22,* p.356. © 2011 by Sage. 許諾を得て再掲。

図 6.4

研究で用いられた携帯電話。数字のみのラベルが数字と文字の両方が書かれたボタンの上に貼り付けられ、参加者は自分がかける数字列に対応した文字列を意識的に認識することはなかった。"I 5683 You: Dialing Phone Numbers on Cell Phones Activates Key-Concordant Concepts." より。S. Topolinski, 2011, *Psychological Science, 22,* p.356. © 2011 by Sage. 許諾を得て再掲。

その単語により速く反応した。重要なのは、デブリーフィングの間に、参加者は数字の系列が単語を含意していたとか、語彙判断課題の文字列が単語と一致していたということに気づかなかったと答えたことである。さらに、この反応時間の効果は、「熟達した」テキストメッセージ・タイピストや、他の参加者よりも多くテキストメッセージを送る参加者のほうが大きかった。

　これらの結果が示唆するのは、携帯電話のキーパッドをタイプし番号を入力すると「実行効果」がもたらされ、関連する文字列が意識的な気づきの外で心的にシミュレートされて意味のある概念に統合されるということである。この効果はテキストメッセージのタイピングにおける熟達性と関連していたため、感覚運動学習が数字と文字の一貫したマッピングを生じさせ、シミュレートされた実行効果につながったと考えられる。トポリンスキ（Topolinski, 2011）の研究のもう2つの実験では、数字系列を入力することで起こるこれらの文字列のシミュレーションと、その結果としての単語の意味の活性化が、それらの単語の情動価も活性化させるかどうかを検討した。実験2では、乱数であると教えられた数字について選好評価を行ったところ、参加者は肯定的な単語を含意する数字（たとえば、373863でFRIEND）を入力するほうを、否定的な単語を含意する数字（たとえば、26478でFEAR）を入力するよりも好むという結果が得られた（ここで示した例は、この研究で使用されたドイツ語単語と一致するキー配置の英訳であることに留意されたい）。

　実験3で、トポリンスキ（Topolinski, 2011）は、業種の内容と一致するキー配置一致語の数字を入力することで（たとえば、花屋の場合は25863でFLOWER）、その業種についての態度が形成されるかどうかを検討した。参加者はその業種と一致する単語を活性化させる文字列になるような数字系列を伴う企業を好むという結果が、実際に得られた。他の実験と同様、数字系列が単語や感情的な意味と関連しているのではないかという疑いをもった参加者はいなかった。これらの研究の結果は、携帯電話などで数字をタイピングしたあとに自動的かつ無意識的に起こる心的シミュレーションは、それらの数字に関連する文字の活性化**に加え**、それらの文字を意味のある心的表象（単語）に統合することに関わるということを実証している。

　キーボードのタイピングという運動行為は、既知の単語についての態度に影響し、さらに新たな単語の意味の形成にも関わるらしいことも示されている（Casasanto, Jasmin, Brookshire, & Gijssels, 2014; Jasmin & Casasanto, 2012）。ジャスミンとカササント（Jasmin & Casasanto, 2012）の研究は、第3章で提示した、

カササント（Casasanto, 2009, 2011）の（身体の優位性が情動価を決定するという）身体特異性仮説に関係する身体効果の一部と、本章で提示したいくつかのタイピングのシミュレーション行為効果を結びつけるものである。ジャスミンとカササントは、タイピング言語——約1世紀半前にタイプライターの発明とともに始まり（だいたい1990年頃に）コンピュータやインターネットの一般家庭での利用によって劇的に広まった慣習——の頻度と広がりが一部の単語の意味をどのように変化させたかを調べた。

　ジャスミンとカササント（Jasmin & Casasanto, 2012）は、単語の形態とそれに結びついた意味を調べた。彼らの発見によれば、平均的に、QWERTY キーボード（どのキーボードも左1行目の文字配列がこうなっていることからそう呼ばれる）の右側にタイプする文字が多い単語は、左側の文字が多い単語よりもよりポジティブに評価される。ジャスミンとカササントはこれを QWERTY 効果と呼び、言語が違っていても（英語、スペイン語、オランダ語）、音韻論的にはありうる非単語＊でもみられることを示した。カササントはこの結果を、身体の優位性が（情動に対して身体化の考え方と一致するように）情動価を決定することを示した彼の研究を基礎に予測した。つまり、「私の右腕となる男（my right-hand man）」とか「私の二本目の左足（my two left feet；不器用）」といった多くの俗語表現にみられる、右利きの人にとっては右が「良く」左が「悪い」という連合である。このように、この QWERTY 効果は、多数派の人々が右利きであるために、キーボードの右側の文字を多くつづる単語は左側を多くつづる単語よりも意味的にポジティブとみなされるであろうことで説明できる。

　これらのデータは、シミュレーションの証拠をもたらすものである。単語の意味について考えるとき、その形態や「タイピングしやすさ」が重要であるかどうかは不明だからである。しかし、その単語をタイピングするために必要な行為の自動的なシミュレーションが起こり、QWERTY 効果が生じるのである。ジャスミンとカササント（Jasmin & Casasanto, 2012）は、この効果が QWERTY キーボードが発明されたあとにできた新しい単語でもっとも強いことを見出しており、単語をタイピングするしかたが実際にその意味を形づくっているという主張に強い支持を与えている。

　カササントたち（Casasanto, Jasmin, Brookshire, & Gijssels, 2014）は、5つの実

＊訳注：その言語の単語のように読める（発話できる）が実際には存在しない疑似的な単語のことを指す。たとえば、英語における pleek など（Jasmin & Casasanto, 2012）。

験で QWERTY 効果を再現し、ポルトガル語とドイツ語にも当てはまることを見出した。また、QWERTY 効果は、赤ん坊に付けられる名前にもみられるという大変興味深い知見も見出した。アメリカ人が赤ん坊につけるファーストネームは時代によって変わるというだけではない。QWERTY の普及後（だいたい 1990年）には、QWERTY 以前の赤ん坊に付けられた名前よりも右側の文字が多く、さらに、1990 年以降に新しく造られた名前は、それ以前の 30 年間のいずれの年よりも右側の文字が有意に多かった。これらの結果は、身体優位性が情動価の決定において役割を果たすというカササントのそれまでの研究を支持するだけでなく、単語の意味について考えるときには、言語の経験から獲得された運動行為（この場合はタイピング）のシミュレーションが起こることも示唆する。

身体を伴わない場面でのシミュレーションに関する証拠

　身体化〔の見方〕が知識表象全般についての理論となるために取り組むべきもっとも重要な問題のひとつに、物理的に経験したことのない概念をどのように理解できるのかということがある。正義や高潔、誠実といった抽象概念は、概念知識はその知識が獲得されるときに起こった感覚運動活動に根ざしていると主張する理論のなかで説明することが難しい。強い身体化の立場は、抽象概念についての知識さえも身体経験に由来することを求めるだろう。

　それほど強くない身体化の立場は、抽象概念についての知識は他の経験ベースの領域を「足場」にする、すなわち類似の表象を用いることで表象できると指摘する（たとえば Boroditsky, 2000; Lakoff & Johnson, 1980）。このあとのメタファーに関する章（第 8 章）ではこの見方を肉づけし、感覚運動経験の表象をもつ概念とそのような経験をもたない概念を結びつける言語表現が、どのようにして抽象概念に意味をもたらしうるのかを説明する。しかし、メタファーのような言語的慣習によらずとも、抽象概念は、物理的経験を通じて構築された表象をもつ別の概念との結びつきを通して理解できるだろう。

　たとえば、ボロディツキーとラムスカー（Boroditsky & Ramscar, 2002）は、時間という抽象的領域は空間という具象的領域における個人の経験を通じて理解されるという仮説を検証した。個々人の時間の表象は空間に関する経験に依存しており、ランチのために並んで待ったり、フライトしてから空港に到着するといった日常の空間的行動でさえも、時間の概念化に影響するという主張を検証した。

116

彼女たちの予測によれば、強い身体化の立場とは異なり、抽象的思考は特定の瞬間において本人が自覚する身体経験には依存しない。その代わり、抽象的思考は過去の経験に基づいて構築されてきた具象概念（たとえば空間）の表象に依存しており、その具象概念が抽象概念を理解するための文脈を与えるだろう。たとえば、もし時間の表象が空間の表象と結びついているなら、特定のしかたで空間について考えるときには、自身の身体が空間内でどのような状況にあるかとは無関係に、空間が時間についての考え方に影響するはずである。

　ボロディツキーとラムスカー（Boroditsky & Ramscar, 2002）は、一連の実験のなかで、参加者に質問紙に回答させたが、その中に1つ、「次の水曜日の会議は2日先に動きました（Next Wednesday's meeting has been moved forward two days）。さて、会議は何曜日になりましたか」という重要な質問が含まれていた。第一の研究では、この質問に先立ち、図6.5に示された2つの空間的プライムのうちのひとつが提示された。上の空間プライム（図6.5a）は、参加者自身がオフィスチェアに乗って空間を移動することを考えさせるようにしたもので、これは自分の身体が時間において前方に移動する（つまり、未来へ進む）という考えをプライムするためのものであった。下の空間的プライム（図6.5b）は、オフィスチェアが参加者に向かってくることを考えさせるように作られたもので、「時間が過ぎ去る」（時間が近づき、最終的に過ぎ去っていく）ことを表す意図があった。

　ボロディツキーとラムスカー（Boroditsky & Ramscar, 2002）は、前者の空間的視点を「自己移動」視点と呼び、後者の空間的プライムを「時間移動」視点と呼んだ。参加者を自己移動視点でプライ

図6.5

A　　　椅子に座る（自己移動プライム）

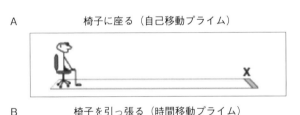

B　　　椅子を引っ張る（時間移動プライム）

研究1で用いられた（a）自己移動条件と（b）時間移動条件のプライミング刺激。教示は「あなたが写真内の人物であると想像してください。キャスターのついた椅子と通路があることにも注意を向けてください」と始まる。"The Roles of Body and Mind in Abstract Thought." より。L. Boroditsky & M. Ramscar, 2002, *Psychological Science, 13,* p.186. © 2002 by Sage. 許諾を得て再掲。

ムした場合には、前の段落の「水曜日」問題に対して「金曜日」という回答がさ
れやすくなるが、「時間移動」視点でプライムした場合には「月曜日」という回
答がされやすいことが見出された。このことからボロディツキーとラムスカーは、
参加者の時間についての思考は空間的な思考と結びついていると示唆した。

　ボロディツキーとラムスカー（Boroditsky & Ramscar, 2002）は、この自己移動
視点と時間移動視点について、さらに自然な設定で検討を続けた。第二の研究で
は、参加者が昼食時のカフェテリアの長い行列で待っているときに、水曜日問題
を尋ねた。図6.6は、参加者が前への移動を経験している（食べ物に近づいてい
る）とき起こると想定される「金曜日」という自己移動反応の割合と、参加者自
身はあまり移動を経験しておらず時間が「過ぎていく」と感じるときに起こると
想定される「月曜日」という時間移動反応の割合を示している。この図に示され
た結果は、列の最後尾から先頭へと空間を移動するとき、その人の空間的視点が
時間的視点を左右することを実証している。「月曜日」という回答は列の最後尾
にいるときになされるが、「金曜日」は食べ物にほど近い場所にいるときになさ
れる。

図 6.6

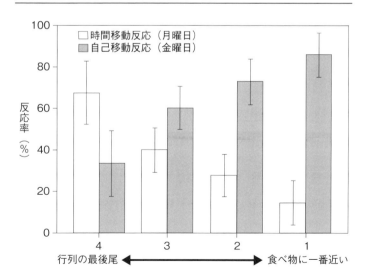

昼食をとるために列に並んでいた70名が、時間に関する曖昧な質問
に回答した研究2の結果。"The Roles of Body and Mind in Abstract
Thought." より。L. Boroditsky & M. Ramscar, 2002, *Psychological
Science, 13*, p.186. © 2002 by Sage. 許諾を得て再掲。

　ボロディツキーとラムスカー（Boroditsky & Ramscar, 2002）の最後の実験では、電車に乗っている人に水曜日問題を尋ねた。全員が電車が動いているときに質問を受けたが（つまり、彼らの身体は同じ前方への運動を経験している）、回答は彼らが心理的に電車の移動のどこにいるかに依存した。彼らが行程の最初のほうにいたり、もうすぐ電車を降りたりする場合には、「金曜日」という自己移動の回答をする傾向があった。しかし、移動の中盤で、まだ目的地について考え始めていない場合には、「月曜日」と「金曜日」という回答の確率は同程度であった。ボロディツキーとラムスカーは、これらの知見が以下の考えを示唆するものと解釈した。彼女たちの主張によれば、抽象的な領域（この場合には時間）について考えることは、その瞬間に起こった感覚運動経験（身体運動）から機能的に切り離せる経験ベースの領域（空間）の表象を土台にしている。つまり、時間の表象は、身体が何を経験しているかについてというよりは、その瞬間の空間的移動をどのように考えているか、もしくはどのようにシミュレートしているかについてのそれなのである。

　シミュレーションが直接的には身体を伴わないように思える最後の例として、ウィットたち（Witt, South, & Sugovic, 2014）は、次のような問題を探索する研究を行った。それは、他者の行為（このときはテレビゲームをプレイしている様子）を観察するとき、観察された人物の行動のシミュレーションが喚起されるのか、**それとも**、観察する人自身の行動のシミュレーションが、まるでその特定の文脈にいるかのように喚起されるのかという問題である。この研究は、ウィットとスゴヴィッチ（Witt & Sugovic, 2012）による先行研究の拡張版であった。ウィットとスゴヴィッチの研究では、参加者は「ポン」というゲームに似たテレビゲームをプレイした。このゲームでは、コンピュータ画面の対角線上を「ボール」が移動し、参加者はジョイスティックを使って、画面端にある「パドル」を操作する。パドルを使ってボールが画面を行き過ぎる前にブロックする。ウィットとスゴヴィッチは参加者にこのゲームをプレイさせ、異なるサイズ（長さの異なる白い四角形）のパドルを用いて、ボールをブロックするよう試みさせた。そのあと参加者は、画面を通過するボールの速さを推定するよう求められた。ウィットとスゴヴィッチは、参加者がボールをブロックすることに成功したときやパドルが大きいときには、ボールがゆっくり動いているように見られたことを見出した。彼女たちは、これが（第2章で議論した）プロフィットの多くの研究でみられたものと同様の、視知覚がその人の世界における個人の行為遂行能力に影響を受ける「行為特異」効果（たとえばBhalla & Proffitt, 1999; Witt & Proffitt, 2008）であると

主張した。この場合、速さの知覚は、個人の能力によるものであれ、大きいパドルによるものであれ、ゲームの個人的成功に影響を受けた。ウィットたち（Witt, Tenhundfeld, & Tymoski, 2017）はこの「ポン効果」を再現し、かつ、彼女たちの研究は、これらのデータについての非知覚的な説明を排除した。つまり、参加者がパドルの大きさについての実験者の仮説を推測したことから生じたのでないことを示した。

　興味深いことに、ウィットたち（Witt, Sugovic, & Taylor, 2012）が見出したところによると、このポンゲームにおけるボールの速さの推定値は、他の参加者がゲームをプレイしているのを見ているときにも同様の影響を受ける。このことからわかるのは、知覚者の行為する能力だけが知覚に影響を与えるのではなく、他者の行為する能力を観察することも知覚に影響を与えるということである。この結果は、知覚の行為特異効果による説明にとっては問題となる。他者の遂行を観察するとき、その知覚経験において自分自身の身体はどこで役割を担っているのだろうか。行為特異的な考え方の中心となる主張によれば、知覚は自分自身の身体がその環境にどのように働きかけることができるのかによって影響を受け、結果的に将来の行動を計画することに結びつく。しかし、他者の能力の観点から世界を理解するということは、どのように適応的だといえるのだろうか。

　ウィットたち（Witt, Suth, & Sugovic, 2014）は、「他者ベースの」行為特異効果は、知覚者自身の能力の影響による知覚バイアスをなお反映しうるという仮説を検証した。馴染みのある行為を他者が行っている様子を観察しているときに、参加者は自分自身の能力をシミュレートしているのか、観察している他者の能力を自分自身のものであるかのように知覚しているのかが検討された。この観察と行為の結びつきは、これまでの章で議論してきたことと同様に、ミラーニューロンの活動の一形式を示唆する。ただし、ウィットたち（Witt et al., 2014）の研究で問われたのは、他者の遂行の観察が、その遂行の直接的なシミュレーションを導くのか、それとも、自分自身の個人的パフォーマンスのシミュレーションを導くのかということであった。

　ウィットたち（Witt et al., 2014）は、恋人関係について調べる別の研究に参加したカップルを集め、彼らのポンの能力がパートナーの能力よりも優れるか劣るかによってグループ分けをした。それから、彼女たちは参加者にゲームのプレイとパートナーのプレイの観察を行わせ、どちらの条件でも、ボールの速さの推定を行わせた。これにより研究者は、知覚されたボールの速さが参加者自身の能力の関数であるのか、パートナーの能力の関数であるのかを検討することが可能と

なった。もし速さの知覚が参加者自身の能力の関数であるのなら、パートナーよりも成績が良い（パドルでボールをよりうまくブロックできた）参加者は、自分よりも劣るパートナーのプレイを観察しても、ボールはゆっくり動いているように見えるだろう。しかし、もし速さ推定がゲームをプレイする他者がどのように振る舞うかということの知覚に影響されるなら、パートナーよりもうまくブロックできる参加者は、パートナーのプレイを観察してボールが速く動いていると見るだろう。

　この研究のデータは、知覚の行為特異効果は参加者の個人的視点から起こるという説明を支持するものであった。ウィットたち（Witt et al., 2014）が見出したところによると、パートナーよりもブロックがうまい参加者は、自身がプレイしたあとでもパートナーがプレイするのを観察したあとでも、ボールをより遅く知覚した。他者がこのゲームをプレイするのを観察するときには、ゲームをプレイするという活動がシミュレートされるが、速さの知覚（とパドルの大きさ）は、その人自身の能力に影響されるようである。ウィットたちの主張によれば、これらの結果は、この効果の基盤にある運動シミュレーションがミラーシミュレーション、すなわち、観察しているものの直接的なシミュレーションではなく、観察者自身の行為とおそらくは思考を、まるで自分が観察対象の人と同じ状況にいるかのようにシミュレートする、自己投影メカニズムであることを示唆する。このことが明らかにするのは、シミュレーションはその人の身体に直接的に関わる必要はなく、身体経験（この場合は他者の行動を観察しているときの知覚的判断）の再演によっても可能だということである。

結論

　まとめると、これらの結果は知識表象の PSS の説明を支持している。すなわち、知識は符号化時に作られるマルチモーダルな知覚的シンボルで表象され、知識が認知的課題や記憶に必要なときに再活性化されるという説明である。知覚的知識と概念知識の表象が共有されているという証拠は、ある概念について考えるときには、その概念の属性の処理に用いられる感覚運動野で脳活動が起こることを示す神経心理学的結果に見出される。これはある概念を構成するさまざまな属性や行為に結びついた、複数のモーダルシステムに分散した活動である。

　基盤化された認知の見方のもうひとつの中心的な主張は、ある概念について考

えることは、まさしくその概念の表象の背後にある感覚運動活動をシミュレートすることであるというものである。このことの証拠は、多くの異なる研究領域に見出すことができる。一例として、連続的な認知判断においてあるモダリティから別のモダリティに切り替える必要があるときに知覚的処理に起こるのと同じ「コスト」が、概念処理にもみられることを示した研究がある。同一の知覚モダリティ内で表象される複数の概念を処理するときには、思考はスムーズに進むのである。

　古典的な顕在記憶と潜在記憶の諸現象も、シミュレーションで説明することができる。符号化特定性効果から反復プライミングまで、符号化に用いられた過程を検索時にシミュレートするということによって、多くの記憶現象を説明できる。典型的な発達的行為エラーも、過去の運動行為のシミュレーションを誤って新しい文脈に適用したことによって説明することができる。さらに、熟練した行為や多用した行為の無意識的シミュレーションは、興味深い認知的効果をもたらすだろう。QWERTY効果は、言語の意味が熟練した運動行為のシミュレーションによってどのように形づくられているかを反映している。

　しかし、シミュレーションは、必ずしも身体活動を必要とするわけではない。シミュレーションは、身体が別のことを経験している場合でも、身体が特定の文脈にあることを想像するというかたち（たとえば、Boroditsky & Ramscar, 2002の電車実験のように、身体的には前方に移動しているが、思考は前進しているとは考えていないなど）や、観察しただけのことが自分の身体に起きたらどのようであるかと想像するというかたち（たとえば、Witt et al, 2014の、他者の行動について知覚的判断を行う際のシミュレーションについての証拠）をとることもできる。

　これらのデータは、概念知識は非モーダル的シンボルにおいて表象され、感覚運動活動は単に概念について考えたことに付随する結果であると考える理論のなかで説明することは難しい。本章で提示した証拠は、そうではないことを示唆する。次章で提示するデータはシミュレーションと社会的認知に関するもので、（先に説明したポン研究と同じく）他者を観察していながら自分自身の能力をシミュレートする際に起こるシミュレーションは、他者の目標や意図、動機づけを理解する手段となることを示唆する。

▶重要ポイント
- 思考の計算過程の中核は、過去の感覚運動経験や情動経験のシミュレーションである（バーサルー）。つまり、身体は知識が脳においてどのように表象され

るかということから切り離すことはできない。

第7章　情動におけるシミュレーションの役割

【本章の問い】

- 情動の概念表象が脳のモダリティ特異的な領野に分散していることを示唆する証拠とは、どのようなものか
- 他者の情動の理解には、情動の概念を情動的に再演する能力が必要なのか
- われわれが他者の情動をどのように理解するのかを身体化で説明できるのだとすれば、他者の行為をどのように理解するのかも説明できるのだろうか

　本章では、情動が過去の感覚的、知覚的、運動的事象から導き出された神経生理学的状態であるという中核的仮定を備えた、情動の身体化に関する見解を支持する行動的証拠と神経イメージング的証拠を示す。これらの状態（知覚的シンボル）は、情動刺激を処理したり他者の情動を理解したりするときに再演、つまりシミュレートされる。情動に対するこうした見方は、情動と身体行為に強いつながりがあることを示唆する多くの経験的証拠と一致するものである。

　情動の概念知識が脳内にどのように表象されるかについての伝統的なモデルは、概念ノードからなる階層的ネットワークにおいて基本的情動（喜び、悲しみなど）が中心的構成ノードとなるような、シンボル的、非モーダル的、意味的ネットワークモデルだろう（たとえば Bower, 1981; Rosch, 1973; Russell, 1991）。外的刺激や内的刺激によって情動が活性化されると、活性化がネットワーク内で拡散し、関連する行動的事象や生理学的事象に届く。たとえば、幸福感を誘発する事象は幸福感に関連する他の認知を活性化させ、心拍の増加や大頬骨の笑顔に関する筋肉の活動につながるであろう。この情動の意味的ネットワークモデルにより、心理学者は情動知識の構造や内容を検証することが可能になった。しかし、情動に

http://dx.doi.org/10.1037/0000136-007

How the Body Shapes Knowledge: Empirical Support for Embodied Cognition, by R. Fincher-Kiefer.

ついての知識が他の概念ノードと関連するシンボル的概念ノードに表象される
という議論は、第1章で議論したハーナッド（Harnad, 1990）の「シンボル・メ
リーゴーラウンド」問題のえじきとなる。このモデルは、情動の心的表象の本質
（つまり、概念ノードとは何か？）も理解させてくれないし、それらの基本的な概
念ノードが表しているものは何なのかということも理解させてくれない。さらに、
この情動の意味的ネットワークモデルは、情動と身体行為の密接なつながりを示
唆する最近のデータをうまく説明できない。

　一方、身体化された情動の理論家たちは、異なる情動の理解が、それぞれに
関係する表情や身体反応などの行動パターンの違いに見出されると主張する（た
とえば Gallese, 2003; Lambie & Marcel, 2002; Niedenthal, 2007; Niedenthal, Barsalou,
Winkielman, Krauth-Gruber, & Ric, 2005）。ニーデンサールたち（Niedenthal, Wood,
& Rychlowska, 2014）が論じるところでは、情動の表象は脳のモダリティ特異的
な領域に分散しているため、情動経験には認知、行動、表情、身体姿勢、辺縁系
（具体的には扁桃体）を含む複数のシステムが関わる。バレット（Barrett, 2006a,
2006b）も同様に、情動は感覚、運動、内受容的（内的フィードバック）経験から
発展した概念知識の区分であると主張している。

　バレット（Barrett, 2006a, 2006b）の主張によれば、ある神経生理学的状態（た
とえば、怒りの生理学的状態——つまりは、心拍数、血圧、呼吸数の増加）を発達の
初期に経験するとき、この経験は特定の感情価（否定的）で、かつある強度（ア
ドレナリンが覚醒を増加させる）で生じる。並行して、この状態には、感覚、運
動、内受容的状態（大きな音、顔面の紅潮、筋緊張、闘争か逃走かの感じ）を含む
文脈が伴い、これはのちに、その神経生理学的状態に連合される。通常、この経
験全体がそのときその場にいる他者によってラベルづけされ（「とても**怒っている
ね！**」）、のちにそのラベルがその神経生理学的状態の概念表象の一部として採用
される。こうして生じたこれらの「状況化された概念化」が、その情動の知覚的
シンボル（Barsalou, 1999）となっていく。

情動のシミュレーションと情動的言語の理解

　ガレーゼ（Gallese, 2005）は、情動と行為には強い相互作用があると主張した。
情動と表情の結びつきは、100名以上の脳損傷患者における特定領野の脳損傷が
認知と情動にもたらす結果について調べたエイドルフスたち（Adolphs, Damasio,

Tranel, Cooper, & Damasio, 2000) の研究で証拠づけられている。驚くことに、感覚や運動プランニングに関わる脳領野である感覚運動皮質に損傷を負った患者は、人の顔の基本的な情動表出の評定や呼称の得点がきわめて低い人たちでもあった。エイドルフス（Adolphs, 2002）は、情動表出の認知に感覚運動皮質が必要であるのは、これらの皮質が情動の産出や身体状態を伴う感覚的フィードバックに必要だからであろうと示唆した。基本的には、自分が容易には産出できないような情動を他者が示しても、認識できない。情動を「感じる」と言うときには、その情動をシミュレートする能力やその情動の身体的（顔による）表出に用いられる神経経路を再利用する能力を表現しているのであろう。

　情動の認識がその情動をシミュレートする能力に依存するなら、シミュレートを妨げると、情動の理解を妨げたり干渉したりするだろう。この予測を支持する予備的な証拠は、第5章で論じたハヴァスたち（Havas, Glenberg, Gutowski, Lucarelli, & Davidson, 2010）の研究ですでに得られている。この研究では、眉間の筋肉にボトックスを注射した女性は、否定的な情動に関する文の理解が阻害されることを実証した。情動的言語の理解を検討した他の研究において、ハヴァスたち（Havas, Glenberg, & Rinck, 2007）は、参加者に「あなたと恋人は長い別離を経て抱きしめあった」といった快をもたらす文や、「パトカーがすばやく後ろから迫ってきてサイレンを鳴らした」といった不快な文を読ませた。読みの間、ハヴァスたちは密かに参加者の表情（ポーズ）を操作し、文の述べる情動状態と一致するか一致しない状態を作った。第3章で説明したストラックたち（Strack, Martin, & Stepper, 1988）の手続きを用い、ハヴァスたちは読み手にペンを（顰め面をさせるように）唇でくわえさせたり、（笑顔をさせるように）歯でくわえさせたりした状態にさせ、情動価や有意味性を判断するまでの文処理時間を測定した。

　ハヴァスたちは、情動的な顔のポーズと文の描く情動が一致する条件で、理解判断が促進されるという情動一致効果を見出した。これらのデータは、情動シミュレーションが理解の一端を担っていることを示唆する。特定の感情状態の顔のポーズを（無意識的に）とることは情動のシミュレーションを強め、このシミュレーションがその情動を述べる文の理解に用いられる。ハヴァスたち(Havas, Glenberg, & Rinck, 2007; Havas et al., 2010) の研究が示唆するのは、情動に関する顔のポーズを産出する能力は、情動についての言語の理解において因果的役割を担っているということである。

　バウマイスターたち（Baumeister, Rumiati, & Foroni, 2015）も表情の役割について検討したが、彼女たちが扱ったのは、情動的言語の符号化と検索の両方にお

ける、しばしば「顔面運動共鳴」と呼ばれるものであった。彼女たちの実験では、参加者は最初の符号化段階で、一連の単語を情動的なものかそうでないか分類した（提示される単語は嫌悪、幸福、恐怖のいずれかに関連する単語か、もしくは中立語であった）。参加者は1時間の休憩後に、検索段階として突然、記憶課題を受けた。ここでの重要な操作は、各段階で半分の参加者に固いマスクを装着させて参加者の表情筋の動きを防ぎ、もう半分の参加者には顔の動きを邪魔しない柔らかいマスクを装着させたことである。参加者には、マスクは「皮膚コンダクタンス」＊を変化させるためで、実験はその変化が単語処理に与える影響を調べるものであると伝えられた。

　符号化課題における正確度のデータを図7.1に示す。ここでバウマイスターたち（Baumeister et al., 2015）は、参加者の情動語と中立語の弁別能力を反映する感度の指標であるd'を算出した。これらのデータが示すのは、表情筋のブロックは情動語と中立語の弁別能力を有意に阻害し、このことは3つすべての種類の情動語に当てはまったということである。これはハヴァスたち（Havas et al., 2010）の顔面運動共鳴をブロックすることが情動的言語の符号化や最初の理解を阻害するという知見を再現するものだが、バウマイスターたちは、顔面運動共鳴のブロックが情動的言語の記憶も阻害することを見出したのである。

　図7.2は記憶正確度の低下を示しており、それは、情動語の種類ごとに符号化時に提示された単語（つまり旧項目）と新規単語の弁別能力を反映するd'得点に現れている。バウマイスターたち（Baumeister et al., 2015）が見出したところによると、この図でみられる自由条件と比較したときのブロック条件の記憶低下は、参加者がマスクを装着したすべての条件で起こった。すなわち、符号化時、検索時、その両方のいずれの装着でも起こった。彼女たちが論じるには、これらの結果は、顔面運動共鳴が情動的言語の処理の初期にも後期にも不可欠であることを示している。

＊訳注：皮膚電気活動のひとつ。皮膚電気活動には複数の指標があるが、皮膚コンダクタンス反応がもっとも用いられる指標である。なお、コンダクタンスとは、直流回路では電気抵抗の逆数のことを指す。

図 7.1

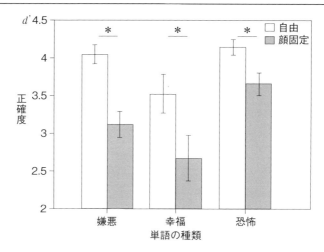

分類課題の結果。単語の種類（嫌悪、幸福、恐怖）と符号化条件（自由、顔固定）ごとに d' で示された、単語分類の正確度。誤差範囲は ±1 標準誤差を示す。* $p < .05$. "When the Mask Falls: The Role of Facial Motor Resonance in Memory for Emotional Language." より。J.-C. Baumeister, R. I. Rumiati, and F. Foroni, 2015, *Acta Psychologica, 155,* p.33. © 2015 by Elsevier. 許諾を得て再掲。

図 7.2

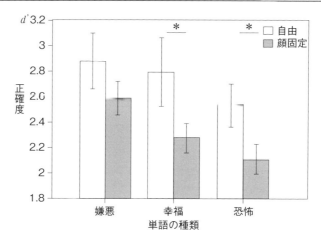

単語の種類（嫌悪、幸福、恐怖）と符号化条件（自由、顔固定）ごとに d' で示された、情動語の記憶の正確度。誤差範囲は ±1 標準誤差を示す。* $p < .05$（片側）。"When the Mask Falls: The Role of Facial Motor Resonance in Memory for Emotional Language." より。J.-C. Baumeister, R. I. Rumiati, and F. Foroni, 2015, *Acta Psychologica, 155,* p.33. © 2015 by Elsevier. 許諾を得て再掲。

情動のシミュレーションと他者の情動の理解

　言語を超えて、他者の情動の理解には、その情動についての顔面のシミュレーションが同じように必要となるのだろうか。おそらく他者の表情の知覚は、情動の言語の処理に情動のシミュレーションが必要であるらしいのと同様に、自分自身の身体においてその表情を作るのに用いられる運動活動の再現をもたらすだろう。実際、ある表情を観察した人は、自動的にそれを再現するという証拠がある —— 情動に関連する顔筋に筋電（EMG）活動が現れるのである（Carr, Iacoboni, Dubeau, Mazziotta, & Lenzi, 2003; Krumhuber, Likowski, & Weyers, 2014; Rychlowska et al., 2014）。この顔面の模倣は顔を非意識的に知覚したり、表情が目前の課題とは無関連のときでも起こる（Dimberg, Thunberg, & Elmehed, 2000; T. W. Lee, Dolan, & Critchley, 2008）。

　顔の模倣は、他者の情動認知の原因となると論じられている。この主張は、顔の模倣をブロックしたり弱めたりすると、情動の表情表出を同定するというわれわれの熟練した技能が損なわれるという事実に裏づけられている。ライクロウスカたち（Rychlowska et al., 2014）はマウスガード手続きを用いて、顔の動きを制限することが本物の笑顔と偽りの笑顔の真正性の判断にどのように影響するかを調べた。最初の実験でライクロウスカたちが見出したところによると、本物の笑顔と偽りの笑顔の映像を見た参加者は、本物の笑顔を見たときには偽りの笑顔を見たときよりも、頬骨筋の EMG 活動が大きかった。このことから、顔の模倣は表情の意味の微細な違いに敏感であることが明らかになった。しかし、マウスガードを着けた参加者は、（予測どおり）頬骨筋の EMG 活動が有意に減少した。検証した仮説にとってさらに重要なのは、これらの人々では本当の笑顔と偽りの笑顔を見たときの活動に差がみられなかったことである。この事実は、研究者が望んでいたことを確証した。すなわち、マウスガードを使って顔の模倣の過程に干渉させることができた。ライクロウスカたちの続く 2 つの実験が示したところによると、本当の笑顔と偽りの笑顔の映像を見ているときに、マウスガードを着けた参加者はマウスガードを着けていない参加者に比べて、本当の笑顔と偽りの笑顔の区別に劣っていた。情動表出の意味における微細な違いの検出を促進するには、顔の模倣を用いなければならないと結論づけられた。

　この知見を支持するものとして、A. ウッドたち（A. Wood, Lupyan, Sherrin, &

Niedenthal, 2016）も、怒り−悲しみの連続体〔軸〕に沿って顔の知覚的弁別判断
を行う際に顔の動きがどのような役割を担っているのかを調べた。A. ウッドた
ち（A. Wood et al., 2016）が見出したところによると、顔の動きを制限するゲル
状のフェイスマスクを着けた参加者は怒り−悲しみの表情を弁別する成績が有意
に低かったが、顔以外の統制刺激の弁別が困難になることはなかった。顔の動き
を制限しないローションを塗った統制条件の参加者は、顔弁別課題と統制課題で
同程度の高い成績を示した。マウスガードが情動認識に用いられる感覚運動処理
を変容させたのと同じように（Rychlowska et al., 2014）、ゲル状のフェイスマス
クは情動**知覚**に用いられる感覚運動処理を変容させたものと思われる。

　顔の模倣が他者の情動の理解に用いられるとするなら、そのような模倣を生
後早い段階で制限することは、情動発達に長期的な影響を及ぼすと考えられる。
ニーデンサールたち（Niedenthal et al., 2012）は、おしゃぶりをさまざまな期間
使用していた男の子と女の子を対象に、共感と感情知能の側面から、のちの生活
における情動的な能力を測定した。彼女たちのデータを図 7.3a, b, c に示す。図
7.3a は女児ではみられないが、男児ではおしゃぶりを長く使っていた者ほど自発
的な顔の模倣の産出が少ないことを示している（平均年齢 7 歳時点）。図 7.3b は、
男子におけるおしゃぶりの使用は、被テスト者（平均年齢 20 歳）に他者の状況を
想像することを求める共感測度の得点の低さに結びついていたことを示している。
図 7.3c も、男子に限られているが、おしゃぶりの使用が長いほど感情知能測度
における得点が低いことを示している（平均年齢 20 歳）。

　おしゃぶりの使用と情動能力の結びつきにおける性差は、情動を理解するため
に、幼い頃の男の子は顔模倣の感覚運動シミュレーションを女の子よりも多く必
要とすることを意味するのかもしれない。おそらく女の子は、顔模倣よりも他の
社会的形式で情動を表出することが多く、これによりさまざまな情報源から情動
能力を発達させることが可能となる。しかし、男の子は社会的にも文化的にも情
動の表出や情動について話すことが制限される傾向があり、このため顔模倣の妨
害の影響を受けやすくなる。おしゃぶりを使う小さな男の子の顔面筋を繰り返し
抑制することは、他者の情動の理解を発達させるのに用いられる自動的な顔模倣
を妨害することになるようだ。

　この研究が明確に示唆するのは、他者の情動を理解するには、その情動を経験
するのに用いられる顔の動きのシミュレーションが必要だということである。し
かし、顔模倣は、他者の情動の処理の際に起こる感覚運動シミュレーションの
ごく一部にすぎないかもしれない。A. ウッドたち（A. Wood, Rychlowska, Korb,

130

図 7.3

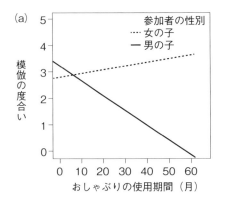

(a)

模倣の度合い

参加者の性別
…… 女の子
— 男の子

おしゃぶりの使用期間（月）

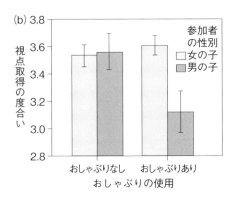

(b)

視点取得の度合い

参加者
の性別
□ 女の子
■ 男の子

おしゃぶりなし　おしゃぶりあり
おしゃぶりの使用

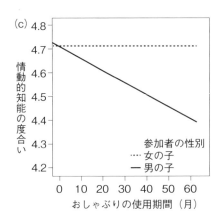

(c)

情動的知能の度合い

参加者の性別
…… 女の子
— 男の子

おしゃぶりの使用期間（月）

& Niedenthal, 2016) の主張によれば、情動認識には表情表出に関わる一次運動野の処理と、表情表出を助ける運動前野、および体性感覚システム双方の閾下再演が関わる。後者の神経システムは、自分自身の表情表出と観察対象のそれが一致するかしないかについての情報を提供する顔面フィードバックループに関わるだろう。

　これらの神経システムはどちらも、他者の表情を観察したときに生じる感覚運動シミュレーションの一部であり、ある状況下では、これらのシステムの一方が他方よりも活発になる。たとえば、顔模倣をブロックすることが情動認識を損なうという研究知見があるものの、顔模倣は感覚運動シミュレーションにとって必須ではない

(a) 研究1における参加者の性別とおしゃぶりの使用期間の長さごとの、模倣〔の度合い〕。[注] 直線は、共変量について平均をとって推定した予測値を表す。(b) 研究2における参加者の性別とおしゃぶりの使用期間（はい／いいえでコード化）ごとの視点取得〔の度合い〕。(c) 研究3における参加者の性別とおしゃぶりの使用期間ごとの情動知能〔の度合い〕[注] 直線は、共変量について平均をとって推定した予測値を表す。"Negative Relations Between Pacifier Use and Emotional Competence." より。P. M. Niedenthal, M. Augustinova, M. Rychlowska, S. Droit-Volet, L. Zinner, A. Knafo, and M. Brauer, 2012, *Basic and Applied Social Psychology, 34,* pp.390-392. © 2012 by Taylor & Francis. 許諾を得て再掲。

かもしれない。この阻害は一次運動システムが妨害されたことによるものではなく、顔面フィードバック情報をもたらす体性感覚神経システムが妨害されたことによるものであると考えることもできる。A. ウッドたち（A. Wood, Rychlowska, Korb, & Niedenthal, 2016）の主張によると、情動認識の阻害が生じるのは、顔模倣がブロックされると知覚者の顔と観察された顔のポーズが一致しないことにより、この感覚運動ループからのフィードバックが逆に作用し、不意を突かれるためである。この不一致ないし非流暢性そのものが、情動認識の阻害を引き起こす可能性がある。

　他の研究者たちも、顔模倣は感覚運動シミュレーションを反映し強化しているかもしれないが、情動認識過程は媒介しないだろうと論じている（Korb, With, Niedenthal, Kaiser, & Grandjean, 2014）。社会的、文化的な影響によって制約されているために模倣がみられないこともあるが、それは必ずしも、情動表出が内的にシミュレートされていないことを示すものではない（A. Wood, Rychlowska, Korb, & Niedenthal, 2016）。たとえば、怒りの手がかりに対する他者の表情反応〔怒り顔〕を模倣することは、身体的に危険であるし、社会的に不適切である。つまり、顔模倣はシミュレーション過程に必要ではないが、それでもそれは、他者の情動の理解において因果的役割を果たす情動シミュレーションのマーカーにはなる（模倣を生じることが求められる条件のレビューについては、Hess & Fischer, 2014 を参照）。

　おそらく他者の情動の理解が情動的なシミュレーションを通じて起こることを示すもっとも説得力のある証拠は、非意識的に（nonconsiously）知覚される顔と身体の姿勢の両方が情動シミュレーションを反映する顔模倣を誘発することを示したタミエットたち（Tamietto et al., 2009）の研究だろう。タミエットたちは、大脳半球のうち片方の視覚皮質に損傷を有する2人の患者における顔模倣を検討した。このような種類の脳損傷は片方の視野に「盲視（blindsight）」を生じさせ、これらの人たちは、視覚世界の片側については視覚経験を報告しないが、損なわれていない視野については通常の視覚経験をもつ（たとえば、右半球の視覚皮質に損傷を負った患者は左視野、つまり、それぞれの目における左側が機能的に見えなくなる）。これらの患者の損なわれていない視野と盲目の視野の両方に、幸福表情と恐怖表情の写真を示した。

　これらの表情を見えない視野に提示されると、患者はその〔視覚〕像を見ることができないと報告した。しかし、推測をさせると、彼らは二肢強制選択の顔再認課題では有意にチャンスレベル以上に表情を正しく再認し、再認成績は見える

視野に顔が提示されたときと有意に異ならなかった。さらに、写真を見ているときの（笑顔で使用される）大頬骨筋と（顔を顰めるときに使用される）皺眉筋のEMG〔筋電〕活動が測定された。これらの患者には、画像を見えない視野に提示したときでも、顔模倣の証拠が見出された。通常に保たれた視野と見えない視野に幸福顔を提示すると、大頬骨筋のEMG活動の増加と皺眉筋の活動の低下がみられるが、両視野に恐怖顔を提示すると反対のパターンのEMG活動が生じた。

　これら2名の皮質由来の盲目患者は、無意識レベルで「見た」表情を自動的に模倣できるという仮説を検証するために、タミエットたち（Tamietto et al., 2009）は、これらの患者に顔模倣に必要な情報を与えずに情動的手がかりをもたらす、幸福の身体姿勢と恐怖の身体姿勢を示す画像を提示した。大頬骨筋と皺眉筋のEMG活動は、身体姿勢の提示後に顔の画像を見たあとと同様のパターンとなることが見出された。このことが示しているのは、これらの患者は単に刺激にある運動パターンを模倣するだけではなく、顔であれ身体ジェスチャーであれ、表現された感情的な**意味**をもシミュレートしているということである。幸福顔であろうと幸福の身体姿勢であろうと、おそらく他者の情動を理解するという目的のために、これらの刺激への非意識的な接触さえもが「幸福」の情動的シミュレーションを表す顔の動きを誘発する。

　この証拠をさらに掘り下げたデ・グルートたち（de Groot et al., 2015）が見出したところによると、「幸福」顔や身体姿勢の非意識的知覚がその情動のシミュレーションを誘発するだけでなく、情動に関わる（この場合は幸福の）体臭（化学信号）への接触も情動のシミュレーションを誘発する。デ・グルートたちが見出したところによると、幸福な「送り手」の汗を嗅いだ「受け手」は、中立や恐怖にある送り手の汗を嗅いだ「受け手」よりも、（「本当の」笑顔と考えられる）デュシェンヌ・スマイル＊を多く産出した。このことが示唆するのは、顔や身体、嗅覚的手がかりにかかわらず、観察者によって知覚された身体手がかりは、同じ手がかりで引き起こされる情動のシミュレーションを観察者に誘発し、デ・グルートたちが送り手と受け手の間での情動の「同期」と呼ぶものを可能とするということである。この過程は、われわれが他者の情動を理解する能力の基盤となっていると思われる。

　顔模倣は、他者の主要な情動の理解につながる情動的シミュレーションの証

＊訳注：「作り笑い」や社交辞令による笑顔ではなく，より自然に表出される笑顔をこのように呼ぶことがある。肯定的な感情の自発的な表出では，頬の筋肉（大頬骨筋）に加え，目の周りの筋肉（眼輪筋）の活動も高い。

拠というだけではない。「社会的」な情動や判断を理解する際の顔の動きの役割についての証拠も見出されているからである。カルダーたち（Calder, Keane, Manes, Antoun, & Young, 2000）は、島〔皮質〕や被殻——機能的磁気共鳴画像法（fMRI）研究で、嫌悪の表情の処理に関わることが一貫して示されている領域——に神経的損傷をもつある患者が、嫌悪の経験や他者の嫌悪の認識の損傷を示すことを見出した。カルダーたちは、6つの基本的情動（怒り、恐れ、幸福、悲しみ、驚愕、嫌悪）の表情の写真を提示したときに、この患者は嫌悪の表情の認識が選択的に損なわれているとともに、嫌悪の社会的信号（嘔吐の音といったような非言語的な情動音）の認識にも障害を示した。特筆すべきは、嫌悪を引き起こすシナリオを提示して質問紙において各シナリオへの反応を求めたときにも、この患者は経験した嫌悪の強度が統制群の参加者に比べて有意に低いことを示したことである。このことは、嫌悪の概念の意味的な障害によっては説明できない。この患者は写真（たとえば、汚いトイレ）から嫌悪を同定する成績については統制群と差がみられなかったからである。これらの知見は、島〔皮質〕前部や被殻における神経基質が特定の情動の経験に用いられ、また他者の情動の認識にも用いられるという結論を支持する。

　社会的な情動の認識に加え、より複雑な社会的判断にとっても重要であると考えられるもうひとつの脳の中枢が、扁桃体である。エイドルフスたち（Adolphs, Tranel, & Damasio, 1998）が見出したところでは、扁桃体の両側に損傷がある参加者は、他者の顔からの信頼性や接近可能性の判断が統制群の参加者に比べて損なわれており、この障害はこれらの社会的評価を顔から行うときにのみみられ、言葉での説明から行うときにはみられなかった。

　また、エイドルフスたち（Adolphs, Baron-Cohen, & Tranel, 2002）も扁桃体に半側ないし両側の損傷がある人々を調べ、基本的情動や複雑な社会的情動（傲慢、罪悪感、感嘆、軽薄）のラベルによって顔刺激（顔全体と眼のみの両方）のマッチング課題を行わせた。統制群と比較すると、扁桃体損傷患者は、基本的情動のマッチングに比べ、社会的な情動のマッチング成績が有意に低かった。特に興味を惹くのは、眼の刺激では、扁桃体損傷患者は、社会的な情動のラベルによる刺激のマッチング成績が統制群よりも有意に低かったが、基本的情動のラベルによる眼刺激のマッチングのときには2つの群は有意に異ならなかったことである。興味深いことに、これらの扁桃体損傷群にみられた障害は、すべての複雑な心的状態の認識の広範な障害によるわけではない。というのは、社会的情動とはみなされないであろう顔や表情ラベル（興味がある、たくらむ、思いやる、訝しむ、退

屈する）でのマッチング課題においては、障害がみられなかったからである。エイドルフスたちの結論によれば、扁桃体は顔からの社会的情動の認識に重要であり、このことからこの脳中枢が複雑な社会的情動に関する知識の表象を基盤化していることが示唆される。

　扁桃体の損傷によって眼の領域からの複雑な社会的情動の認識が特異的に損なわれるが、これは自閉症をもつ人にみられる障害と類似したパターンである（Baron-Cohen et al., 1999）。この結果は他の知見とともに、自閉症をもつ人の社会的行動にみられる深刻な障害が、部分的には扁桃体を含む脳領野の神経回路の損傷によるものであることを示唆している（Baron-Cohen et al., 2000）。自閉スペクトラム症をもつ人たちの社会的情動の認識の障害は、それらの複雑な社会的情動を経験できないことを反映しており、その経験には万全に機能する扁桃体が必要であると考えられる。

情動のシミュレーションと他者の行為の理解

　ここまで、われわれが他者の情動をどのように理解するかということが身体化によってどのように説明されるのかについてみてきた。ここからは、他者の行為や意図、動機づけをどのように理解するかを検討した研究を探求する必要がある。

　他者の行為から意味をどのように導き出すかは、伝統的に社会的認知に属するものと考えられてきた。多くの理論的立場が主張するところによると、われわれは他者の行為を知覚すると、目標や欲求、信念について自動的に推論する（たとえば Jones & Harris, 1967; Uleman, 1987）。つまり、他者が行為するのを知覚すると、われわれは意識的な気づきがないまま、それらの行為の意味を認識したり理解したりする（これは確実なものではなく、よく誤りも起こす）。社会的認知に関心がある実験心理学者の疑問は、このことがどのようにして起こるのかである。身体化の理論は神経生物学的に無理のない説明を提示しており、それには、他者の行為や信念についての言葉の理解に用いられるのと同じシステム、すなわち、ミラーニューロンシステムが関わる。

　ガレーゼ（Gallese, 2003, 2005）と彼の同僚たち（Gallese, Keysers, & Rizzolatti, 2004）の主張によると、サルとヒトの両者での頭頂−前運動皮質ネットワークにおけるミラーニューロンの発見は、他者による行為の観察（単純な知覚）がその行為を実際に遂行するときに用いられるのと同じ神経ネットワークの活動を生じ

ることを示している。簡単にいうと、顔模倣と同様に、これは行為の観察が同じ行為の神経シミュレーションを引き起こすことを意味する。この**ミラーメカニズム**（mirror mechanism）——島〔皮質〕前部と腹側運動前皮質の脳領野に見出される——は、他者行為の理解の基盤として働くものと思われる（Gallese, 2003, 2005; Gallese & Sinigaglia, 2011; Rizzolatti & Sinigaglia, 2010）。ガレーゼとシニガグリア（Gallese & Sinigaglia, 2011）の主張によれば、このミラーメカニズムは、自分自身の心的状態や心的過程を再利用、つまりシミュレーションし、それらを機能的に他者に帰属させるためのものである。もしこの説が正しければ、他者の行為や情動を解釈する能力は、行為したり情動を経験したりする能力に依存する可能性がある。

　自閉症をもつ子どもおよび成人は運動行為に障害があるが（これは、この障害の病因の一部である）、このことは、行為する能力が他者の行為や情動を解釈する能力に影響するという仮説を検討する機会となる（Di Cesare et al., 2017）。子どもの自閉症を調べた最近の研究が示唆するところによると、この障害にみられる運動の非定型性は「定型」の運動行為をシミュレートする能力に影響し、それにより他者の行為の理解を制限している（この研究に関するレビューとして、Cook, 2016 を参照）。このことは、自閉症をもつ人にとっては社会的相互作用が困難であるということに関わる問題のいくつかを説明できる。自閉症をもつ人が自分の行動において普通でない運動パターンをもつなら、このことは（その行動をシミュレートできないために）、他者の行為の知覚や認識、理解に問題を生じることを予測させる。このことはさらに、運動の同期の欠如が自閉症をもつ人の「対人的意味づけ」に、さらに多くの混乱をもたらすことも予測させる（Cook, 2016）。

　ディ・チェザーレたち（Di Cesare et al., 2017）は、自閉スペクトラム症（ASD）をもつ子どもと「定型発達」の子どもに複数の運動行為の社会的側面を認識することを試みさせた。（表情ではなく、運動行為の知覚によるものであることを保証するために）顔が見えない行為者の腕を使った行為（ボトルや瓶、缶を移動させる）のビデオクリップをすべての子どもに見せた。これらの行為は8つの異なる「速度」で行われ、動きはとても速いものからとても遅いものまでさまざまであった。子どもは直後に、その行為について言語的な判断を行うように求められ、**とても雑**から**とても丁寧**まで（真ん中は**それなり**）の、5件法のリッカート尺度で回答した。

　自閉症をもつ子どもは、8歳児であってもこれらの運動行為の社会的側面の分類において定型発達の子どもと有意に異なっていた。自閉症をもつ子どもは、極

端でない行為の分類が特に困難であった。もっとも速い動きは ASD 児にも定型発達児にも**とても雑**と知覚されたが、中程度の速さの動きは ASD 児と定型発達児で違ったふうに分類された（ASD 児はすべての尺度値を使用した〔つまり，評価がばらついた〕が、定型発達児は真ん中の**それなり**の尺度値を使用した）。

　ディ・チェザーレたち（Di Cesare et al., 2017）の主張によれば、これらの結果が示唆するのは、ASD 児は行為の社会的相互作用の側面を知覚することに問題を伴う —— そして、これらの側面の知覚は、他者を理解し関わることを可能にする社会的判断の基盤を形成するということである。また、彼らはこのことの理由として、ASD 児は自身の社会的相互作用において非定形性を示す —— 他者との関わりが少ない —— ことを挙げている（Cattaneo et al., 2007; Hobson & Lee, 1998）。このことは、行為の社会的側面を理解するには、それらの行為を遂行できることが必要であるということを示唆する。

　これを支持するものとして、ディ・チェザーレたち（Di Cesare et al., 2016）は、同じ刺激と「雑」だったり「丁寧」だったりと知覚できる行為を用いて、成人（この研究では自閉症をもつ人はいなかった）に fMRI の中にいる状態で、これらの動画を見せた。彼らは島〔皮質〕の背側中心部の活性化を見出した。このことは、この脳中枢におけるミラーメカニズムが、ディ・チェザーレたち（Di Cesare et al., 2014）が「生気形式（vitality form）」と呼ぶ、行為の特定の側面に関わることを示唆している。**生気形式**という用語は、スターン（Stern, 2010）がある行為の社会的相互作用の側面を表すために導入したもので、（「何の」や「なぜ」ではなく）「どのように」行為が行われたかを反映する。神経イメージング研究は、これが行為理解に特有の側面であることを実証している。ディ・チェザーレたち（Di Cesare et al., 2014）が見出したところによると、fMRI の中にいる参加者に行為者が物体を伴う行為を遂行するところを観察させ、「何の」行為が行われているかに関する質問をしたときと「どのように」行為が行われたかに関する質問をしたときを比べると、質問によって異なる脳領野が活動した ——「何」質問の場合には後頭−側頭〔視覚〕領野が、「どのように」質問の場合には島皮質の背側中心部が活性化した（これは情動情報の処理に関わる脳領野とも異なり、情動と生気形式にも違いがあることを意味している）。ディ・チェザーレたち（Di Cesare et al., 2016）の示唆によると、行為目標の理解に特化した頭頂と前頭の脳領野にみられる同様のミラーメカニズム（Rizzolatti & Sinigaglia, 2010）とは異なり、この島〔皮質〕の背側中心部でみられるミラーメカニズムは、行為で生気形式を表現したり他者の行為の生気形式を理解したりすることに役立つもの

と思われる。

　この、ASD における社会的困難は島〔皮質〕の背側中心部における壊れたミ
ラーニューロンシステムに由来するという示唆に近年異を唱えたのが、クラッ
コたち（Cracco et al., 2018）である。多くの ASD の参加者を対象にした研究で、
クラッコたちは自閉症をもつ参加者と統制群の参加者の間で、行動の自動的模倣
――自己情報と他者情報の処理の指標――に違いを見出さなかった。クラッコた
ちは結論として、ASD は他者の模倣や模倣的制御の障害に特異的には結びつい
ておらず、したがって、自己処理と他者処理〔の働き〕はこの障害の原因ではな
いとしている。しかし、自閉症をもつ参加者と統制群の参加者で自動的模倣の量
が同等であるという事実は、必ずしも ASD における模倣が正常であることを意
味するものではない。先行研究が見出してきたところによれば、定型の参加者は
反社会的文脈よりも向社会的文脈においてより強い自動的模倣を示すが、ASD
参加者はこの文脈による違いを示さない（Cook & Bird, 2012）。さらに、アイコ
ンタクトは統制群の参加者の自動的模倣に影響するが、ASD の参加者の模倣に
は影響しない（Forbes, Wang, & de C. Hamilton, 2017）。

　クラッコたち（Cracco et al., 2018）の主張によれば、彼らの結果は、模倣が
ASD の重要な構成要素であることを示唆する自閉症の身体化された自己－他者
理論とは大きく不一致である。その代わり、彼らの知見は ASD の人の自己－他
者処理には問題はなく、これらの人は社会的手がかりを非典型的なかたちで処理
したり解釈したりするというほうがずっとありそうである。しかし、クラッコら
は、ASD における自己－他者処理の障害が特異的な表象に対して存在する可能
性を認めている。デシュライバーたち（Deschrijver, Wiersema, & Brass, 2017）が
見出したところでは、ASD の人の自己と他者の区別の困難は、体性感覚処理に
限られるかもしれない。脳波のパラダイムを用いて、デシュライバーたちは他者
が手で〔物の〕表面に触れているところを観察しているときの ASD の成人の脳
活動と統制群の成人の脳活動を比較した。この間、参加者たちは観察している動
きと触覚的な結果が一致するか一致しないタップ様の触覚を経験していた。デ
シュライバーたちは、ASD の人の脳活動は一致条件において、統制群と比べて
弱いことを見出した。彼女たちは、自己－他者表象における触覚に集中した障害
のために、感覚上の問題が ASD における社会的障害と結びついているかもしれ
ないと推測している。実際、ASD の人は社会的困難に加えて、重度の感覚的困
難を自ら報告することが多い。明らかに、自閉症における自己－他者処理の役割
を理解するには、さらなる研究が必要である。

　自閉症をもつ人々を調べた研究が示唆するのは、一部の運動プログラムがその人の運動活動のレパートリーに含まれていなかったり、他者の活動を観察した際の運動共鳴が流暢に達成されなかったりすると、観察している人物の行動の理解が損なわれるということである。この他者の行動についての処理の滞りは、馴染みのない行動についての努力を要するシミュレーション過程によっても生じる。

　馴染みのある行動とは対照的に、馴染みのない行動をシミュレートするときには、ミラーニューロンシステムにおいてより努力を要する処理が求められるという主張を支持する神経生理学的証拠がある。ペトローニたち（Petroni, Baguear, & Della-Maggiore, 2010）が提供する証拠によれば、他者を観察するとき、馴染みのない行為の知覚は馴染みのある行為の知覚に比べ、ミラーニューロンシステム（MNS）において高い神経エネルギーを要求する必要がある。さらに、リューたち（Liew, Han, & Aziz-Zadeh, 2011）も、中国人の参加者がアメリカ人の参加者によるコミュニケーション時の馴染みのない手のジェスチャーを観察するときに、馴染みのある手のジェスチャー（サムズアップ）を観察するときに比べて、MNS部で高いエネルギー要求があることを見出した。

　最後にソリマンたち（Soliman, Gibson, & Glenberg, 2013）は、プロフィット（Proffitt, 2006）が用いたのと類似した行動指標を用いて、他者の馴染みのない行動の処理では努力を要するシミュレーションが起こるという仮説を検証した。プロフィットの距離判断の測度を借用してソリマンたちが明らかにしたのは、重いバックパックを背負って何かに向かって歩くときのように、到達までに多くの努力が求められるようなターゲットまでの距離知覚の判断は過大視されるということであった（この研究は第2章で論じた）。ソリマンたちは、（文化的な類似性に基づく）外集団か内集団に属する他者からの物理的距離を判断する人は、外集団の構成員は内集団の構成員よりもより遠くにいると判断することを見出した。このことは、彼らの文化的運動－努力仮説を支持する。この仮説が示唆するのは、類似度の低い他者との社会的相互作用について考える（シミュレートする）ことは、類似度の高い人との相互作用について考えるよりも、より多くの努力が必要であり、流暢性が下がるということである。身体は知覚に作用するのと同じように、社会的な判断にも作用する——他者からの距離を判断するためにシミュレーションを「走らせる」には身体尺度の使用を伴うが、この身体尺度は物理的な努力（重いバックパック）によって影響を受けるのと同程度に、文化的・社会的な努力にも影響されるのである。

　この文化的運動－努力仮説は、身体化〔の理論〕の品質証明でもあり、認知

（文化的類似性／非類似性に関する概念知識）と行為（身体労力）のつながりを示す
もうひとつの例である。ソリマンたち（Soliman et al., 2013）のデータが示唆する
のは、他者に関する情報の処理には、それが自身からかなり距離があっても、身
体経験のシミュレーションが関わるということである。ガレーゼとシニガグリ
ア（Gallese & Sinigaglia, 2011）が主張するように、これらのシミュレーションが
起こるのは、他者の行為を理解するためである。観察者にそれらの身体経験が
なかったり、観察者と観察対象が似ていないことによってシミュレーションが
努力を要するものとなったためにシミュレーションが失敗すると、他者の行動
の理解は損なわれたり誤ったものとなったりする（たとえば Di Cesare et al., 2017;
Soliman et al., 2013）。

　他者の情動の理解における情動シミュレーションの役割を文化や文化差が
どのように調整するのかということの最後の例は、A. ウッドたち（A. Wood,
Rychlowska, Korb, & Niedenthal, 2016）に引用されている研究にみることができ
る。これらの著者は情動表出における文化の役割を論じており、つまりは表情
の認知に用いられる模倣や感覚運動シミュレーションにおけるひとつの要因とし
て、文化を取り上げている。表情の文化的差異について調べたのが、ジャックた
ち（Jack, Garrod, Yu, Caldara, & Schyns, 2012）である。ジャックたちが見出した
ところでは、情動表現はかつて考えられていたほど普遍的なものではなく、文化
に強く影響される。西洋文化圏の人々は、6 つの基本的情動（幸福、驚愕、恐怖、
嫌悪、怒り、悲しみ）をその文化内では容易に認識できるような独特の表情で表
現する。しかし、東洋文化圏の人々はこれらの同じ表情を用いず、代わりに情動
の強さを表す独特の眼球運動のパターンを用いている。

　これらの文化差を検討するなかで、ライクロウスカたち（Rychlowska et al.,
2015）は、情動表出の魅力的な予測因子として国の移民の歴史があることを発見
した。図 7.4 は、長期的な移民履歴の歴史的なばらつきの地図が情動認識の正確
さを予測することを示している（A. Wood, Rychlowska, & Niedenthal, 2016 にある）。
歴史的に均質でない集団に至る移民のパターンをもつ国（地図上の暗くなってい
る国）の人々の社会的規範を測定した際に、ライクロウスカたち（Rychlowska et
al., 2015）は、6 つの基本的情動にわたって情動の表出性への選好があることを見
出した。これが人々の間に文化的な共通性がないという歴史によるものだと仮定
するなら、相互作用を容易にするような情動表出を使わせる圧力が働いたのだろ
う。また、これらの国々の人々は、他の文化圏の人々にも容易に認識できるよ
うな表情を産出した（A. Wood et al., 2016）。歴史的に均質的な集団に至る、より

図 7.4

〔移民履歴の〕歴史的なばらつきの地図。色が暗い国ほどばらつきが大きく、現在の住民が多数の国に出自をもつことを表している（凡例の数字は出身国の数を指す）。地図はhttp://gunn.co.nz/map と World Migration Matrix（http://www.econ.brown.edu/ fac/ louis_putterman/world%20migration%20matrix.htm）のデータをもとに作成した。"Heterogeneity of Long-History Migration Predicts Emotion Recognition Accuracy." より。A. Wood, M. Rychlowska, & P. M. Niedenthal, 2016, *Emotion, 16,* p.415. © 2016 by the American Psychological Association.

国内的な長期的移民パターンをもつ国（地図上の明るくなっている国）の人々は、情動表出の希薄化を好む報告をした。このこともまた、これらの文化の歴史においては、情動表出は他者との相互作用を促進するための信号としてそれほど重要ではないということを示しているのだろう。大きくない情動的表出性を好むこれらの人々は、より認識しにくい表情を産出する（A. Wood et al., 2016）。

　これらのデータは、情動シミュレーションが情動認識に用いられるという主張をどのように支持するのだろうか。移民の歴史のような変数が情動の表出性に影響することに加え、ある個人がどのように情動的に表出するかということから他者の情動認識の正確さを予測できることを思い出してほしい。明らかに、情動の表出が曖昧な場合には情動シミュレーションが難しくなり、その人が他者の情動を認識する能力の枷となる。情動の感覚運動シミュレーションに影響を及ぼす他の変数は、その瞬間の観察者に特有のものである。すなわち、知覚者と観察対象の相互作用に対する社会的制約、知覚者と観察対象の性別の一致、知覚者の動機づけ目標や意図、知覚者と観察対象の両者のパーソナリティ特徴などである。A. ウッドたち（A. Wood, Rychlowska, Korb, & Niedenthal, 2016）の主張によれば、

情動シミュレーションは連続的なものであり、ある人が他者の情動表出をシミュレートする度合いは、これら多くの変数の関数として変化する。この連続体は、観察した情動表出の部分的な再演 —— 一部の行為や認知も含む —— から完全な再演やシミュレーション —— 顔の模倣にまで「溢れ出し」、このシミュレーションの完全性の指標となる —— までを含むだろう。

結論

　身体化の説明によれば、情動の概念的基盤は情動の身体表出に用いられる知覚、および感覚システムにおける神経活動である。つまり、情動の表象はそれらを産出することに関わる脳領野に基盤化されており、われわれは同じ脳領野の再利用、すなわちシミュレーションを通じて、他者の情動の認識が可能となる。身体化された理論の理論家たちが、情動の表象はマルチモーダルであると主張するときに意味しているのは、情動は顔の動きや身体の姿勢、さらには化学的信号 —— すべてバーサルー（Barsalou, 1999）が**知覚的シンボル**と呼ぶもの —— において表象されるということである。さらに、他者の情動表出を知覚したり認識したりするときや情動的言語を理解するときに、情動の基盤化によってこれらの知覚的シンボルが再演、つまりシミュレートされることが可能になる。

　身体化の考え方を社会的認知や他者の行為、動機づけ、目標の理解に応用するに際して、ミラーニューロンの発見は、原始的レベルの運動行為やプランニングの時点で社会的認知が始まった可能性についての神経生理学的な説明を与える。それは、一次的情動の研究においても問われてきたことと同じ問いを抱かせる —— つまり、同じ行為を流暢に表出、ないし経験できなければ、他者の行為を理解できないのかという問いである。

　社会的認知のシミュレーション説を支持する証拠は、運動障害をもつ人や自閉症をもつ人々、そして彼らがもつ他者の社会的情動の理解や社会的な結びつきを作ることにおける障害についての研究から得られている。他者の行動の理解における非流暢性は、自身の運動システムを馴染みのない行動に「調整する〔合わせる〕」ことが難しく、他者についての情報の処理に努力を要することに起因するものと思われる（Soliman, Gibson, & Glenberg, 2013）。

　ガレーゼとシニガグリア（Gallese & Sinigaglia, 2011）の主張によると、シミュレーションはそれが利用可能な場合でも、他者の行動の意味づけを保証するもの

ではない。自身の経験の外にある社会的文化的要因といった、高次の要因がありうるためである。彼らの主張はそうでなく、身体化されたシミュレーションは他者の意味づけの最初のきっかけをもたらすものだというものである。社会的認知のどの側面がミラーニューロンの活動から始まり、どの認知過程がより複雑な社会的過程に引き継がれるのかといったことを明らかにするためになされるべき研究が、多く残されているといえる。

▶重要ポイント

• 情動は情動の身体表出に用いられる知覚および感覚システムに表象される。
• 他者の情動を理解するために、MNS が知覚者における同様の情動反応をシミュレートする神経生理学的メカニズムを提供する（ガレーゼ）。

第8章 抽象概念の表象におけるメタファーの役割

【本章の問い】
- 身体的に経験することのない概念は、どのように概念的に表象されるのか
- 概念メタファー理論は、身体化理論についてのわれわれの理解に何かを加えることができるだろうか

　身体化の理論が知識表象の現実的な理論となるためには、理論的にも実験的にも解決が必要な問題がある。その問題とは、概念知識はその概念に関する最初の経験に伴う感覚および運動の神経ネットワークにおいて表象されるという、身体化された認知の主張にある。もしこの主張が正しいのならば、身体的な経験をまったく伴わない概念（つまり抽象的な概念）は、どのように表象されるのだろうか。バーサルー（Barsalou, 1999）の主張によれば、過去の感覚経験および運動経験のシミュレーションが思考を構成するが、**力**や**愛**といった概念は、どのようにシミュレートするのだろうか。

　理論家のなかには、認知において身体が果たす役割は周辺的で付随的なものにすぎないと主張し、この抽象概念問題は身体化の理論では解決できないとみている者もいる（たとえば Dove, 2009; Mahon & Caramazza, 2008）。しかし、他の理論家たちが主張してきたところによれば、この問題に対する解決策は言語に見出すことができる——すなわち、言語そのものが、抽象概念を表象する構造を反映しているというのだ。具体的に、**メタファー**はわれわれが世界を理解するしかたと不可分であり（Lakoff, 1993; Lakoff & Johnson, 1980）、その構造はわれわれが具象的で馴染みのある知識を抽象的な概念の「足場とする」、つまりマッピングすることで抽象的に思考していることを示している（Jamrozik, McQuire, Cardillo, &

http://dx.doi.org/10.1037/0000136-008
How the Body Shapes Knowledge: Empirical Support for Embodied Cognition, by R. Fincher-Kiefer.
© 2019 by the American Psychological Association. All rights reserved.

Chatterjee, 2016; Williams, Huang, & Bargh, 2009）。レイコフとジョンソン（Lakoff & Johnson, 1980）のもともとの研究は言語〔全般〕に関するものであったが、彼らの概念メタファー理論は、抽象概念知識の構造に関する理論的説明であるといえる。

　メタファーは言語学的な装置 —— 字義どおりには真実ではないが、より単純な別の概念を表す単語や句を当てはめることで難しい概念を理解できるようにしてくれる修辞的表現 —— である。有名な『レトリックと人生（*Metaphors We Live By*)』のなかでレイコフとジョンソン（Lakoff & Johnson, 1980）が論じたのは、英語は普段は気づくことさえないメタファーに満ちているが、〔そのメタファーが〕われわれのコミュニケーションを形づくり、重要なことに、われわれの思考のしかたや行動のしかたを決定づけるということである。

　概念メタファーの構造には、2つの概念領域が関わる。ひとつは**目標領域**（target domain）であり、抽象的で、それ自体は理解することが難しい領域である（たとえば、「愛」）。そして**起点領域**（source domain）は、通常、抽象概念を明確にするような具象的領域である（たとえば、「旅」）。こうして、目標領域を起点領域にマッピングすると（たとえば、「愛とは旅である（love is a journey)」）、その時代に用いられる言語の文脈内で、目標領域についての特定の理解が可能となる（つまり、恋愛関係は時間をかけて発展する。「その過程で」関係にとって注目すべき重要な局面がある、等々）。特定の概念に対して複数の概念マッピングがあり（たとえば、「愛とは戦場である（love is a battlefield)」、「愛とはジェットコースターである（love is a roller coaster)」）、それぞれが意味の異なる側面を表す。ある概念に対しどのメタファーが用いられるか、どのように用いられるかによって、われわれの思考のしかたやあるべき振る舞い方が違ったふうに形づくられる。たとえば、もし「警察は守護者である（police are guardians)」のなら、法の執行は力と勇気で個人を守るものとみられるだろう。しかし、「警察は戦士である（police are warriors)」のなら、法の執行は攻撃的で潜在的には暴力的なものとして概念化されるだろう（Thibodeau, Crow, & Flusberg, 2017）。これらのさまざまな概念化は、あらゆるときにわれわれの思考や行動を方向づけるだろう。

　他にも多くの種類のメタファーがあるが、概念メタファーと慣用句的なメタファーの間には重要な違いがある。概念メタファーは、発話や言語で常に一般的に用いられるとは限らない。むしろ、概念メタファーは抽象概念と具象概念をつなげるマッピングであり、具象的な身体経験を取り上げてそれらを抽象概念にマッピングするものである。「道徳とは清潔さである（morality is cleanness)」

(Schnall, Haidt, Clore, & Jordan, 2008)、「重さとは重要さである（weight is important)」(Jostmann, Lakens, & Schubert, 2009; Schneider, Rutjens, Jostmann, & Lakens, 2011)といったメタファーは、それ自体は日常発話の一部ではないが、抽象概念についての推論を可能とする。これらの概念メタファーが抽象概念についてのわれわれの思考の基盤となり、概念知識を体制化することを示す多くの証拠について本章でまとめる。

　「あれは重い話題だった（that was a heavy topic)」とか、「彼女の考えは純粋だ（her thoughts were pure)」といった日常発話に浸透している慣例的な、すなわち慣用句的なメタファーは、これらの概念メタファーの代表であることが多い。これらの慣用句的なメタファーは、具象的な起点概念（甘さという生理的状態など）と抽象的な目標概念（復讐など）をもっている（たとえば、「復讐は甘い（revenge is sweet)」）。

　ヘルマンたち（Hellmann, Echterhoff, & Thoben, 2013)の主張によれば、概念メタファーと慣用句的なメタファーの違いは、慣用句的なメタファーでは目標概念と起点概念の結びつきが弱く一方向的である（つまり、復讐は甘いが、甘さは復讐に関連するような否定的な感情を常に誘発するわけではない）ことにある。つまり、慣用句的なメタファーでは、目標概念に起点概念がマッピングされ、それによって思考や行為が導かれるには、起点概念と目標概念の両方が十分に活性化されていなければならない（Hellmann, Thoben, & Echterhoff, 2013)。

　しかし、概念メタファーは、ある概念が自発的に別の概念を活性化させるため、概念のうちのひとつだけが活性化されたときでさえ認知を誘導する（Barsalou, 2003)。概念メタファーでは関係性は双方向的であり、抽象概念と起点概念がともに概念的に表象される。たとえば、「未来」という抽象概念が「未来はわれわれの前にある（The future is ahead of us)」というメタファー的表現に反映されるような、**前方への身体運動**という起点概念にマッピングされるとしたら、未来について考えることは前方への運動を自動的に誘発するはずであり、前方への運動は未来についての思考を誘発するはずである。このことは、第4章で紹介した実験的証拠を思い出させるだろう。それは、ちょうどこの、時間に関する抽象概念（過去、未来）と空間次元に関する起点概念（前後）の双方向的関係に関するものであった（Casasanto & Boroditsky, 2008; Miles, Nind, & Macrae, 2010)。

　概念メタファーにおける抽象概念の表象に関する行動的証拠は、メタファー転移方略を用いることで見出すことができる（Landau, Meier, & Keefer, 2010)。これは「あれは彼の汚いやり方だった（That was a dirty move on his part)」といっ

た慣用句的表現を検討するもので、ここに表出される概念メタファーは「道徳とは清潔さである」といったものだろう。メタファー転移方略は、認知（道徳）が行動（清潔さ）に影響することに加え、その反対の行動（手を洗うこと）が認知（道徳的な純潔）に影響することの両方の証拠を求める（Zhong & Liljenquist, 2006）。

　メタファーに一致する認知と行動の双方向的関係を示唆するデータは、メタファーが過去の感覚運動経験、つまり身体経験においてどのように知識が表象されるかを反映するという見解に特に強い支持を与える。もしその関係が単方向性であれば（たとえば、道徳について考えることが清潔さに影響する）、この効果は単純に意味的プライミングによるものだということがありうる。道徳性の概念は「良い」という概念と意味的に関連しており、良いという概念は純潔性や清潔さの概念ともリンクするだろう。しかし、プライミング効果では反対方向の効果、つまり清潔さに関わる行動がどのようにして道徳性判断にバイアスをかけるのかを容易には説明できない。

　これら物理的な清潔性と道徳性の概念は、表面的には違いが大きすぎてプライミング効果によっては説明できない。この双方向的関係のより良い説明は、概念メタファー理論によるものである —— メタファーの言語構造は、ある概念の意味は他の概念の表象に基盤化されている（神経経路を共有する）ことを反映する。その結果、共有された、共通の表象空間が生じる。これらの概念は完全にリンクされ、一方の概念が他方の概念を活性化させるようになる。

　レイコフとジョンソン（Lakoff & Johnson, 1980）の概念メタファー理論が提案するのは、抽象概念にマッピングされる具象概念は、空間や時間、運動、その他の物理的経験や神経経験の中核的要素を伴う身体経験を指す概念であるということである。概念メタファーの身体化理論的な解釈によれば、これらの目標領域（抽象概念）と起点領域（具象概念）のマッピングは神経マッピングと対応していると仮定され、ある抽象概念について考えることは、そのメタファーに関わる具象領域を表象する神経活動を生じる（Gallese & Lakoff, 2005）。グレンバーグ（Glenberg, 2010）が主張するとおり、このようなかたちですべての概念は身体経験に基盤化されているので、概念メタファーそのものは、行われたシミュレーションが言葉に反映されたものにすぎない（Barsalou, 1999）。この概念メタファー理論の証拠は、メタファー転移方略からの行動的証拠に加え、抽象概念と具象領域のマッピングに関する神経学的支持にも見出されるはずである。

　この証拠をみていく前に、概念メタファー理論に関する他の２種類の証拠を検

討しておきたい。さまざまな言語にみられるメタファーの普遍性と、抽象的知識
を表現する多様なタイプのメタファーの広がりについての証拠である。

メタファーの普遍的性質

　概念メタファー理論の主要な主張によれば、メタファーは単なる言語的慣習で
はなく、抽象的知識をどのように表象するかを反映する。本当そうであるのなら、
メタファーの使用はすべての言語、すべての文化でみられるはずである。多くの
文化が同じ概念メタファーを共有することを示す研究は膨大にある（Gibbs, 2011;
Kövecses, 2003）。たとえば、英語には、「**こころは生き物もしくは身体である**
（the mind is a living thing or a body）」という概念メタファーを表現する慣用表現
が存在する。「**思いが駆け巡った**（my mind was racing）」や「**あなたが言うこと
が見える**〔わかる〕（I see what you are saying）」といった表現は、目標（こころ）
と起点（物理性）のマッピング —— 生き物は移動し、生き物は知覚する —— を表
現している。これらと同じメタファーマッピングは、中国語にもみられる（たと
えば、「**思路**〔日本語では**思考回路**〕」とか「**看法**〔日本語では**見方**〕」といったもの，
Yu, 2003）。ギブス（Gibbs, 2011）の主張によれば、**思考**の抽象概念が文化を通し
て似たような身体化のしかたでメタファー的に表現されるのは、それがすべての
人の共有する抽象化（abstraction）であるために、それに関わる起点概念もまた
移動や知覚、物体の操作といった共有された人間経験であるためである。
　ある概念についてきわめて異なる文化的な見方をしている場合には、2つの文
化で特定の抽象概念について異なるメタファーが用いられることもありうる。こ
こでも、メタファーは世代を超えて受け継がれる特異な表現という以上のもので
あり、文化的な価値が埋め込まれた意味を反映するがゆえに広く浸透した表現で
あるという主張が支持される（Yu, 2008）。たとえば、英語でも日本語でも、自
己主張（assertiveness）という抽象概念の概念表象を表現するメタファーがある。
西洋文化圏では、注目を集め自己主張することは一般的に肯定的なものとして
捉えられており、「**軋む車輪は油を差してもらえる**（the squeaky wheel gets the
grease：主張すれば見返りを得られる）」という慣用表現は、発言すれば聞いても
らえるという文化的指向を表現している。一方、アジアの文化圏では、自己主張
することは特に肯定的なことではなく、日本語にみられる慣用的表現は、彼らの
自己主張（および、同様に個人主義）についての見解を反映して、「**出る杭は打た**

れる（翻訳すれば、the nail that stands out gets hammered down first）」といったものになる。

　これらの慣用表現は文化間で言語上の違いがみられることはあるものの、表現される概念メタファーは、自己主張（目標概念）と物理的な行為（起点概念）を結びつけるという点では同様である。一般的に、さまざまな言語でのメタファーの広範な分析から、多くの概念メタファーは普遍的であり、特にそのメタファーが身体経験に基づく場合にそうであるという主張が支持される。文化が特定の抽象概念をメタファー的に表現する方法の違いは、それらの文化がその領域についてどのように考えるかを反映する（Yu, 2008）。これらの分析は、メタファーが、その概念について自分では身体的に経験したことがない言語使用者にも、具象的概念に結びつけて理解できるようにすることで意味を伝えるのだという主張を支持する。

メタファーの分類

　他の研究者たちはさらに豊かなメタファーの分類を提示し、思考におけるその役割について説明しているので（たとえばGibbs, 1994; Lakoff & Johnson, 1999; Landau, Robinson, & Meier, 2014）、本書は心理学研究で経験的に研究されたうちのわずか数種類のメタファーを扱うにすぎない。ここで述べるのは、メタファーが認知に及ぼす影響を実証するためのごく簡単な分類である。

　メタファーには多くの種類がある。メタファーは統語的カテゴリーによって分類することができる。たとえば、名詞の修辞的拡張である**名詞**メタファーがそうである。典型的には「X は Y である」（たとえば、「時は泥棒である（time is a thief）」）といったかたちをとる。認知的研究や神経心理学的研究はこの種のメタファーに注目しがちだが、形容詞（たとえば、「**近しい**」関係（close relationship）や「**緩い**」ルール（loose cannon：緩んだ大砲））も動詞（たとえば、要点を「**納得させる**」（drove the point home：要点を家に**送り帰す**））もメタファー的に用いることができる。

　メタファーは概念の種類によっても分類できる。たとえば、ある概念を別の概念に照らして説明する**構造的**メタファー（以前に取り上げた「愛とは旅である」や「時は金なり」など）、複数の概念を互いとの関係において体制化する点で非常にありふれており、多くの言語にみられるために広く研究されている、**方向**

づけメタファーなどがある（Kövecses, 2003）。これらの方向づけのメタファーのうちのもっとも顕著なものが「良いは上〔と悪いは下〕」のメタファーであり、これは力関係（「上昇志向（upward mobility）」や「給与水準が１段か２段上がる（went up a notch or two in his pay grade）」）や気分（「ものごとが好転する（things are looking up）」、「気分が落ち込む（I'm feeling down）」）、道徳性（「優位な立場に立つ（taking the high ground）」や「程度が低い（that was so low）」）、宗教性（「神は天上におられる（God is up in heaven）」、「地獄に落ちろ（the devil is down in hell）」）などに結びついている（Meier, Hauser, Robinson, Friesen, & Schjeldahl, 2007; Meier & Robinson, 2004, 2005; Schubert, 2005）。

　「良いは上」という方向づけのメタファーは、ポジティブな概念とネガティブな概念を空間の垂直次元にマッピングするが、これは恣意的に決められるものではない。メタファーに対する身体化の考え方が示唆するところによると、このメタファーは、われわれが健康で動ける状態にあるときには身体は直立しているので、「良いは上」であるということを反映している。同じことは、われわれが権力をもつ地位にあるときにも当てはまる。権力は通常、物理的に上にいることとして表現される（たとえば、「彼は組織の頂点にいる　対　組織の一番下にいる（he is at the top of the heap vs. he is the low man on the totem pole）」）、身体がうつ伏せのときは物理的に弱い状態である（「〜に屈するな（don't take it lying down）」Schubert, 2005）。

　上のメタファーは特に気分に関して浸透しており、幸福や悲しみは直立や横たわった身体姿勢と規則的に結びついている。リンデマンとエイブラムソン（Lindeman & Abramson, 2008）の抑うつの因果的メカニズムの理論が示唆するのは、抑うつは無力さ、および動けない状態としてメタファー的に概念化されるということである（たとえば、「落ち込んで動けない（I'm so down I can hardly move）」、「どんどんと沈んでいく（I'm sinking lower and lower）」）。彼女たちの主張によると、こういった概念化のために、抑うつ状態にある場合、人は動けないという経験をシミュレートすることによって、身体的な倦怠感を生じさせる。運動できない状態のシミュレーションは、ものごとを変えたり、制御したりできなくなることを伴うため、このことはときに抑うつがときに「制御を外れたもの」として記述される理由の説明となるだろう。

　抑うつに対するこの理論的な考え方が示唆するのは、この気分状態を変えるひとつの手段は、抑うつの抽象概念と動けないという具象的な身体状態のメタファー的なマッピングを変えることである。このことが意味するのは、身体的な

活動と身体姿勢の変化が認知を変え、気分、勢力、個人の主体性に作用しうるということである。実際、抑うつ状態の人を前方に移動させたり正立の身体姿勢を要求したりする物理的な行為が、薬理的介入と同じく抑うつの一部の症状を軽減するのに有効であるという証拠もある。ボディンとマーティンセン（Bodin & Martinsen, 2004）が見出したのは、格闘技のエクササイズを一度するだけで、抑うつ状態の人たちの自己効力感やポジティブ感情が統制群に比べて有意に改善されたということであった。しかし、エアロバイクに乗ることでは抑うつのいかなる症状も軽減されなかった。メタファーの考え方と一致して、エアロバイクに乗ることは「どこへも行けない」ことのシミュレーションであったのに対し、格闘技は「立ち向かう」という活動と強くあることをシミュレートしたのである。

　リンデマンとエイブラムソン（Lindeman & Abramson, 2008）の抑うつのメタファー・シミュレーションモデルの予測によれば、「落ち込んでいる」つまり、動けない状態にあるという抑うつの概念化が、無力感や絶望感を生じさせる。したがって、この動けないことのシミュレーションを変化させ、心的状態を「前向きになる」ように再概念化させうるあらゆる活動 —— ダンスやランニング、ガーデニングさえも —— が、治療上有効であるはずである。このモデルはさらに、肥満、加齢、かつ／または慢性疾患といった運動の困難を伴うあらゆる症候もまた、抑うつの原因となりうることを示唆する。

　メタファーが臨床的介入を示唆するようなかたちでどのように意味を表現するかの例は、他にもある。臨床医の報告によれば、メタファー表現を変化させることで患者に自身や他者の理解のしかたを再概念化させることが、少なくとも一部の場合には有効である（たとえば Loue, 2008; McMullen, 2008）。メタファーに関する研究は広範囲で多面的であり、その多くはメタファー的表現が英語のなかでどの程度浸透しているかとか、特定の文脈で意図される特定の形の意味がどのくらい違った種類のメタファーによって表現されるかといったことに焦点を当てている（Gibbs, 1994; Kövecses, 2010; Lakoff & Johnson, 1980, 1999）。

　メタファーの普遍性に関するこれらのデータと、思考と行動の両方を先導すると思われるさまざまな種類のメタファーは、概念メタファー理論を明確に支持している。しかし、メタファー概念理論の身体化の考え方をもっとも支持しているものは、おそらく、メタファーにおける抽象概念と具象概念の結びつきの双方向的関係を探索するメタファー転移方略と、感覚運動経路における脳活動と抽象概念を述べるのに用いられるメタファーが一貫していることを示す神経科学〔的証拠〕だろう。

概念メタファーの行動的証拠

　ランダウたち（Landau et al., 2010）の議論によれば、概念知識についての伝統的な考え方では、概念は**スキーマ**の一部、つまり社会的情報（たとえば、ジェンダー）や認知的情報（たとえば、重要性）を含む情報のカテゴリーについての知識を体制化する抽象的な心的構造の一部として理解される。活性化拡散は、スキーマ内の概念ノードが活性化される過程であり、意思決定や判断の際に多く用いられると、それらの概念間の連合的リンクが強化される。当然ながら、身体化された認知の理論の主張では、ある概念について考えることには、活性化拡散ではなく、その概念を最初に経験したときに用いられた過程を再演する感覚運動シミュレーションが関わると考える。

　ランダウたち（Landau et al., 2010）の主張によると、メタファーが反映する感覚運動シミュレーションは、抽象概念に関連する情報を解釈したり評価したりするときに起こる。メタファーをスキーマと区別するものは、メタファーは表面的には類似しない概念 ―― 一方は抽象的で他方はより具象的な概念 ―― を結びつけることにある。これらのリンクはきわめて独特のものであり、スキーマ内で見出されることはほとんどない。メタファー転移方略は、メタファーがスキーマ単独よりも概念知識の表象の理解を真に深めるかどうか判断するために用いられる経験的方略である。この方略では、あるメタファーにおける1つの概念に関連する心理的状態を実験的に操作することで、そのメタファーにおける別の概念についての情報の処理のしかたが変わるかどうかを判断する。

　以下の内容は、メタファー転移方略がどのようにしてメタファーは抽象概念をスキーマとは異なるかたちで表現することの証拠となるのかを示すための例である。まずは、パーソナリティ特性という抽象概念（たとえば、寛容な、思いやりがある、非社会的な、孤独な）を物理的な温かさという具象概念と結びつける概念メタファー（たとえば、「**彼女は温かい人だ**」、「**彼は父親に冷たい**」）について検討した研究がある。ウィリアムズとバーグ（Williams & Bargh, 2008）は、実験者が参加者の人口統計学的情報を記録している間、実験者のために温かいコーヒーのカップか冷たいコーヒーのカップのいずれかを持っているように参加者に求めた。その後、参加者は人物Aに関する説明を読むことを求められた。その説明は、決断力がある、熟練している、実際的であるといった資質を強調することで、社

152

会的には中立的なものとなるよう意図したものであった。その説明を読んだあとに、すべての参加者は1から7（「冷たい」から「温かい」）のパーソナリティ尺度に加え、他のパーソナリティ次元に関する複数の尺度（意味的に温かい／冷たいに関連するものとそうでないものが含まれていた）でその人物を評定した。ウィリアムズとバーグが見出したところによると、温かいカップを持っていた参加者は冷たいコップを持っていた参加者よりも、説明された人物を有意に「温かい」と評定した。特に重要なのは、操作の目的に気づいたと報告した参加者はいなかったことである。さらに、温度の操作は他の尺度の判断には影響せず、この結果がメタファー一致効果〔によるもの〕であり、単にポジティブなパーソナリティ特性すべてに影響する「光背」効果ではないということを示している＊。

ウィリアムズとバーグ（Williams & Bargh, 2008）の主張によれば、この実験とその効果を再現する2つ目の実験の両方で、温かさという身体的な感覚が信頼や寛大さといった特性を含む心理的な温かさの感情や認知を上昇させた。彼らの示唆によれば、これは温かさ情報の身体的な側面と心理的な側面のどちらを経験しているときにも活動を示す、脳の島皮質で起こるものとみられる（Meyer-Lindenberg, 2008）。また、感覚情報をもたらす島皮質のこれらの神経経路は、心理的な温かさに関する概念知識も「基盤化」すると思われ、この結びつきはおそらく発達の初期に現れる。霊長類における母子の絆（bonding）に関するハーロウ（Harlow, 1958）の古典的な研究が明らかにしたところによると、身体的な温かさは、食物以上に愛着の重要な決定因となることがある。

ボウルビィ（Bowlby, 1977）はハーロウの結論を拡張し、養育者による身体的な温かさについての初期経験が対人的な温かさの定型的な発達や他者におけるこの属性の検出にとって重要であると示唆した。つまり、レイコフとジョンソン（Lakoff & Johnson, 1980）が述べるように、「彼女は温かい性格だ」といったメタファーは、意味的な基盤をもたない単なる言語的慣習ではない——身体的な温かさとパーソナリティ特性を結びつけるメタファー表現の基盤は、発達初期の外界との相互作用を通じて確立された身体経験なのである。身体的な温かさと心理的な温かさ（つまり、愛着や保護、愛されているという感情）の結びつきが反復によって強化されるにつれて、これらの神経経路は感覚機能と概念機能という二重の表象機能を担うようになる（Lakoff, 1993）。

ランダウたち（Landau et al., 2010）の主張によれば、ウィリアムズとバーグ

＊訳注：この研究の追試研究については、訳者解説で触れている。

（Williams & Bargh, 2008）の結果以前には、身体的な温かさが信頼感のような特性に関するスキーマの一部であることを示唆する理由はほとんどなかった。さらに、温かなカップを持つことが信頼性のシミュレーションにつながることを信じるアプリオリな理由も存在しなかった。しかし、身体化の考え方ならば、メタファーが物理的には経験できない抽象概念（パーソナリティ特性など）を身体経験（この場合は物理的な温かさ）に結びつける概念表象構造を反映したものであると示唆することによって、これらの知見を説明できるのである。

　ツォンとレオナルデッリ（Zhong & Leonardelli, 2008）もパーソナリティ特性と物理的な温度を結びつける概念メタファーを検討したが、彼らはこの研究の「もうひとつの方向」を検討した。ツォンとレオナルデッリは、温度がメタファーに一致したパーソナリティの評価をどのように引き出すのかを探索する代わりに、パーソナリティ特性という抽象概念の活性化が温度に関する身体経験にどのように影響するのかを検討した。彼らは、寒いという身体経験を孤独という抽象概念と結びつける「冷たさと孤独」のメタファーを調べた。ツォンとレオナルデッリの仮説によれば、ウィリアムズとバーグ（Williams & Bargh, 2008）は冷たい飲み物を持つという物理的な経験が他者を「冷たい」とみる思考を引き出すことを見出したのだから、逆のこともまた起こるはずである。すなわち、社会的排斥の具体例について考えることは、寒さを感じる感覚シミュレーションを引き出すだろう。

　ツォンとレオナルデッリ（Zhong & Leonardelli, 2008）が最初の実験で見出したのは、社会的排斥を受けた過去の経験を思い出した参加者は、社会的に受け入れられた過去の経験を思い出した参加者よりも、曖昧な部屋の温度を寒いと報告したということであった。実験2では、半数の参加者はコンピュータで仮想空間でのボール投げ課題を行うがパスをほとんど回されない社会的排斥条件に、残りの半数の参加者は同じゲームを行うがパスをランダムな回数受け取れる統制条件に参加した。そのあと、両条件の参加者とも無関連に見せかけた市場調査に参加し、5つの製品の好みを評定した。図8.1は温かい（コーヒー、スープ）、冷たい（コーラ、リンゴ）、中立（クラッカー）のさまざまに温度が異なる製品の好ましさ評定の平均値を示している。この図から、参加者は社会的排斥を経験したときには温かい食べ物のほうを好んでおり、彼らは物理的に冷たいというシミュレーションを経験していたことが読み取れる。

　これらのデータは、この概念メタファーの「もう一方の」方向づけを裏づけている――孤独感というパーソナリティ特性の抽象概念を活性化することが、寒さ

154

図 8.1

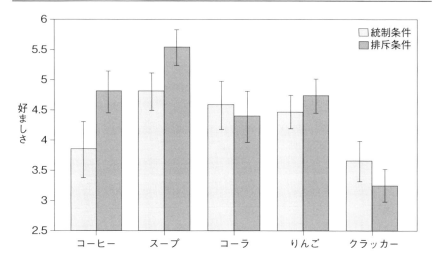

実験 2 の社会的排斥条件と統制条件の参加者における食べ物と飲み物の好ましさ。
"Cold and Lonely: Does Social Exclusion Literally Feel Cold?" より。C.-B. Zhong & G. J.
Leonardelli, 2008, *Psychological Science, 19,* p.840. © 2008 by Sage. 許諾を得て再掲。

という物理的な温度の具象概念のシミュレーションを引き出した。ツォンとレ
オナルデッリ（Zhong & Leonardelli, 2008）の研究とウィリアムズとバーグの研究
を合わせると、物理的な温度と特定のパーソナリティ特性の双方向の関係性が示
唆される。つまり、これらのどちらかの概念が活性化されると、他方も同様にア
クセス可能となる。このことは、これらの概念は表象空間を共有しており、メタ
ファーはその表象上のつながりを反映するように展開するという、身体化の見方
を支持するものである。

　スレピアンたち（Slepian, Weisbuch, Rule, & Ambady, 2011）の研究も、社会的
カテゴリー情報が身体経験にどのように身体化、つまり基盤化されるか、また、
抽象的な情報（ジェンダー）と身体経験（硬さという触覚情報）を結びつけるメタ
ファーにどのように反映されるかの、別の例を提供している。彼らはジェンダー
という概念を調べることを選んだ。ジェンダーは、硬さ（逞しい）や柔らかさ
（優しい）という触覚経験からの感覚フィードバックにメタファー的に一致する
ことが多いからである。男性と女性の特性の違いをメタファー的に述べるもっと
も一般的な方法は、固有受容感覚のフィードバックについての表現である —— 男
性は「**逞しい**」ので「**荒っぽく転げまわって**」遊ぶが、女性は「**優しく**」「**ソフ**

ト」で、互いに「穏やかに」遊ぶ（Feingold, 1994）。スレピアンたちの仮説によれば、この触覚情報の感覚経験はジェンダーの表象を基盤化するだろう。このメタファーの発達的な心的基盤は容易に想像できるだろう。出産後の母親に抱かれた幼児は、それほど柔らかな身体ではない父親に抱かれた経験に比べて、柔らかな感覚フィードバックを経験するだろう。このメタファーの経験的な基盤に基づいて、スレピアンたちは硬さ（または、柔らかさ）の身体経験が、ジェンダーの分類に影響を与える可能性があると予測した。

　実験1では、スレピアンたち（Slepian et al., 2011）は参加者に硬いボールか柔らかいボールのどちらかを握らせながら、性別が曖昧な顔が女性なのか男性なのかを分類させた。彼らは、硬いボールを握っている参加者は顔を男性と判断しやすいことを見出し、ジェンダーのカテゴリー表象には硬さに関する触覚情報が含まれるという仮説が支持された。実験2では、この効果を追試するため、参加者に紙片を強く押すかそっと触らせながら、実験1で見せたのと同じ性別が曖昧な顔についてジェンダーカテゴリーを選ばせた。参加者が紙片を強く押したときには、そっと触ったときよりも、顔を男性であると分類することが多かった。これらのデータを（後づけの説明をすることなく）知識表象に対するスキーマアプローチと両立させることは難しい。ジェンダーのスキーマに触覚の感覚経験を含めるアプリオリな理由はないからである。だが、これらのデータは、ジェンダーなどの抽象概念の表象に対するメタファーに富んだ見解を支持する。この考え方が示唆するのは、われわれが使用するメタファー（たとえば、「**彼はとてもタフな奴だ！**（He's such a tough guy!）」）から身体化された概念知識を反映する抽象概念と具象概念との結びつきを解明できるということである。少なくとも、ジェンダーの表象の一部は「硬さ」についての感覚情報の表象と神経経路を共有しているだろう。

　スレピアンたち（Slepian, Rule, & Ambady, 2012）は、さらにこのジェンダーに対する身体化された効果が政党への参加といった社会的に構築されたカテゴリーにも拡張できるかどうかを調べることで、対人知覚が固有受容感覚に基盤化されているかを検討した。スレピアンたちはまず、参加者が政治家について「**固い**」や「**柔らかい**」といったメタファー的な表現を使う（共和党員は民主党員よりも固いと言われることが多い）ことを確認した。また、学術領域にもこれと同じメタファー的な表現が割り当てられ、自然科学領域は固く、社会科学（たとえば、社会学）や歴史学は柔らかいとされることも確認した。そのあとで、スレピアンたちは参加者に、硬いボールか柔らかいボールを握らせながら〔過去の〕スレピ

ンたち（Slepian, Weisbuch, Rule, & Ambady, 2011）の研究と同じように顔を見せたが、今回は参加者にはその顔が共和党員か民主党員かを分類させた。彼らが見出したところによると、硬いボールを握った参加者は柔らかいボールを握った参加者よりも、顔を共和党員と判断しやすかった。

　別の実験でスレピアンたち（Slepian et al., 2012）が見出したところによると、顔を見て物理学の教授か歴史学の教授かを分類するときには、硬いボールを握った参加者は柔らかいボールを握った参加者よりも物理学者と判定することが多かった。つまり、これらの実験を通して、硬さという感覚／触覚経験が複数の社会的カテゴリーにわたって対人知覚に影響したのである。ここでも、政党や学術領域についての知識を体制化するスキーマには、硬さに関する触覚情報が含まれねばならないとは考えにくい。しかし、メタファーに富む考え方が示唆するのは、政党や学術領域について述べるメタファー（たとえば、「**科学者は厳粛**（hard-nosed）」や、「**民主党員は犯罪に甘い**（soft on crime）」）は、概念知識の身体化された性質を反映する —— 知識は感覚経験に基盤化されており、それがメタファーに反映されている —— ということである。

　最終的に、スレピアンたち（Slepian et al., 2012）は、最後の実験でこの社会的カテゴリーと固有受容フィードバックのメタファー的関係の双方向性を検討した。彼らの主張によると、抽象概念（政党）であってもその表象の一部は感覚運動モダリティであるというバーサルー（Barsalou, 1999）の議論が正しければ、抽象概念について考える（シミュレーションする）とき、その知覚的シンボル（固さ）が含まれるだろう。この抽象概念のシミュレーションは物体の物理的特徴、つまり固さについての判断にバイアスを生むはずである。スレピアンたち（Slepian et al., 2012）は、参加者に共和党員か民主党員が時事問題を議論している典型的な会議についての短い物語を書かせた。これを3分間実施したのち、参加者は固くも柔らかくもならないようゴムで覆われたボールを手にとるように教示され、そのボールがどのくらい固いか、あるいは柔らかいか判断するように求められた。その結果、共和党員について書いた参加者は、民主党員について書いた参加者よりもボールを固いと判断した。この双方向的な関係性（たとえば、固ければ共和党員、共和党員であれば固い）についての証拠が示唆するのは、政党参加といった抽象的な社会的カテゴリーの表象が、少なくとも部分的には触覚情報についての感覚フィードバックシステムに身体化されているということである。

　「固さ」や「硬さ」といったメタファー的な連合は、特に社会的相互作用の観点での困難さの概念にも合致する（たとえば、「**あのときの会話は荒れた**（That was a rough conversation we had）」）。アッカーマンたち（Ackerman, Nocera, & Bargh, 2010）は、参加者に 5 ピースのパズルを組み立てるよう求めたが、半分の参加者にはピースを粗い紙やすりで覆ったものを（粗い条件）、もう半分の参加者にはピースを覆っていないものを渡した（滑らか条件）。パズルの完成後、参加者は曖昧な社会的相互作用を述べた文章を読み、この相互作用についての問題に回答することを求められた。その結果、粗いパズル条件の参加者は滑らか条件の参加者よりも、社会的相互作用をより難しく「過酷なもの」と評定した。さらに、この粗さの操作は、関係の親密度といった社会的相互作用の他の側面に関する質問には影響を与えなかった。アッカーマンたちの結論によれば、触覚フィードバックは粗さに関する一般的なメタファーと一致する「社会的な協調」というシミュレーションを促すものであり、このことから、この難しい社会的相互作用という抽象概念は触覚の経験に用いられる感覚経路に神経的に接続するであろうことが示唆される。

　抽象概念がメタファーに一致するかたちで具象的な経験に基盤化されていることの行動的証拠をもたらす研究は、他にもたくさんある（Landau et al., 2010 が研究を包括的に概観している）。たとえば、重要性の概念はメタファー的に「重いこと」と結びついている。これが言語の慣習以上のものであることを示す証拠は、重いクリップボードを持った参加者は、軽いクリップボードを持った参加者よりも、クリップボードの上にある物を大きな価値があると判断するというものある（Ackerman et al., 2010; Jostmann, Lakens, & Schubert, 2009）。さらに、USB メモリ（携行型ハードドライブ）に重要な税務情報があると信じている参加者は、それほど重要でない情報が入っているとか情報は入っていないと信じている参加者よりも、その小さな USB メモリをより重いと判断した（Schneider, Parzuchowski, Wojciszke, Schwarz, & Koole, 2015）。興味深いことに、研究は、重さを判断される素材の知識がメタファーの使用に影響を与えることを示唆している。チャンドラーたち（Chandler, Reinhard, & Schwarz, 2012）が見出したところによると、本はより重いときにより重要であるとみなされるが、この効果は、参加者がその本についての知識をもっていたときに限られた（前に読んだことがあったり、少なくとも概要を読んだりしたことがある）。メタファー知識のアクセス可能性の境界条件を明らかにするには、さらに研究が必要であるといえる。

　抽象概念に対する他の概念化としては、物理的な体感に基盤化されていることが見出されている。たとえば、時間は前後の動きに（Miles, Nind, & Macrae, 2010）、道徳的な純潔さは物理的な清潔さに（S. W. S. Lee & Schwarz, 2010;

Schnall, Benton, & Harvey, 2008; Zhong & Liljenquist, 2006）、関係の安定性は物理的な安定性に身体化されており（Forest, Kille, Wood, & Stehouwer, 2015; Kille, Forest, & Wood, 2013）、他の文献ではさらに多くが議論されている（Lakoff, 2014; Landau et al., 2010; Landau et al., 2014）。だが、このメタファーに一致する行動についての行動的証拠には、感覚運動概念を担う脳中枢の活動がメタファーにおける抽象概念に結びついていることを示す神経学的証拠による支持が必要である。

概念メタファーを支持する神経学的研究

　レイコフ（Lakoff, 2014）は、メタファーは起点領域（具象概念）と目標領域（抽象概念）という2つの脳領野を結ぶ神経回路であると仮定した。だが、これを支持する研究はあるのだろうか。シェイファーたち（Schaefer, Denke, Heinze, & Rotte, 2014）は、アッカーマンたち（Ackerman et al., 2010）が用いた手続きを利用することで、固さを社会的相互作用と結びつける概念メタファーについての神経上の証拠を調べた。シェイファーたちは、機能的磁気共鳴画像法（fMRI）のスキャナーに横たわっている参加者に対し、別々の2つの実験に参加してもらうと教示した。一方の実験では、触覚の神経相関を検討するためにさまざまな物の表面に触れてもらう。他方の実験では、社会的判断の神経相関を調べるために社会的相互作用について述べる文章について判断を行ってもらう。

　スキャナー内に横たわっている間、参加者は触覚刺激を受け取り（粗い、滑らか、刺激なし）、その後、情動価の曖昧な社会的相互作用について述べる画面が提示された。短い文章に続き、参加者は2組の質問に回答した。ひとつの組は相互作用の社会的協調の側面（その相互作用は友好的だったか敵対的だったか）に関するものであり、もうひとつの組は関係の親密性に関するもの（その相互作用はビジネスライクだったかカジュアルだったか）であった。スキャンのあと、参加者は「2つの実験」の関係について何か疑いを抱いたか尋ねられたが、実験仮説がわかっていたと報告した参加者はいなかった。

　行動的な結果は図8.2に示されており、アッカーマンたち（Ackerman et al., 2010）の結果を再現するものであった。粗い触覚条件は、滑らかな触覚条件や触覚なし条件に比べて、社会的協調尺度の得点を有意に低くした。関係の親密度の質問に対する触覚の操作は影響がみられず、触覚プライミングはより不快で敵対的な社会的相互作用のシミュレーションをもたらすが、全般的にシナリオを否定

的もしくは非人間的に思わせるわけではないことが示唆された（つまり、結果はメタファーに一致している）。この研究にとって重要な結果は、研究のそれぞれの段階のさなかの脳の反応からもたらされる。

第一に、参加者が触覚刺激を受けているときの脳の反応は粗いタッチと滑らかなタッチの間で違いがなく、意外でもないが、どちらのタッチも体性感覚皮質の領野を活動させた。第二に、参加者が社会的相互作用の判断をしている最中（そして、タッチは伴わないとき）の脳の反応は、参加者が社会的相互作用を判断しているときに粗い条件、滑らかな条件、刺激なし条件で異なっていた。シェ

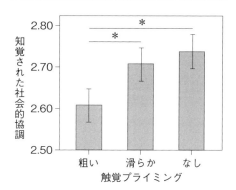

図 8.2

社会的印象に対する触覚プライミングの影響。社会的協調の知覚は、参加者が滑らかな刺激（絵筆）でプライムされたときに比べて粗い刺激（サンドペーパー）でプライムされたときに有意に低かった。"Rough Primes and Rough Conversations: Evidence for a Modality-Specific Basis to Mental Metaphors." より。M. Schaefer, C. Denke, H.-J. Henize, & M. Rotte, 2014, *Social Cognitive and Affective Neuroscience, 9,* p.1655. © 2013 by M. Schaefer, C. Denke, H.-J. Henize, and M. Rotte. 許諾を得て再掲。

イファーたち（Schaefer et al., 2014）は、曖昧なシナリオを読んでいる最中の体性感覚皮質、海馬、扁桃体、運動前野の活性化は、滑らかな触覚経験や刺激なし経験よりも、粗い触覚経験のあとで大きいことを見出した。さらに、体性感覚の活性化は参加者が社会的相互作用を難しいと判断する度合いと高い相関を示した。つまり、脳活動は粗さのメタファーと密接に連携していた。この脳領野のネットワークにおける活性化は、社会的協調の問題に特有のものであり、参加者が相互作用の関係親密度を判断しているときにはみられなかった。

シェイファーたち（Schaefer et al., 2014）は、自分たちの結果が身体化理論を強力に支持すると結論づけたが、その身体化理論の主張によれば、メタファー的知識というかたちでの概念的意味の処理は感覚経験のシミュレーションを伴う。これらの感覚経験が、粗さが過酷さや困難さという概念と連合するという知識を基盤化するものと思われる。文章の処理中の海馬および扁桃体における活性化は、情動処理（扁桃体）および関連する記憶の検索（海馬）を示している可能性がある。社会的相互作用に関連する概念の概念表象がなぜ触覚経験にこれほど密接に

関連するのかという問題を取り上げるに際して、触覚は最初に発達する感覚であり、情報の獲得にも環境の操作にも用いられるためであるとシェイファーたちは推測した。そのようなわけで、触覚は、概念的知識やメタファー的知識の発達の足場を作ることにおいて——とりわけ発達初期には社会的な絆の点で、のちには社会的推論の点で——特に重要なのだろう。彼らの結論によれば、彼らの結果は一次体性感覚皮質の活性化が粗さのメタファーといった高次の認知を含むことを示唆する。

　身体化〔の見方〕を批判する研究者の主張によれば、fMRI のデータは空間解像度が低く、単語の意味にアクセスするときの自動的な感覚運動活動という早期の脳の効果と、より後期の意識的な心的イメージから生じるより方略的な効果を区別することには使えない（Mahon & Caramazza, 2008）。そのため、他の研究者たちは事象関連電位（ERP）を言語のさまざまな側面に関連する脳機能のリアルタイムの測度として使用している。たとえば、ザノリーたち（Zanolie et al., 2012）は、力のメタファーに一致する注意のシフトについて、行動的証拠とERP の証拠の両方を検討した。シューバート（Schubert, 2005）の主張によれば、「彼女は上司を見**上げた**（あこがれ、尊敬の意）（She looked **up** to her boss）」や「その労働者たちはその会社の**底**辺にいた（Those workers were the **under**lings in the company）」といった力に関する慣用的なメタファーには、空間の垂直次元が関わる。

　力の概念を理解することが上下（垂直）の空間次元を活性化させるかを検証するために、シューバート（Schubert, 2005）は、「主人」と「召使い」など力関係が明確に異なる刺激のペアを、コンピュータ画面に同時に、ただしどちらかがもう一方の上にくるように提示した。シューバートは、参加者にペアのうち力のある（ない）ほうをできるだけ速く検出するよう求めたところ、力のある単語は上に提示されたときに、力のない単語は下に提示されたときに速く同定できたことを見出した。参加者に単語（たとえば、敗北と従順）の力の判断をするように求めた別の実験では、参加者は力の大きい単語が画面の上部に出てきたときに、そして力のない単語が画面の下部に提示されたときに速く反応した。

　ザノリーたち（Zanolie et al., 2012）は ERP 反応を用いて、力のメタファーの処理における垂直空間次元の活性化の自動性を検証した。ザノリーたちの最初の実験では、シューバート（Schubert, 2005）などの結果は反応バイアスであるという解釈を否定するために、メイヤーとロビンソン（Meier & Robinson, 2004）が用いた行動実験パラダイムが採用された。「良いは上」のメタファーに関する先

行研究では、肯定的／否定的概念に埋め込まれていると考えられる空間関係に参加者が気づいており、成績を上げるために方略的に利用されている可能性があった（Lebois, Wilson-Mendenhall, & Barsalou, 2015）。ザノリーたちは参加者に力がある人（独裁者）か力がない人（メイド）を表す単語に対して力の判断をさせたが、この手続きでは、シューバートの研究とは異なり、単語を画面中央に提示した。

　それぞれの判断に続いて、ターゲット文字（pかq）が画面の上側視野ないし下側視野に提示された。参加者はターゲット文字をできるだけ早く正確に同定することを求められた。もし上下の垂直次元が単語の提示とともに自動的に活性化されるなら、空間的注意はこの文字同定の直前の勢力判断をするときにシミュレートされた視野の側に方向づけられるだろう。

　図8.3は、ザノリーたち（Zanolie et al., 2012）の最初の実験におけるターゲット文字同定の反応時間を示している。参加者は力のある単語が先行していたときには画面上部での文字同定で反応が速かったが、力のない単語が先行するときには画面下部での文字同定で反応が速かった。シューバート（Schubert, 2005）の結果を再現しつつ、この結果は勢力という抽象概念について考えるときには空間の垂直次元が自動的に活性化することを示唆している。この空間的注意の効果は反応バイアスによって説明できそうにない。ターゲット文字の同定は先行語の位置やその意味には関連しないからである。

　第2実験でザノリーたち（Zanolie et al., 2012）は、ERPによる証拠を使って、力の判断をするときに起こる空間的な注意シフトの時間経過の詳細を調べようとした。彼女たちの予測によれば、力のメタファーに一致する注意

図8.3

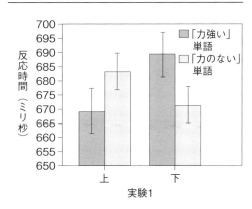

実験1におけるターゲット文字の同定課題（p-q判断）の反応時間。誤差範囲は隣接するバーとの平均差の標準誤差を示す。"Mighty Metaphors: Behavioral Evidence and ERP Evidence That Power Shifts Attention on a Vertical Dimension." より。K. Zanolie, S. van Dantzig, I. Boot, J. Wijnen, T. W. Schubert, S. R. Giessner, & D. Pecher, 2012, *Brain and Cognition, 78*, p.53. © 2011 by Elsevier. 許諾を得て再掲。

のシフトは、ERP 活動におけるより大きな振幅（具体的には視覚ターゲットに対する注意に敏感な成分である N1 反応）によって示されるはずである。このことは、ターゲットの空間的位置が単語の力のあるなしに一致しないときよりも、一致するときに起こるはずである。

　彼女たちの結果はこの予測を支持した。N1 成分の変化は、力のメタファーによって誘発される垂直次元の方向とターゲットの空間的位置の一致性に影響を受けた。ザノリーたち（Zanolie et al., 2012）の主張によれば、この研究で見出された注意の空間シフトは、力に関係する単語の意味によるものであり、単語は画面の中心に提示されたのであるから、明示的に空間的位置を刺激したことによるものではない。この ERP データは、力の概念が活性化されると空間の上下次元が活性化され、勢力に関係する単語の含意する方向に注意のシフトを起こさせることの重要な神経的証拠となる。

　メタファー的マッピングの神経基盤を検討した他の研究で、字義的な意味の処理をしているときの脳活動とメタファー的表現の処理をしているときの脳活動が比較された。バードルフとコウルソン（Bardolph & Coulson, 2014）は、字義的に上下方向の動きを表現する単語（たとえば、下降と上昇）か、同じ方向の動きをメタファー的に表現する単語（たとえば、苦痛と歓喜）を視覚的に提示し、それらに対する事象関連脳反応を検討した。これらの単語を画面上に提示している最中に、参加者に同時に腕を上下に動かす運動課題を行わせた。これらの運動は単語が示唆する運動の方向と一致する場合と、一致しない場合のどちらかであった。参加者の ERP データは、キャップをかぶせて脳の運動皮質と運動前皮質から収集された。

　バードルフとコウルソン（Bardolph & Coulson, 2014）は、身体化の見方からの予測と一致して、字義的に垂直方向を表す単語は、一致条件よりも不一致条件において提示開始から 200 ～ 300 ms 以内により陽性の ERP を示すことを見出した（「一致効果」と呼ばれた）。彼女たちの示唆によると、この一致効果は、手の動きが単語の誘発する意味と適合しないために生じる運動皮質と運動前皮質におけるより大きな活動を反映する。重要なのは、動きの一致効果は、その意味がメタファー的な単語では提示開始から 500 ms 以上経過するまで作用しなかったことである。単語提示の開始から 700 ～ 1000 ms 後になると、字義語もメタファー語も、ERP での一致効果を示した。

　バードルフとコウルソン（Bardolph & Coulson, 2014）の主張によれば、字義どおりの単語でみられた短い時間での一致効果は、動きについての意味を誘発する

単語が自動的に運動皮質領域を活性化すると示唆する身体化理論を強力に支持する。提示開始から 200 ms 以内の一致効果は、単語の提示後のインターバル中に意味処理が起こり、それが行為反応に影響を与えることを示唆する他のデータとも一致している（たとえば、Hauk, Johnsrude, & Pulvermüller, 2004 のデータは、「蹴る」といった行為動詞を読んだあとの運動皮質と運動前皮質における活動で同様の ERP 反応を示した）。

　メタファー的な一致効果が時間的に遅れて起こるという事実は、字義的な意味とメタファー的な意味が同じように感覚運動処理を喚起すると考える、強い立場の身体化理論（Gallese & Lakoff, 2005）への反論となる。しかし、メタファー的単語に対する遅い一致効果は、参加者が「良いは上」といった方向づけのメタファーと一致する抽象概念と空間次元との結びつき（つまり、レイコフが述べるようなメタファー的回路）に敏感であることを示唆する。これらのデータは概念メタファーについての強い立場の身体化されたモデルとは一致しないが、より緩やかなモデルからは、メタファーの意味の感覚運動シミュレーションは、字義的な意味よりも時間をかけて生起するとともに、おそらく文脈や課題要求によっても制約されると示唆される（Lebois et al., 2015; Louwerse & Jeuniaux, 2008）。

結論

　本章で議論した研究は、概念メタファー理論（Gibbs, 1994; Lakoff & Johnson, 1980）を経験的に支持するものである。この理論は、抽象概念の概念構造は経験の具象的領域に由来するものであり、メタファー的マッピングの処理を通じてこれら抽象概念が感覚運動処理に基盤化されるようになることを示唆する。この見解はメタファーが単なる言語的慣習ではなく、心的表象を反映するものであることを強調する。したがって、われわれはただメタファーで話しているだけでなく、メタファーで思考しているのである（Gibbs, 2011; Lakoff, 1993）。

　概念メタファーが抽象的な知識の表象を反映するという証拠を見出すために研究者がたどってきた経路には、さまざまなものがある。すべての言語において、また、すべての文化を通しての概念メタファーの普遍性は、これらの言語装置が物理的な根源をもつ知識を表現するという主張のあかしであると論じる者もいる（Gibbs, 2011; Kövecses, 2003）。英語におけるメタファーの遍在性やメタファーの分類が複数存在するということは、抽象的な知識が多面的に、そして常にそのメ

タファーがみられる文脈との関数として、理解されるという事実を支持している（Lakoff & Johnson, 1980, 1999）。われわれは時間を「**日々刻々と過ぎていく**（the days are dragging on）」ものと述べられた場合には、時間を「**飛んでいく**（flying by）」ものと述べられたときとはきわめて異なるかたちで理解する。どちらの慣用表現も時間と物理的な運動を結びつける概念的メタファーを表現しているが、意味はその文脈内で用いられる具体的なメタファーから引き出されるのである。

　抽象的知識を表現する概念メタファーの経験的証拠は、行動実験と神経心理学的研究の両方に見出すことができる。ランダウたち（Landau et al., 2010）は、ウィリアムズとバーグ（Williams & Bargh, 2008）やツォンとレオナルデッリ（Zhong & Leonardelli, 2008）の研究を一例として、物理的な温度とパーソナリティ評価を結びつけるメタファーに双方向の関係があることを実証するメタファー転移方略に関する行動的証拠がどのようなものかを論じた。これらの証拠によると、抽象概念について考えるときに、具象概念が自動的に活性化するだけでなく、その反対のことも同じく起こる。ツォンとレオナルデッリの研究が示唆するのは、冷たさの物理的経験は社会的排斥の経験と一体であるということである。スレピアンたち（Slepian et al., 2011, 2012）のデータが示唆するのは、触覚刺激（たとえば、抵抗感を経験すること）はある社会的カテゴリーをシミュレートさせ、ある社会的カテゴリーについて考えることは触覚経験をシミュレートさせるということである。

　最後に、神経科学は概念メタファー理論の理解を拡張させつつある。シェイファーたち（Schaefer et al., 2014）の結論によると、〔彼らの研究で〕明らかになった、社会的相互作用を難しいと解釈させる粗い触覚プライミングのメタファー特異的な影響力は、感覚運動処理に典型的に関わる脳領野のネットワークに依存する。メタファー表現の抽象概念から具象概念へのマッピングに関わる神経回路についても支持が見出されているが（Zanolie et al., 2012）、神経科学の結果は身体化された概念メタファーのより緩やかな考え方を示唆すると警告する者もいる。この見解に従えば、感覚運動処理を担当する脳領野の利用は、運動といった物理的特性を字義的に誘発する単語については即時的だが、メタファー的表現ではやや遅れることから、おそらく抽象概念と具象概念のマッピング処理に時間がかかることが示唆される。

▶重要ポイント
• 言語は知覚と行為のシステム群において進化してきた。

• メタファーという言語的装置が概念知識の身体化された性質を反映するのは、抽象概念と具象概念の結びつきが、これら 2 つの概念の身体駆動的な（そして、おそらくは神経的な）マッピングを表現しているからである（レイコフ）。

第9章　身体化された認知の理論に対する反応

　認知が知覚と行為のシステムにどの程度「基盤化されている」のかについては、こころに関する理論を構築しようとする認知心理学者、認知神経学者、認知科学者によって議論されてきた。その争点は、基盤化された認知や身体化された認知は、古い、より伝統的なこころのモジュールの見解 —— 認知は感覚過程や運動過程から構造的に自律した、シンボル的で抽象的で概念的表象を操作する —— に置き換わるものなのかということである（たとえば Collins & Loftus, 1975; Fodor & Pylyshyn, 1988; Newell & Simon, 1972; Smith, Shoben, & Rips, 1974）。この議論は理論的にも実験的にも、大きな関心を生み出した。

　ほとんどの理論家は、これらの古い理論はこの新しい考え方を支持する多くの証拠を説明できないと認識している（たとえば Barsalou, 2016; Glenberg, 2015）。しかしながら、現行バージョンの身体化された認知の理論が正確性を欠き、身体と認知の関係を適切に特定していないと論じている研究者も多い（たとえば Gentsch, Weber, Synofzik, Vosgerau, & Schütz-Bosbach, 2016; Goldinger, Papesh, Barnhart, Hansen, & Hout, 2016; Mahon & Caramazza, 2008; A. D. Wilson & Golonka, 2013）。本章では、身体化理論に対する一般的な反応を示し、その後に身体化の研究に対するより具体的な批判のいくつかを論じる。読者が知っておくべき重要なことは、これまでのところ、身体化された認知の理論に反対するような知識表象の新しい理論は存在していないということである。（第1章に示したように）身体化理論にはいくつかの異なる哲学的な考え方があり、これらについては他の書籍に詳しい（たとえば Chemero, 2009; Shapiro, 2011, 2014）。しかし、実験認知心理学のなかで、知識が脳内でどのように表象されるかに興味がある人は、知識の意味表象について伝統的なモジュール的な考え方を検討および検証するか、身体化

http://dx.doi.org/10.1037/0000136-009
How the Body Shapes Knowledge: Empirical Support for Embodied Cognition, by R. Fincher-Kiefer.

された認知の理論を研究したり、概念知識を構築する際の身体の役割を調べるかのどちらかである。

身体化理論の現状

　身体化理論が発展するにつれて、いくつかの枠組みや分類案が発表されており（たとえば Gentsch et al., 2016; Philbeck & Witt, 2015; A. D. Wilson & Golonka, 2013）、予想されるとおり、この理論に対する強い批判もある（たとえば Firestone, 2013; Firestone & Scholl, 2017; Goldinger et al., 2016; Mahon, 2015）。身体化理論に対しては、複雑でしばしば高度に哲学的な反応もみられるが、その批判は経験的研究の領域に特有のもののこともある。これらの進行中の議論を単純化するために、身体化理論に対する多くの反応を身体と認知の関係の性質や強さに関するものに焦点を当てて論じよう。

　ある研究者たちは、身体、あるいは身体が物理的に経験したことの神経的表象が、知識を構成すると主張する。他の研究者たちは、身体が経験したこと、あるいはそこから得られた知覚的シンボルは部分的に知識を表象するが、他の形式の知識表象も同じく機能していると応じる。この他の形式とはカテゴリー知識やスキーマ的知識などの「抽象物（abstraction）」であり、これらは伝統的なシンボル的表象の形をとることがある（Goldinger et al., 2016; Mahon, 2015）。しかし、バーサルー（Barsalou, 2016）や他の研究者（たとえば Dove, 2016; Zwaan, 2016）の主張によれば、これらの抽象物といえども、命題といった抽象的なシンボルを伴う非モーダル的表象ではない。それらは詳細な知識を「圧縮した」、すなわち組織化されたマルチモーダルな神経ネットワークなのである。バーサルー（Barsalou, 2016）の論じるところでは、これらの抽象物（神経ネットワーク）は必ずしも感覚運動野ではなく、脳領野全体に分散しており、認知に対する基盤化されたアプローチによく合致するようなあり方で、これらの他の感覚運動表象と収束する。

　認知過程が知識の感覚運動表象以上のものを伴う程度は、身体化された関係性の性質や強さを決定する。A. D. ウィルソンとゴロンカ（A. D. Wilson & Golonka, 2013）の主張によると、認知心理学者が認知過程と表象に対する知覚や行為、環境の相互作用としての身体化された認知の定義を受け入れるなら、より伝統的な認知の考え方は、知覚−行為のカップリングとあと少しの何かであるような、こ

れまでとは大きく異なる過程と表象に置き換えられねばならない。この種の身体化の考え方はシャピロ（Shapiro, 2011）が**置き換え仮説**と呼んだもので、基本的にもっとも強い身体化の立場を代表しており、内的表象の必要性そのものに疑問を投げかけている。A. D. ウィルソンとゴロンカの主張によると、身体化理論を標準的な認知心理学の理論から真に区別するためには、この種の身体化の考え方が必要である。

　しかし、置き換え仮説版の身体化理論は、本書で紹介した認知研究では検証されていない。複雑なヒトの認知について有望な考え方とはみなされていないからである。これは、モデリングやロボット工学を通じて身体化を検証しようとするときに、認知科学者にとってより適切とみなされる見解である。ロボットを組み立てるには、ヒトの内的な知識表象がこれこれのものであると立証することを気にする必要はない。実際、ロボットは移動運動や配偶者選択といった興味深い行動が可能であり、オペレーティング・システムにそれらの行動の明示的な表象がなくてもすることができる（ロボット工学や動物研究における身体化研究の概要については A. D. Wilson & Golonka, 2013 を参照）。しかし、このもっとも急進的な身体化の見解は、ヒトよりもロボットや動物で「有効」だろう。

　身体が思考をすべて作り上げ、知識の内的表象は必要でさえないというもっとも強い身体化の立場からは距離を置くとしたら、身体と認知の構成要素関係をどのように特徴づけたらよいのだろうか。構成要素関係は、強いものから弱いものまでさまざまでありうる依存関係である（さまざまな身体化の理論のこの種の分類については、Gentsch et al., 2016 を参照）。ある構成要素関係において重要なのは、ある過程が他の過程を必要とする（たとえば、行為は知覚に不可欠だろう）ということだが、後者の処理はさらに別の構成要素を伴うかもしれない（たとえば、知覚には他の処理も関わる）。つまり、身体化の「弱い」、すなわち、より柔軟な立場では、感覚運動表象は思考を部分的に形づくるが、他の形式の知識表象も関わる可能性を認める（Barsalou, 2008a, 2008b, 2016）。

　バーサルー（Barsalou, 1999）のオリジナルの知覚的シンボルシステム理論は、行為と認知の間に完全な構成要素関係があると主張した。認知が本質的に（おそらくはミラーニューロンシステムに支えられた）感覚運動過程の再演であるのなら、この見解では、行為と知覚は同じ表象状態を共有することになるので、行為と知覚は完全な構成要素関係となる。そのような見解の証拠となる例は、移動運動に関する重度の障害（対麻痺）をもつ患者を対象として、その障害が人の移動運動の知覚に及ぼす影響を調べた研究にみられる。アリッジたち（Arrighi, Cartocci,

& Burr, 2011）が見出したところでは、重度の脊椎損傷の患者は健康な統制群に比べ、光点歩行体（point-light walker）＊の知覚におけるバイオロジカルモーションの方向の検出と弁別の有意な低下を示す。これらの結果は運動の産出と知覚に相互依存性があることを示唆しており、これらの神経メカニズムが共有されていること、すなわち、行為と知覚の間に構成要素関係があることがうかがえる。

　同様に、グロスマンたち（Grossman et al., 2008）が明らかにしたのは、運動性伝導路の進行性変性疾患である筋萎縮性側索硬化症（ALS）の患者は、事物の概念に比べ行為の概念に障害がより多くみられ、このことは患者の運動皮質萎縮と特異的に結びついているということであった。この種の証拠が示すのは、損傷のない運動皮質は運動の検出に必要であるだけでなく、損傷のない行為の**概念**知識にも必要だということであり、このことからも、身体行為と認知の間に構成要素関係が示唆される。

　しかし、身体化された認知の現状を概念化するにあたってのバーサルー（Barsalou, 2016）の最近の主張によると、身体と認知の間の構成要素関係は完全なものではなく、部分的なものだろう。この見解が示唆するのは、知識は、その情報に関する最初の感覚運動経験に用いられるのと同一のモダリティ特異的な脳領野を部分的に再利用することで、概念的に表象されるということである。この「神経再利用（neural reuse）」が**シミュレーション**なのだが、それは文脈と課題要求の関数として変化するために、どんな認知的行為においてもそれだけで完結するとはいえないだろう。しかし、認知は常にその思考に関する初期の知覚、行為、内的状態（つまり、情動やイメージ）のさなかで用いられたモダリティ特異的な経路の部分的な再利用を伴う。ただし、その思考を完全に理解するためには、他のメカニズムと組み合わせる必要があるだろう。たとえば、そこには、メタファー的関係といった言語的情報を表象する神経経路の活性化も含まれるだろう。しかし、これらは非モーダル的シンボル（たとえば、命題）ではなく、なおマルチモーダルな表象なのである。

　ズワーン（Zwaan, 2016）は、言語理解において感覚運動表象がどのような役割を果たすのかという文脈で、この議論をもう少し具体化した。ズワーンの主張によれば、言語理解は分散的言語表象の活性化から始まり、これは単語群が意味的連合を通して他の単語群を活性化していくこととして特徴づけられる。ただし、これらは伝統的なモデルにみられる命題的ネットワークにおける非モーダル

＊訳注：歩行する人体の動きを関節部分に相当する光点のみで表現した動画。

的シンボルではなく、意味によって体制化された、マルチモーダルな神経ネットワークにおける概念（単語）の知覚的表象である（これは、抽象化の一形式である「圧縮」にあたる）。ズワーンの主張によると、これらの言語的表象は、読んでいる内容の感覚運動表象と双方向的に相互作用し、これらの互いを制約する表象の「層（layer）」によって、理解における流暢性が生み出される（Zwaan & Madden, 2005）。

　感覚運動表象が言語理解においてどの程度用いられるかは、文脈によって変化する。たとえば、ある抽象概念は談話や読み手の知識においてどのように表象されるかによっては即座に感覚運動表象と接続するが（物理の文章を物理の専門家が読むような場面を思い浮かべてみよう）、他の抽象概念は最初に言語的表象を必要とするだろう（物理の初心者は、自分が知っている他の単語との意味的な関連があることから、かろうじて意味がわかるかもしれない）。これらの言語的でよりシンボル的な表象は、十分な文脈によって読んでいるものがより豊かな、すなわち、基盤化された表象となるまでは、ワーキングメモリにおける「仮置き場（placeholder）」としての働きをするのかもしれない。

　これらの分散的言語的表象に対するズワーン（Zwaan, 2016）の見解によれば、それらの表象はある種の認知的課題ではすばやく効果的に遂行する際に使えるが、マルチモーダルな知覚的シミュレーションを使用するときよりも理解のレベルは低くなる。他の研究者も同様に、この種のよりシンボル的な表象はすばやい反応や浅い処理を求める特定の課題要求には必要かもしれないが、より豊かなレベルの理解が求められる課題には十分ではないと主張している（Barsalou, Santos, Simmons, & Wilson, 2008; Lebois, Wilson-Mendenhall, & Barsalou, 2015; Solomon & Barsalou, 2004）。

　強い立場の身体化理論には一致しないが、このようなより柔軟で「弱い」立場の理論に合致するような証拠が提示されている。強い立場の身体化理論の予測では、空間語（たとえば、上、下）の非意識的なプライミングであっても、理解する際にはグレンバーグとカシャック（Glenberg & Kaschak, 2002）が見出したものと同じような行為適合性効果を起こすはずである（つまり、ある方向の運動を含意する言語を読むことは、読み手がその方向や逆の方向にどのように動くかをプライムする）。これは、強い立場では、単語の意味は感覚運動表象であり、単語の提示が意識的でも非意識的でも、その表象のシミュレーションが起こると考えるからである（Glenberg & Gallese, 2012; Pulvermüller, 2013）。しかし、ボッティーニたち（Bottini, Bucur, & Crepaldi, 2016）が見出したところによると、言語理解中

に起こる感覚運動処理には意識的処理が必要である。ボッティーニたちの見出したところでは、空間語の閾下プライミングは、身体行為との典型的な空間一致効果を引き起こさなかった（意識的なプライミングでは見出された）。これらのデータには、意識的なプライミング条件に加えて非意識的なプライミング条件のデータも説明できるような、柔軟な身体化の考え方が必要である。

　マソットたち（Mathôt, Grainger, & Strijkers, 2017）も、単語の意味そのものが不随意的な反応 ―― 瞳孔の収縮 ―― を引き起こすことができるかを検討することで、強い身体化の立場と弱い身体化の立場を検証した。彼らが検証した仮説によれば、単語理解が感覚運動シミュレーションを伴うとすれば、すなわち、光情報といった非言語情報の処理を担う脳領野を活性化させるのであれば、明るさや暗さについての意味を伝える単語を理解することは適切な瞳孔反応（明るさによって収縮し、暗さによって拡大する）を引き起こすはずである。

　実験においてマソットたち（Mathôt et al., 2017）は、参加者が4つのカテゴリーのうちの1単語を読んだり聴いたりしたときの瞳孔反応を計測した。4つのカテゴリーとは、明るさを伝える単語、暗さを伝える単語、中立単語、動物の名前であった。参加者には、動物の名前を見るか聞くかしたときには常にコンピュータのスペースキーを押すことを求めた。マソットたちが見出したところによると、意味的に明るさに関連する単語（たとえば、太陽）を読んだり聴いたりしたときに、暗さに関連する単語（たとえば、夜）を読んだり聴いたりしたときよりも、参加者の瞳孔が小さくなった。この反応はゆっくりと起こり、単語提示後1秒から2秒後にピークに達した。

　これらのデータは、単語の意味だけによって随意的制御を大きく超えた感覚的反応を生み出すような心的シミュレーションを引き起こせることを示唆する。しかし、これらの瞳孔反応は理解過程のあとになって起こっており、読み手が単語の意味を処理してから約1秒後にピークに達したので、この不随意的な反応は理解に必須のものではないことが示唆される。これは弱い身体化の立場を支持するものであり、この考え方によれば、ある種の言語的表象はその単語の感覚運動表象に先行するだろう。

　しかし、マソットたち（Mathôt et al., 2017）の主張によると、単語表象が強力に身体化されていないとしても（つまり、単語表象が感覚運動表象から構成されるのではなく感覚運動シミュレーションが付随するだけだとしても）、単語の意味が生理的反応を導く心的シミュレーションを引き起こすという事実は、言語システムと感覚システムの間に「深い」相互作用があることを示唆する。彼らは、この意

味による瞳孔反応の場合には、言語理解とともに起こる自動的な感覚運動シミュレーションは準備的な行動反応であろうと主張している。つまり、瞳孔径を調整して、いま理解したものの最適な知覚が得られるようにしているのだろう。この言語と行為の結びつきは強い身体化の立場が要求するほどには「身体化」されておらず、単語の直接的理解とはかなり隔たりがあるかもしれないが、それでもそれは、言語理解に伴う感覚運動シミュレーションが行っていること —— やがて現れる行為や知覚の準備 —— の反映であるといえる。

　批判者たちは、これらの弱い身体化の立場は、言語の意味づけについての伝統的で非モーダル的な考え方とそれほど違わないと示唆している（Mahon, 2015; Mahon & Caramazza, 2008）。身体化の理論は知識表象について根本的に異なる考え方を提示するのであるから、彼らは身体化された反応が自動的（つまり非意識的で即時的）であるのを見たいのである。しかし、他の研究者たちは、ある種の身体反応に時間がかかるとわかったからといって、このことから認知が知覚と行為のシステムに基盤化されていないことが必然的に導かれるわけではないと示唆している。ファン・ダンツィーグたち（Van Dantzig, Zeelenberg, & Pecher, 2009）が論じるところによると、認知的概念が感覚運動表象のもっとも低次なレベル（たとえば、筋活性化レベル）に直接的にマッピングされている必要はないだろう。力動的システムにおいては、概念群はより高次の行為表象のレベルで —— さらには目標や動機づけのレベルで —— 知覚や運動のシステムにマッピングされるかもしれない。ファン・ダンツィーグたちは、これらの高次の表象は低次の表象よりも抽象的で複雑であり、発達するのに時間がかかるが、それでもなお知覚と行為の関数であると述べた。

　感覚運動システムの階層性のなかで行為が認知に貢献するようなある程度の柔軟性を認めることによって —— もっとも原初的な形式（運動皮質における神経活動）からもっとも抽象的な形式（意図や目標、動機づけに相当する）まで —— 、認知はこの階層性に沿った全体において身体化されることが可能になる。ファン・ダンツィーグたち（Van Dantzig et al., 2009）の主張によれば、高次の感覚運動表象に身体化された認知は、低次の感覚運動表象だけで起こるような、単純に反射的なしかたで反応する以上のことを人間ができるようにする。身体化はもっとも低次の感覚運動表象で（即時的な事象関連電位や瞳孔反応として）起こらねばならないと主張することは、これらの感覚運動表象が人の認知において担う本質的な役割を無視することとなるだろう。

　現状で、われわれはどこまで身体化理論を理解しているのだろうか。これまで

の理論や研究が明らかにしてきたのは、知識は身体的過程を通じて構築される —— われわれの知覚的、運動的、情動的経験が概念知識の表象を形づくる —— ということである。身体が思考を構成するかどうかは程度の問題である —— 身体化の理論は、身体が思考を完全に作るのか、部分的に作るのかに関してさまざまである。この議論の複雑さは本章の射程を超えているが（Barsalou, 2016; Glenberg, 2015; Goldinger et al., 2016 を参照）、紛れもなく今後の行動研究や神経科学研究は、神経再利用などの過程の理解を進める必要があり、何らかの他の種類の知識の抽象的表象がいつどのようなときに必要となるのかを明らかにする必要がある。

身体化研究への個別の批判

　身体化〔の見方〕を検討した多くの研究が批判されているが、おそらくもっとも熱く議論されてきた身体化の研究領域は、身体化された知覚と、知覚が行為に仕えるというプロフィット（Proffitt, 2006）の考え方を支持する多くの知見である（Schnall, 2017 を参照）。人の行為能力（身体の形態、生理学、行動）が傾斜や距離、大きさ、そして重さといった空間的属性の知覚を変化させることを示唆する結果はたくさんあるが（たとえば Proffitt & Linkenauger, 2013; Witt, 2011）、他の研究によれば、これらの知見は知覚以降の過程の結果であるということになる（Durgin et al., 2009; Durgin, Klein, Spiegel, Strawser, & Williams, 2012; Firestone, 2013 を参照）。

　知覚以降の過程として要求特性（実験者がどういった反応をしてほしいのかを参加者が推測すること）と反応バイアス（参加者が自身の現在の身体状態に一致する方向に反応しようとすること）がある。つまり、これらの効果は「知覚的」な効果ではなく、出力の時点で、すなわち、知覚以降に起こる意思決定レベルの効果であろう。この問題は白熱した議論となっており、両陣営とも経験的研究に裏づけられた強い主張をしている（Philbeck & Witt, 2015 を参照）。しかし、最近の研究は、その人の身体状態が知覚に及ぼす大多数の効果の説明として、要求特性を効果的に排除している。たとえば、ザドラたち（Zadra, Weltman, & Proffitt, 2016）が見出したところでは、運動選手のグルコース消費量は距離の知覚に影響し、グルコース含有量の多い飲み物は、グルコースの含まれない飲み物よりも、距離を短く判断させる。このことは味の違いを経験的に排除した場合でも起こる。これらのデータがあるものの、これらの研究の参加者は、意識的にしろ非意識的

にしろ、身体が知覚に影響するという実験者の期待に従っているのだという議論が続いている。

　ダージンたち（Durgin et al., 2012）にみられるような、行為－認知効果は実験室に限られる現象であるといった批判に答えるひとつの方法は、日常の行動においてプロフィット（Proffitt, 2006, 2013）の知覚の行為モデルの経済性の証拠を見出すことだろう。プロフィットのモデルから予測されることとして、資源が枯渇しているサブグループの人々（太りすぎていたり、高齢であったり、身動きがとれない人々）は、より資源がある人々よりも階段を急であると知覚し、その結果として階段を避けることによって自分の行為を「節約」するはずである。イヴス（Eves, 2014）は、ショッピングモールでの行動を調べた 11 の研究と、旅先における行動を調べた 20 以上の研究からの観察データを報告した。彼が見出したところによると、女性、太りすぎの人、高齢者、複数の買い物袋や重いかばんを持っている人は、そうでない人々（それぞれの対照群となる人々）よりも階段（急斜面の丘と同等の人工物）を避け、エスカレーターを選ぶことが多かった。

　さらに、この観察研究の追跡研究では、ショッピングモールで女性、高齢者、体重の重い人や身長が低い人に立ち止まってもらい、モールの階段の傾斜を判断するように求めた。これらすべての集団の人々は、対照群に比べて階段をより急であると報告した（Eves, Thorpe, Lewis, & Taylor-Covill, 2014）。このカテゴリーに女性が含まれるのは、他のサブグループと比べると直感的ではないかもしれないが、女性の行動能力が男性のそれよりも低いという厳密に生理学的な理由についてはいくつもの要因が考えられる。女性は男性に比べると重心が低かったり、体脂肪率が高かったり、脚の長さが短かったりするために、急な傾斜を登ることが困難であることが考えられる。その理由が何であれ、この人口統計学上の一貫性や他の要因 —— 資源を要する活動を自然と回避させ、階段を急だと報告させる —— のいずれも、知覚は環境の空間的レイアウトとその環境において行動するエネルギーコストとの関数だとする、プロフィット（Proffitt, 2006, 2013）の主張を支持している。

　実験室のデータと日常場面のデータが知覚に身体の影響があると示唆する点で収斂するにもかかわらず、この議論がすぐに終わらないことは明確であり、神経心理学でさえも、この議論をどのように解決できるのかを想像することは難しい（Teufel & Nanay, 2017）。身体化された知覚の説明の批判者は、「純粋な」知覚過程はそれでも情報的に遮蔽されたモジュールであり（Firestone & Scholl, 2017; Fodor & Pylyshyn, 1988）、これらの身体化された知覚効果は知覚とは関係なく、

思考における環境や身体の効果であると信じ続けるだろう。

　当然、身体化理論には要求特性〔の問題〕以上に厄介な他の経験的問題もある。この領域の研究はまだ新しく、多くの研究がまだ追試されておらず、したがって、多くの結果の妥当性と信頼性はその過程と知見によるだろう。すでにわかっているところでは、パペシュ（Papesh, 2015）はグレンバーグとカシャック（Glenberg & Kaschak, 2002）の知見を再現することに失敗しているし、カーニーたち（Carney et al., 2010, 201）のパワーポーズのデータも同じく、再現性に難がある（Simmons & Simonsohn, 2017 を参照。ただし姿勢フィードバック効果に関する再反論とこれを支持する証拠について Cuddy, Schultz, & Fosse, 2018 も参照）。身体化効果の再現の失敗が明らかになったので、これらの公刊された効果は「偽陽性」であったり、問題のある研究実践の結果ではないかと疑問視する人々もいる（Bohannon, 2014; Ebersole et al., 2016; Johnson et al., 2016 を参照）。さらに、マソットたち（Mathôt et al., 2017）が主張するように、現時点では公刊されたデータの p 値や効果量をより慎重に検討できるような、身体化効果の大規模なメタ分析は存在しない。たとえば、ある効果のメタ分析が示すところでは、行われた研究の多くは検定力が不足しており、たとえば、p 値は .025 から .05 の間に収まる傾向があるということが事実かもしれない。しかし、この結果が $p < .01$ の有意水準を示すのであれば、このことは再現可能な効果を示唆するだろう*。さらに、身体化効果を調べた研究の結果が大きな効果量と結びついているのであれば、このことも信頼できる再現可能な知見であることを期待させる。〔しかし、現時点では〕身体化研究における検定力や効果量の議論は限られたものである。

　他の研究者たちの主張によれば、身体化研究における知見の一貫性のなさに対する別の捉え方として、研究間でのばらつきは未だ特定されていないが、理論的に重要な調整変数の存在を示唆していると考えることができる（Noah, Schul, & Mayo, 2018; Petrova et al., 2018; Zestcott, Stone, & Landau, 2017）。ノアたち（Noah, Schul, & Mayo, 2018）は、人の行動は複雑で可変的であり、この行動が起こる文脈も同様に可変的であるため、追試の試みは〔オリジナルの研究と〕厳密に同一

＊訳注：$p < .01$ の結果がみられることが再現可能な効果が存在することを保証するわけではないので、この表現は正しくないかもしれない。ある効果について報告された p 値に .025 から .05 の範囲に入るものが多い場合、「p 値ハッキング（p-hacking）」という問題のある研究実践が疑われる（Simonsohn, Nelson, & Simmons, 2014）。このことを踏まえると、この部分が意図するのは、効果が真に存在すると想定したとき、報告される p 値が .025 から .05 に入るものよりも .01 周辺の値のほうが多ければ、問題のある研究実践は少ないことが期待されるということであろう。

であることはなく、失敗しても驚くことではないと主張した。ノアたちに加え他の研究者たちが論じるには、追試の努力が調整変数の特定に依存することを明らかにするという方略は追試研究ではめずらしいが、科学の進歩と継続的な科学的創造性の推進にとって重要である（Brainerd & Reyna, 2018; Luttrell, Petty, & Xu, 2017）。最後に、ノアたちが強調しているのは、心理学は累積的な科学であるので、どのような仮説や現象も、単一の研究で完結することはありえないということである。

　したがって、身体化研究の結果を過剰に解釈することに対する警告は適切かもしれないが、理論を支持するデータが蓄積されていることを踏まえると、極端な懐疑論は不必要である（Mathôt et al., 2017）。確かに、身体化を支持する知見は高い検定力と精度をもって再現される必要があるし、常に注意深く慎重な方法論的、統計的実践に従う必要がある。しかし、研究間で一致しない知見は、理論的に動機づけられた、境界条件や文脈的な調整変数の探求のきっかけとすべきである。身体化について学ぶべきことは多くあり、これらの類の研究は理論の進歩にとって重要である。

身体化理論の応用

　身体化研究の有望な側面のひとつは、認知心理学における経験的研究が応用研究に転換されることは少ないものの、身体化研究の一部がそれを実現していることである。グレンバーグと同僚たち（Glenberg & Colleagues, 2004, 2011）の読みはじめの子どもに向けた「読みながら動かす（Moved by Reading）」介入では、抽象的な単語や句を現在の身体経験や過去の身体経験にマッピングする方法を子どもに教える。この介入の第一の操作段階では、子どもは遊びに関する簡単な文章（たとえば、牧場のシナリオ）を読んで、目の前にあるおもちゃを使って、そのおもちゃを物理的に操作することで文が述べている行為を表現した（たとえば、牧夫が馬に干し草をあげる）。第一の操作段階に続いて、この介入では、同様のイメージ操作方略を使って文を理解することを教えた。この介入のきわめて重要な側面は、子どもに自分の身体（慣れてきたら、行為しているところのイメージ）を使って抽象的なシンボル（単語）を身体的行為と結びつけさせることである。グレンバーグと同僚たちが見出したのは、読むときにこれらの段階を用いた読みはじめの子どもたちは、同じ文章を読んだが単に文章中の重要な文をもう一度読む

ように教示された子どもたちに比べて、有意に優れた理解得点を示したということであった（Glenberg, Goldberg, & Zhu, 2011; Glenberg, Gutierrez, Levin, Japuntich, & Kaschak, 2004 を参照）。

　同様の応用研究で、カシャックたち（Kaschak, Connor, & Dombek, 2017）は「実演式読解（Enacted Reading Comprehension; ERC）」の有効性を検証した。これは、反作用という抽象的な概念を伴う文章など、幅広い文章の理解を高めることを目的とした介入である。カシャックたちが見出したところによると、（大陸のプレートの動きについて述べる文章を読みながら）具体的な場面で反作用を表現するジェスチャーを用いることを学んだ3年生と4年生の児童は、同じジェスチャーを使って、抽象的な場面で反作用について述べる文章（議論の異なる側面や道徳的ジレンマに直面した人々に起こる葛藤を述べる文章）の理解を高めることができる。

　また、複数の研究者が数学の概念や考え方の学習と教授の両方で用いられるジェスチャーを検討し、これらのジェスチャーを数学的知識が身体化されていることの証拠として扱っている（たとえばAlibali & Nathan, 2012; Irving, 2015）。この最良の例は、指を使って数を数えたり、算数の問題を解いたりすることが普遍的に行われていることである（Fischer & Brugger, 2011）。数学教育の研究が明らかにしているのが、学習者の行為は彼らがどのように考えて計算するのかにも影響するということである。学習補助具（スライドさせたり、ひっくり返したり、回したりできる物や、これらの対象のテレビゲームにおけるデジタル版）を用いる生徒はこれらの具象的な対象を抽象的な概念に結びつけることができ、このことは数学的概念の概念理解を高める。デジタルにせよそうでないにせよ、身体的行為を通して具象物と抽象物を結びつけることによって知識の「足場作り」を促す新しいアプローチは、科学、技術、数学、工学の学習の支援に用いられている（DeSutter & Stieff, 2017 と Tran, Smith, & Buschkuehl, 2017 を参照）。最後に、ロザダとキャロ（Lozada & Carro, 2016）も同様に、身体化された「行為」は子どもの複雑な認知を向上させることを明らかにしている。子どもが典型的なピアジェの保存課題を実演することは、子どもが受動的な観察者であった場合よりも高い確率で量の不変性を認識することを促した。

　記憶に対するグレンバーグとヘイズ（Glenberg & Hayes, 2016）の身体化されたアプローチは、幼児期健忘と児童期健忘の説明にも応用できる。これらの健忘は自己移動運動の洗練度に依存するからである。加えて、このアプローチは、高齢者のエピソード記憶形成を保護するための介入に役立つかもしれない。それらの

介入は、活発であり続けて記憶の損失を防ごうという一般的なアドバイスに従うことを高齢者に勧めることによって、脳と身体の結びつきを補助するものである。アンダーソン - ハンレーたち（Anderson-Hanley et al., 2012）は、この示唆を支持するデータを見出した。これらの研究者は高齢の参加者（平均78.8歳）を、仮想現実内に置かれたフィットネスバイクに乗って仮想環境を経験できる（景色が変わって移動しているように見せる）条件か、単にフィットネスバイクに他の群と同じ時間だけ乗る条件にランダムに割り当てた。2つの群で労力や身体的な活動は同様であるにもかかわらず、仮想現実のサイクリスト〔参加者〕は重要な神経化学物質（脳由来神経栄養因子 : brain derived neurotrophic growth factor; BDNF）—— これは運動由来の神経成長を担うと考えられる —— の増加が大きかった。また、これらの高齢のサイクリスト〔参加者〕は、伝統的なサイクリスト〔統制条件の参加者〕に比べて、複数の測度について認知機能が有意に高まったことを示した。レペットたち（Repetto, Serino, Macedonia, & Riva, 2016）の主張によれば、仮想現実は高齢者の自発的な可動性（mobility）の低下を補い、能動的なナビゲーションをシミュレートすることで実際のそれと同じ利得をもたらすことができ、おそらくはエピソード記憶や他の認知機能を支援するのに必要なのと同じ脳回路を活動させる。

　これらの身体化理論の応用は、身体化理論が心理学の諸分野に幅広い影響を及ぼすであろうことを明快に物語っている。もっとも重要なのは本書が示していること、つまり身体がこころを形づくるのだという考えは、良質の研究から経験的に裏づけられているということである。これに続くものは優れた基礎研究が進むところ、すなわち応用研究なのである。

結論

　理論は時間とともに進化するが、身体化理論はまだ若い。なすべきことは多く残されている。本書で報告した研究の追試や拡張、認知心理学の複数の領域だけでなく、心理学の他の分野における研究も理論の発展に重要だろう。新たな技術の進歩は認知過程の神経基盤のさらなる解明を進め、身体が思考を完全に作り上げるのか部分的に作り上げるのかという問いは徹底的に検討されていくだろう。身体化理論は知覚効果から記憶効果に至る古典的な認知現象を説明できる必要がある。また、実験研究はデモンストレーションを超えて身体化の最新のモデルを

検証する経験的探求に進む必要があるだろう。身体化の基礎研究が現実世界の現象に触れ、理論の応用を示唆するであろうという事実は、比喩的にいえば、さらに花を添えるものだ（icing on the cake）。結局のところ、証拠が積み重なっていくことで、身体化理論がもはや単に認知心理学の伝統的理論と競合する一理論なのではなく、いまや人の知識表象の支配的な理論であると判断できるようになるだろう。

　本書は、Rebecca Fincher-Kiefer（2019）. *How the body shapes knowledge: Empirical support for embodied cognition.* American Psychological Association の全訳である。著者のレベッカ・フィンチャー - キーファー博士はワシントン大学を卒業後、ピッツバーグ大学で修士号および博士号を取得し、1988 年からゲティスバーグ大学で教鞭をとっている。彼女は長く文章理解の実験的研究を行っており、そのなかでも推論処理や文章理解時に構築される心的表象の性質について検討した論文を発表している。最近では、本書のテーマである身体化された認知について検討するようになり、本書は心理学領域におけるトピックを広くカバーする集大成といえる。

　第 1 章でも紹介されているとおり、身体化された認知は心理学に限らず哲学、神経科学、ロボット工学などでも扱われているトピックである。認知心理学の分野では長い間、「伝統的な」シンボル処理に基づく認知処理という仮定が広く受け入れられていた。ギブソンの直接知覚理論（Gibson, 1979, 2002 参照）やテーレンとスミスの力学的システム理論（Thelen & Smith, 1994）など、身体化された認知の考え方が生まれる背景となる心理学的研究もあったものの、それらの考え方が認知心理学の中心に来ることは稀であった。しかしながら、心理学ではグレンバーグ（Glenberg, 1997）やバーサルー（Barsalou, 1999）の論文が発表されて以降、身体化された認知の考え方は広く知られるようになり、この考え方に基づく研究も爆発的に増加したといえる。

　具体的な研究内容は本文を参照いただくとして、ここでは本書の特徴を示しつつ、本書の内容を補う近年の研究動向における 2 つのトピック —— 理論の進展と再現可能性問題 —— について取り上げていきたい。そして、最後に身体化された認知をさらに深く理解していくための関連書籍を紹介していく。

　なお、本文にも関わる重要な補足として、本書では embodiment や embodied の語に対して一貫して「身体化（された）」という訳を当てた。embodiment や embodied cognition という語について関連する日本語文献をみると、「身体性」「身体化認知」といった訳も多くみられる。しかし、訳者は身体のほうが備えた性質という意味で身体性という語があると誤認されてしまう可能性や、「された」を略してしまうと認知の結果が身体状態に現れたり、精神状態が身体的疾

患として現れたりするという意味での身体化（somatization）と誤認されてしまう可能性を考えた。そこで可能な限り「身体化（された）」と訳している。前後のつながりや品詞の問題から「された」を略した部分もあるが、embodiment やembodied が、（認知が）その結びつきの対象として身体に基盤化されているという意味を包含しているということに留意して読んでいただければ幸いである。

本書の特色

　上述のとおり、身体化された認知の考え方は多様な領域で議論が進んでいるが、心理学の枠組みで検討されている研究を広く紹介している点が本書の特徴であろう。身体化された認知の考え方に基づく心理学の研究に関心をもつ方は多くいるものと思われる。この関心に対し、より一般的な読者に向けて書かれた書籍はあるものの、結果をセンセーショナルに取り上げたり、方法論の記述が省略されていたりするきらいもあった。一方で、本書は具体的な研究とその結果を示し、それが身体化された認知という考え方にどのように位置づけられているのかを明らかにしており、これから本格的に認知心理学や身体化された認知の研究を学んでいきたいと考える方に向けた本であるといえるだろう。

　原題にあるとおり、本書は経験的研究を集めるという目的があるため、理論面の議論は多くない。しかし、ウィルソン（Wilson, 2002）が述べるように、心理学における身体化された認知が有用な考え方として位置づけられ続けるためのポイント、すなわち認知は主体と環境との相互作用のうえに成立するというグレンバーグ的な捉え方と、環境から切り離された対象の処理であっても、対象との感覚運動系を通じた関わりに基づくというバーサルー的な捉え方は十分に触れられているだろう。本書ではさらに3つ目の捉え方として、レイコフとジョンソンの概念メタファー理論（Lakoff & Johnson, 1980）を取り上げ、抽象概念の表象を反映するものが概念メタファーであり、概念メタファーでは抽象概念と感覚運動情報の結びつきがみられることから、抽象概念もまた身体に基盤化されていると議論されている。3つ目の主張については、現在もさまざまな議論が行われているが、研究領域のなかでは有力な説と位置づけられている。したがって、本書を読むことで、身体化された認知の枠組みに基づく心理学研究が3つの方向性で進んでいる（いた）ということの概要は把握できるだろう。

　一方で、本書は身体化された認知の枠組みを重視する立場から書かれている点には留意する必要もあるだろう。本書でも触れられていたように、身体化された認知に関連した研究者のなかにも複数の立場があり、「強い身体化」の立場

と「弱い身体化」の立場として対比されることが多い。「強い身体化」の立場とは、認知処理と呼ばれている処理が、感覚運動システムの処理と同一であるとする立場である（たとえば Gallese & Lakoff, 2005; Glenberg, 2010）。一方、「弱い身体化」の立場は認知処理と感覚運動処理を区別するものの、一定以上の依存関係がある、ないしはその一部を構成するといった立場である。それぞれの立場にも厳密には細かい考え方の違いによって、複数のモデルや理論がある。

　後述するように、現在では「弱い身体化」の立場に立つ議論が多く進められている。しかし、本書ではそのような議論が展開されるよりも少し以前の研究が取り上げられることが多かった。第9章では「強い身体化」の立場では説明が難しい知見も紹介されているものの、本書では結果として身体化された処理に強く依存するといった論調となっていることに留意しておくとよいだろう。

近年の研究動向

　本書では主に 2000 ～ 2015 年頃に行われた心理学的研究が丁寧にまとめられている。この期間の研究を大まかに把握しようとすると、2つの時期に分かれているとみることができる。まず、2000 ～ 2010 年頃までは、理論的な妥当性を議論する以前に、現象を報告する研究が多くみられた時期といえよう。ここでは「身体が認知に影響する」という考えのもと、それを実証するようなデータが多く集められた。全体の論調としても、それまでのような伝統的な認知観が否定され、認知の身体依存性が強く主張される、「強い身体化」の立場に立つものが多かったと考えられる。

　しかし、2010 年頃以降は、身体の影響だけをみるのではなく、環境や課題文脈、文化といったものとの関連性も議論される時期に入ったといえる。この頃から、扱われる内容も身体との結びつきを論じやすい具象概念や具体的な対象だけでなく、抽象概念も広く取り上げられるようになり、認知は非モーダル的なシンボルだけで説明されるか、身体だけで説明されるかという二項対立的な議論から、身体化の考え方だけでどの程度説明できるのかという議論に推移してきたといえる。この頃になると、たとえばバーサルー（Barsalou, 2008）は、身体化された認知という用語よりも基盤化された認知（grounded cognition）という用語を好んで使用するようになり、常にそのときの身体状態を必須とするといったような考えとは一線を引こうとしている（知覚的シンボルシステムが想定するとおり、知覚的シンボルを利用して過去の経験をシミュレートすることも重視している）様子が窺える。

　2015 年以降、近年にかけては抽象概念への関心が継続するとともに、理論の

アップデートも図られている。たとえば、*Topics in Cognitive Science* 誌 10 巻 3 号では Abstract Concepts: Structure, Processing and Modeling（抽象概念：構造、処理、モデリング）というタイトルで、現状の議論を概観したうえで、具象概念との差異や知覚的経験が抽象概念に与える影響について紹介されている（Bolognesi & Steen, 2018）。また、*Language, Cognition and Neuroscience* 誌 34 巻 10 号では「Abstraction and Concepts（抽象化と概念）」という特集が組まれ、概念表象においては感覚運動情報が重要な位置づけにある一方で、概念は多かれ少なかれ抽象化されているものもあり、そこには概念と初めて接したときのエピソードといった発達的文脈、概念を構築する際に接する言語的文脈といった文脈性が重要であるという議論が進められている（Yee, 2019）。最近では、*Philosophical Transactions of the Royal Society B* 誌 373 巻 1752 号で「Varieties of abstract concepts: development, use and representation in the brain（抽象概念の多様性：脳内での発達、使用、そして表象）」という特集号が組まれたり、*Physics of Life Reviews* 誌 29 巻では抽象概念に関する理論的議論が行われたりしている。

　最近の理論的議論を概観すると、抽象概念に限らず、概念やその処理には感覚運動情報と言語的・シンボル的情報の両方が関わるという中庸的なモデルが多くみられるようになっており、「弱い身体化」の立場が主流だといえよう。たとえば、本書でも多く出てきたバーサルー（Barsalou et al., 2008）は、相対的に浅い処理である言語的処理と相対的に深い処理である状況的シミュレーションの両方が関わり、課題特性によってどちらの処理が主に使われるかが変化するが、言語はシミュレーションのショートカットであるとする「言語と状況化されたシミュレーション（Language And Situated Simulation）」理論を提示している。また、ルーワース（Louwerse, 2010）は、自身の提案する「シンボル相互依存システム（Symbol Interdependency System）」のなかで、概念の処理においてはシミュレーションによって知覚情報を利用することもあるものの、概念に関わる知覚情報は言語の統計的情報に符号化されており、後者の情報を利用することが多いと主張している。身体化された認知に関連づけられた研究結果のメタ分析では、結果を知覚的シミュレーションで説明したものよりも言語統計情報で説明したもののほうが効果量が大きいことを示しており、課題にも依存するが、言語統計情報のほうが多く用いられることも指摘されている（Louwerse et al., 2015）。

　ボールギたち（Borghi & Binkofski, 2014）は抽象概念の基盤化について、「社会的道具としての言葉（Words As social Tools）」理論を提唱している。この理論か

ら抽象概念の特徴は次の 4 点にあるという（Borghi et al., 2019）。第一に、抽象概念は具象概念と比較すると、社会的・言語的入力に依存して獲得される。第二に、抽象概念は脳の感覚運動領域よりも言語的・社会的脳領域に広く表象される。第三に、抽象概念の獲得には言語が関連することから、感覚運動領域のなかでは口腔運動系との関連性が高い。そして、第四に、抽象概念は話される言葉の違いに影響を受け、具象概念により可変性が高い。この理論は言語の重要性を説いているものの、感覚運動情報への基盤化も重視している。

　同様に、ダヴ（Dove, 2018, 2019）は、言語を感覚や運動と同じように概念の構成用語のひとつであると捉えるとともに、言語が感覚や運動を発達させる神経増強（neuroenhancement）であるとも主張するモデル（「言語は身体化された神経増強と足場である」理論；"Language is an Embodied Neuroenhancement and Scaffold" theory）を提示している。このモデルでは、言語は身体に基盤化されたシンボルシステムを操作する能力を担っており、他の方法では利用できない思考の形態を支えている。

　以上のように、最近の議論では、身体化された認知で多く扱われてきた感覚運動情報だけでなく、言語的な情報も取り入れて認知処理を説明しようとしている。ここで重要なのが、ここで紹介した研究者たちは、言語的な情報を非モーダル的で抽象的な処理と関連づけてはいないということである。感覚運動情報の処理と言語的情報の処理があると聞くと、イメージ論争（Pylyshyn, 1973; Kosslyn, 1980 参照）や二重符号化理論（たとえば Paivio, 1971）を彷彿させるが、そこからは議論が更新され、言語的情報のなかにモーダル的情報がいかに含まれるか、言語とモーダル的情報がどう関連づけられるのかという議論をしている点が重要であろう。

　最近の動向として、もうひとつ触れておくべきであるのが、再現可能性の問題だろう。心理学研究の再現可能性については、本書で取り上げられた内容だけでなく、分野全体で重要なトピックとなっている（Open Science Collaboration, 2015）。しかし、身体化された認知に関連する分野では、最近 20 年でさまざまな現象が雨後の筍のように報告されてきたこともあり、報告された研究を無批判に受け入れるのではなく、科学的に吟味することが特に重要だろう。実際、カーニーたち（Carney et al., 2010）のパワーポーズの研究が再現されなかったと報告されているなど、この問題は本文のなかでも扱われているが、この他にも本書でも多く取り上げられた研究の追試が行われている現状を知っておくとよいだろう。

　たとえば、温かさという物理的感覚が信頼や寛大さという心理的評価に影響す

ることを示したウィリアムズとバーグ（Williams & Bargh, 2008）の研究は、2021年4月13日現在 Google Scholar で 1,707 回、Web of Science で 560 回も引用回数が記録されている非常に影響力のある研究である。この研究は、さまざまなメディアでも取り上げられ、世間では身体化された認知の代表的な研究として知られていたものかもしれない。この有名な研究は複数の研究者によって追試されている。ライノットたち（Lynott et al., 2014）は本書で紹介された研究 1 ではなく、アイス／ホットパックの製品評価をさせたあとに行う選択的行動が向社会的か利己的なものかどうかを検討した研究 2 について、直接的追試を実施した。この実験では、サンプルサイズをもとの研究よりも 20 倍近く大きくして実施したところ、結果は再現されなかった。もとの研究の第一著者であるウィリアムズ（Wlliams, 2014）はライノットの研究についてコメントしており、1 つの追試結果からその結論を導くべきではなく、理論との関連性や概念的に追試されている他の研究結果も参照すべきであるとしている。最近では、チャブリスたち（Chabris et al., 2019）は、ウィリアムズとバーグ（Williams & Bargh, 2008）の研究 1 と研究 2 の両方の直接的追試をしている。こちらもサンプルサイズを 3 倍程度に増やして追試したが、効果量はほぼゼロに近いことを報告している。この他にもアッカーマンたち（Ackerman et al., 2010）の、触覚経験や重さの経験がそれとは関連のない評価に与える影響についても繰り返し追試が行われているが、いずれも再現されないという結果が得られている（Beek et al., 2017; Camerer et al., 2018）。

　前段で紹介した研究はいずれも社会的認知に関する研究であるが、これらの研究は全体的に再現性が低い結果が報告されているという批判がある。レイケンス（Lakens, 2014）は再現できない原因のひとつとして、研究の検定力が小さいことによって起こる第 1 種の過誤のせいではないかと指摘している。実際、前段の研究もサンプルサイズを大きくした追試研究では結果が再現されておらず、原因の一端には、事前のサンプルサイズ設計が行われないまま研究が実施されていることがあるかもしれない。

　身体化された認知研究の追試は、他のテーマでも行われている。言語理解の文脈で多く取り上げられるグレンバーグとカシャック（Glenberg & Kaschak, 2002）の研究は、関連するテーマでは必ずといっていいほど引用されている文献である。この研究については本文でも紹介されているように、パペシュ（Papesh, 2015）が再現できなかったと報告している。さらに最近、グレンバーグとカシャック（Glenberg & Kaschak, 2002）の方法をアレンジした実験（Borreggine & Kaschak, 2006）を、オリジナルの著者（Glenberg, A. M. と Kaschak, M. P.）も協働した追試

も行われている（Morey et al., 2021）。この研究は、英語母語話者と非英語母語話者を対象に、12 の研究室で延べ 1,278 名を分析対象としたものであったが、この研究でも結果は再現されなかった。この研究は実験プロトコルからデータまでが公開されているので、興味がある方はその内容を確認してみるとよいだろう（https://osf.io/ynbwu/）。

　この他にも行為特異性効果について議論した研究（Witt & Proffitt, 2008）が再現されなかったり（Molto et al., 2020）、身体特異性仮説の根拠となった研究（Casasanto, 2009）も部分的な再現にとどまるといった報告もあったりする（佐々木他, 2019）。また、厳密には身体化された認知の研究とは異なるが、本書でも多く引用されていた表情フィードバック仮説を支持する研究（Strack et al., 1988）は、ワーゲンメイカーズたち（Wagenmakers et al., 2016）によって大規模な追試が行われている。ストラックたち（Strack et al., 1988）の研究 1 について 17 の研究室で計 1,894 名を分析対象として直接的追試を実施したが、有意な結果は得られなかった。ただし、コールたち（Cole et al., 2019）の研究では、表情フィードバック仮説を扱う 138 研究の 286 の効果量に関するメタ分析を実施しているが、効果量は小さいながら有意な効果がみられた。

　このように、身体化された認知の考えを支持するとする研究のなかには再現されなかったと報告される現象もあることを知っておくべきであろう。さまざまな観点から検討が行われることによって、扱われる現象の信頼性や妥当性が吟味できるといえる。

　最新の議論は、分野個別的に行われているというよりは分野横断的に、そして個別のテーマというより、より統合的なモデル・理論の構築を志向しているように見受けられる。身体が知識をどのように構成するのかという問いに対してこのような議論が進むことは、分野が確実に進んでいる現れであるとみることができるだろう。一方で、モデル・理論の構築に再現性の検討が十分に行われていない知見が参照されていることも事実である。本書で紹介されている知見を統括するという志向だけでなく、ひとつひとつの知見を吟味し、蓄積していくことも、身体化された認知の重要性を主張していくうえで必要であることを忘れてはいけないだろう。

関連書籍

　まえがきに書かれているとおり、本書は心理学を専攻する学部生を主なターゲットにして書かれている。心理学における一般的な研究方法をある程度理解し

ていることが必要ではあるものの、各研究内容は初学者でも理解できるよう、比較的平易に書かれている。一方で、理論面に関する議論や他分野とのつながりについては、意図的に省略されている。そこで、本書を通じて身体化された認知に興味をもち、さらにこのテーマについて知りたい方には、以下に示す書籍をお勧めする。

　まず、身体化された認知という概念をどのように捉えればよいか包括的に知りたい場合には、シャピロ（Shapiro, 2019）をお勧めする。この本では心理学的な捉え方だけでなく、哲学者が身体化された認知をどのように捉えているのかといったことについても説明されている。また、本書のように身体化された認知の諸研究について幅広く取り上げているものとしては、同じシャピロが編者の書籍（Shapiro（Ed.）, 2014）がよいだろう。ただし、出版年はやや古いため、本書のほうが新しい内容も取り上げられている点には注意されたい。

　第2章の内容に興味をもった方には、本書でも引用されているプリンツたち（Prinz et al.（Eds.）, 2013）の書籍をお勧めする。第2章に加え、第3章や第7章で取り上げられた情動と身体の関係については、コエッロとフィッシャー（Coello & Fischer（Eds.）, 2016）の書籍を読むとよい。本書では多くは取り上げられていない精神病理的な患者における情動処理の内容（第13章）も興味深い。

　言語理解と身体化された認知の関係（第5章）や概念とシミュレーションについては、フィッシャーとコエッロ（Fischer & Coello（Eds.）, 2016）によく取り上げられている。この本の後半では社会的相互作用と身体化された認知についても取り上げられているので、それらの内容について興味がある方にもお勧めである。

　メタファーと身体化に関する内容については、概念メタファー理論の提唱者の一人であるジョンソン（Johnson, 2017）が読みやすいだろう。また、第8章のなかでも特に社会的認知に関係する内容について興味をもつ場合には、本書でも多く引用されているランダウ（Landau, 2016）を読むとよいだろう。

　本節の最初に述べたように、身体化された認知の枠組みに基づく心理学的研究について1冊にまとめられた和書はほぼみられず、関連するテーマの書籍の数章で議論されるものが多い。一方で隣接領域では、この枠組みを中心に位置づけた書籍もみられることから、最後にそれらを紹介したい。

　認知言語学の分野では、メタファーを中心テーマとした鍋島（2016）がある。この本ではタイトルのとおり、メタファー研究と身体化に関する研究について歴史的な背景を含め詳述されており、このテーマに興味をもつ者は必読といえるだろう。また、認知科学でも身体化された認知の考え方は盛んに取り上げられてお

り、今井・佐治（編）（2014）では言語と身体、そしてその関係性について多様な視点から議論されている。加えて、日本認知科学会（編）の『越境する認知科学』シリーズも、身体化された認知の枠組みに触れているものが多い。第1巻である嶋田（2019）や第5巻の谷口（2020）は、心理学以外で身体化された認知がどのように扱われているかを理解することのできる本であるといえるだろう。

　認知において身体の役割を重視するという考え方は、心理学的な問題を解明するためのものだけではなく、認知とは、知識・知性とは、人／ヒトとはという、より広い問いの答えのひとつだといえるだろう。このようなより包括的な視点で身体化の考え方が取り上げられているものとしては、ファイファーとボンガード（細田・石黒（訳），2010）やバレット（小松（訳），2013），トヴェルスキー（渡会（訳），2020）などを読んでみるとよいかもしれない。これらは一般向けに書かれた本であるので、初学者にも読みやすいだろう。

望月正哉

引用文献

Ackerman, J. M., Nocera, C. C., & Bargh, J. A. (2010). Incidental haptic sensations influence social judgments and decisions. *Science, 328* (5986), 1712-1715. https://doi.org/10.1126/science.1189993

Barsalou, L. W. (1999). Perceptual symbol systems. *Behavioral and Brain Sciences, 22* (4), 577–660. http://dx.doi.org/10.1017/S0140525X99002149

Barsalou, L. W. (2008). Grounded cognition. *Annual Review of Psychology, 59*, 617–645. https://doi.org/10.1146/annurev.psych.59.103006.093639

Barsalou, L. W., Santos, A., Simmons, W. K., & Wilson, C. D. (2008). Language and simulation in conceptual processing. In M. de Vega, A. Glenberg, & A. C. Graesser (Eds.), *Embodiment and meaning: Debates on meaning and cognition* (pp.245–283). Oxford University Press.

Beek, T. F., Matzke, D., Pinto, Y., Rotteveel, M., Gierholz, A., Selker, R., … Wagenmakers, E. (2017, April 4). Incidental haptic sensations may mot influence social judgments: A purely confirmatory replication attempt of Study 1 by Ackerman, Nocera, & Bargh (2010). https://doi.org/10.31234/osf.io/2avns

Bolognesi, M., & Steen, G. (2018). Editors' introduction: Abstract concepts: Structure, processing, and modeling [Editorial]. *Topics in Cognitive Science, 10* (3), 490–500. https://doi.org/10.1111/tops.12354

Borghi, A. M., & Binkofski, F. (2014). *Words as social tools: An embodied view on abstract concepts.* Springer.

Borghi, A. M., Barca, L., Binkofski, F., Castelfranchi, C., Pezzulo, G., & Tummolini, L. (2019). Words as social tools: Language, sociality and inner grounding in abstract concepts. *Physics of Life Reviews, 29*, 120–153. https://doi.org/10.1016/j.plrev.2018.12.001

Borreggine, K. L., & Kaschak, M. P. (2006). The action-sentence compatibility effect: It's all in the timing. *Cognitive Science, 30* (6), 1097–1112. https://doi.org/10.1207/s15516709cog0000_ 91

Camerer, C. F., Dreber, A., Holzmeister, F., Ho, T.-H., Huber, J., Johannesson, M., … Wu, H. (2018). Evaluating the replicability of social science experiments in Nature and Science between 2010 and 2015. *Nature Human Behaviour, 2* (9), 637–644. https://doi.org/10.1038/s41562-018-0399-z

Carney, D. R., Cuddy, A. J. C., & Yap, A. J. (2010). Power posing: Brief nonverbal displays affect neuroendocrine levels and risk tolerance. *Psychological Science, 21* (10), 1363–1368. https://doi.org/10.1177/0956797610383437

Casasanto, D. (2009). Embodiment of abstract concepts: Good and bad in right- and left-handers. *Journal of Experimental Psychology: General, 138* (3), 351–367. https://doi.org/10.1037/a0015854

Coles, N. A., Larsen, J. T., & Lench, H. C. (2019). A meta-analysis of the facial feedback literature: Effects of facial feedback on emotional experience are small and variable. *Psychological Bulletin, 145* (6), 610–651. https://doi.org/10.1037/bul0000194

Dove, G. (2018). Language as a disruptive technology: Abstract concepts, embodiment and the flexible mind. *Philosophical Transactions of the Royal Society B: Biological Sciences, 373*(1752), 20170135. https://doi.org/10.1098/rstb.2017.0135

Dove, G. (2019). More than a scaffold: Language is a neuroenhancement. *Cognitive Neuropsychology,* 1–24. https://doi.org/10.1080/02643294.2019.1637338

Gallese, V., & Lakoff, G. (2005). The brain's concepts: The role of the sensory-motor system in conceptual knowledge. *Cognitive Neuropsychology, 22* (3–4), 455–479. https://doi.org/10.1080/02643290442000310

Gibson, J. J. (1979). *The ecological approach to visual perception.* Houghton, Mifflin and Company.

Gibson, J. J. (2002). A theory of direct visual perception. In A. Noë & E. Thompson (Eds.), *Vision and mind: Selected readings in the philosophy of perception* (pp.77–91). MIT Press.

Glenberg, A. M. (1997). What memory is for. *Behavioral and Brain Sciences, 20* (1), 1-55. https://doi.org/10.1017/S0140525X97000010

Glenberg, A. M. (2010). Embodiment as a unifying perspective for psychology. *WIREs Cognitive Science, 1* (4), 586–596. https://doi.org/10.1002/wcs.55

Glenberg, A. M., & Kaschak, M. P. (2002). Grounding language in action. *Psychonomic Bulletin & Review, 9* (3), 558–565. https://doi.org/10.3758/BF03196313

Kosslyn, S. M. (1981). The medium and the message in mental imagery: A theory. *Psychological Review, 88*(1), 46–66. https://doi.org/10.1037/0033-295X.88.1.46

Lakens, D. (2014). Grounding social embodiment. In D. C. Molden (Ed.), *Understanding priming effects in social psychology* (pp.175–190). Guilford Press.

Lakoff, G. & Johnson, M. (1980). *Metaphors we live by.* University of Chicago Press. ［レイコフ，G. ＆ジョンソン，M. ／渡部昇一・楠瀬淳三・下谷和幸（訳）1986『レトリックと人生』大修館書店］

Louwerse, M. M., (2010). Symbol interdependency in symbolic and embodied cognition. *Topics in Cognitive Science, 3*(2), 273–302. https://doi.org/10.1111/j.1756-8765.2010.01106.x

Louwerse, M. M., Hutchinson, S., Tillman, R., & Recchia, G. (2015). Effect size matters: The role of language statistics and perceptual simulation in conceptual processing. *Language, Cognition and Neuroscience, 30* (4), 430–447. https://doi.org/10.1080/23273798.2014.981552

Lynott, D., Corker, K. S., Wortman, J., Connell, L., Donnellan, M. B., Lucas, R. E., & O'Brien, K.

(2014). Replication of "Experiencing physical warmth promotes interpersonal warmth" by Williams and Bargh. (2008). *Social Psychology, 45* (3), 216–222. http://dx.doi.org/10.1027/1864-9335/a000187

Molto, L., Morgado, N., Guinet, E., Fazioli, L., Heurley, L. P., & Palluel-Germain, R. (2020). Motor simulation in tool-use effect on distance estimation: A replication of Witt and Proffitt. (2008). P*sychonomic Bulletin & Review, 27* (2), 301–306. doi:10.3758/s13423-019-01686-7

Morey, R. D., Kaschak, M. P., Díez-Álamo, A. M., Glenberg, A. M., Zwaan, R. A., Lakens, D., ⋯ Ziv-Crispel, N. (2021). A pre-registered, multi-lab non-replication of the action-sentence compatibility effect (ACE). Psychonomic Bulletin & Review.

Paivio, A. (1971). *Imagery and verbal processes.* Holt, Rinehart, and Winston.

Papesh, M. H. (2015). Just out of reach: On the reliability of the action-sentence compatibility effect. *Journal of Experimental Psychology: General, 144* (6), e116-e141. https://doi.org/10.1037/xge0000125

Pylyshyn, Z. W. (1973). What the mind's eye tells the mind's brain: A critique of mental imagery. *Psychological Bulletin, 80*(1), 1-24. https://doi.org/10.1177/1745691614553988

佐々木 恭志郎・米満 文哉・山田 祐樹 (2019). 利き手側の良さ —— 事前登録された Casasanto (2009) の直接的追試 —— 心理学評論, *62* (3), 262–271.

Simonsohn, U., Nelson, L. D., & Simmons, J. P. (2014). *p*-curve and Effect Size. *Perspectives on Psychological Science, 9* (6), 666–681. https://doi:10.1177/1745691616674458

Strack, F., Martin, L. L., & Stepper, S. (1998). Inhibiting and facilitating conditions of the human smile: A nonobtrusive test of the facial feedback hypothesis. *Journal of Personality and Social Psychology, 54* (5), 768–777. https://doi.org/10.1037/0022-3514.54.5.768

Thelen, E. & Smith, L. (1994). *A dynamic systems approach to the development of cognition and action.* MIT Press. [テーレン，E. & スミス，L. ／小島康次 (監訳) 2018 『発達へのダイナミックシステム・アプローチ：認知と行為の発生プロセスとメカニズム』 新曜社]

Wagenmakers, E.-J., Beek, T., Dijkhoff, L., Gronau, Q. F., Acosta, A., Adams, R. B., ⋯ Blouin-Hudon, E.-M. (2016). Registered Replication Report. *Perspectives on Psychological Science, 11* (6), 917–928. https://doi.org/10.1177/1745691616674458

Williams, L. E. (2014). Improving psychological science requires theory, data, and caution: Reflections on Lynott et al. (2014). *Social Psychology, 45* (4), 321–323. https://doi.org/10.1027/1864-9335/a000205

Williams, L. E., & Bargh, J. A. (2008). Experiencing physical warmth promotes interpersonal warmth. *Science, 322*(5901), 606–607. https://doi.org/10.1126/science.1162548

Wilson, M. (2002). Six views of embodied cognition. *Psychonomic Bulletin & Review, 9* (4), 625–636. https://doi.org/10.3758/BF03196322

Witt, J. K., & Proffitt, D. R. (2008). Action-specific influences on distance perception: A role for motor simulation. *Journal of Experimental Psychology: Human Perception and Performance, 36* (6), 1479–1492. https://doi.org/10.1037/a0010781

Yee, E. (2019). Abstraction and concepts: When, how, where, what and why? *Language, Cognition and Neuroscience, 34* (10), 1257–1265. https://doi.org/10.1080/23273798.2019.1660797

関連書籍で紹介した書籍

バレット, L. 小松淳子（訳）（2013）. 野性の知能 —— 裸の脳から、身体・環境とのつながりへ　インターシフト

Coello, Y. & Fischer, M. H.（Eds.）,（2016）. *Foundations of embodied cognition: Perceptual and emotional embodiment.* Routledge/Taylor & Francis Group.

Fischer, M. H. & Coello, Y.（Eds.）,（2016）. *Foundations of embodied cognition: Conceptual and interactive embodiment.* Routledge/Taylor & Francis Group.

今井むつみ・佐治伸郎（編）（2014）. 言語と身体性　岩波書店

Johnson, M（2017）. *Embodied mind, meaning, and reason: How our bodies give rise to understanding.* University of Chicago Press.

Landau, M. J（2016）. *Conceptual metaphor in social psychology: The poetics of everyday life.* Routledge.

鍋島弘治朗（2016）. メタファーと身体性　ひつじ書房

ファイファー, R., ボンガード, J. 細田耕・石黒章夫（訳）（2010）. 知能の原理 —— 身体性に基づく構成論的アプローチ　共立出版

Prinz, W., Beisert, M., & Herwig, A.（Eds.）,（2013）. *Action science: Foundations of an emerging discipline.* MIT Press.

Shapiro, L.（2019）. *Embodied cognition.* 2nd Edition. Routledge.

Shapiro, L.（Ed.）,（2014）. *The Routledge handbook of embodied cognition.* Routledge/Taylor & Francis Group.

嶋田総太郎（2019）. 脳のなかの自己と他者 —— 身体性・社会性の認知脳科学と哲学　共立出版

谷口忠大（2020）. 心を知るための人工知能 —— 認知科学としての記号創発ロボティクス　共立出版

トヴェルスキー, B. 渡会圭子（訳）（2020）. Mind in Motion: 身体動作と空間が思考をつくる　森北出版

| 訳者あとがき |

　これまでも身体化された認知を紹介する書籍はあったものの，初学者にもわかりやすくまとめられたものはありませんでした。しかし，心理学の各領域からトピックをまとめた原書が出版されることを知り，刊行前より大きな期待をもっていました。その後，原書の出版前後に第1訳者の望月が，第2訳者の井関先生から翻訳を勧められ，個人的に翻訳を進めておりました。ある程度訳が終わった段階で，第3訳者の川﨑先生と本書の話をする機会に恵まれ，その場で出版社を探してくださったのが出版のきっかけでした。

　今回の翻訳は，望月が全体の下訳を作成したうえで，第1章から第5章を川﨑先生に，まえがきと第6章から第9章を井関先生に確認していただくかたちで進めました。お二人の先生には，翻訳出版という作業が初めての望月に，訳が正しいかだけではなく，英語から日本語へ翻訳する意図や，訳語をどのように決定するかという作業についても丁寧にご指導いただきました。共訳者ではありますが，先生方と仕事をさせていただく機会に恵まれ，まずはお二人に感謝を申し上げます。お二人の力添えがなければ出版ということさえ考えず，また拙い訳を「読める」文章へと引き上げることもできませんでした。

　翻訳の過程で原書から内容の変更の必要があった部分について，原著者であるレベッカ・フィンチャー - キーファー先生に尋ねたところ，変更を快く認めていただくお返事をいただきました。さらに，原書出版後に先生ご自身が気づかれた点も教えてくださったことで原書をアップデートすることができました。それぞれ御礼を申し上げます。

　新曜社の塩浦暲さんには，初稿の段階から細かに原稿を確認いただきました。原書にはない訳者解説は当初の想定よりも大幅に長いものとなってしまいましたが，その掲載を認めていただいた点も大変感謝いたします。

　本書における研究者の人名表記については、青山学院大学の米田英嗣先生にご助言いただきました。原書はアメリカの研究者によって英語で書かれているということで，いずれも英語読みに近い音で表記することをお勧めいただくとともに，具体的な表記の提案もしてくださいました。この場を借りて感謝申し上げます。

　解説でも述べたとおり身体化された認知をキーワードとした研究が増加していった時期は過ぎ，今や知識とは何なのか，それはどのように表象されるのかを

統合的に議論するという次の時代に入っています。しかし，その新たな時代にお
いても認知における身体の役割は決して軽んじられる存在ではありません。その
ような次の時代への入り口に本書があります。本書を通じて，より多くの人が認
知や知識における身体の役割に興味をもち，知識を表象するというヒトに不可欠
な能力に身体がどのように関わっているのかということを考える機会が増えるこ
とを願います。

　　　　2021 年 9 月

　　　　　　　　　　　　　　　　　　　　　　　　　　　　　　望月正哉

Ackerman, J. M., Nocera, C. C., & Bargh, J. A. (2010). Incidental haptic sensations influence social judgments and decisions. *Science, 328,* 1712–1715. http://dx.doi.org/10.1126/science.1189993

Adolph, K. E., & Hoch, J. E. (2019). Motor development: Embodied, embedded, enculturated, and enabling. *Annual Review of Psychology, 70,* 141–164. http://doi.org/10.1146/annurev-psych-010418-102836

Adolphs, R. (2002). Neural systems for recognizing emotion. *Current Opinion in Neurobiology, 12,* 169–177. http://dx.doi.org/10.1016/S0959-4388 (02) 00301-X

Adolphs, R., Baron-Cohen, S., & Tranel, D. (2002). Impaired recognition of social emotions following amygdala damage. *Journal of Cognitive Neuroscience, 14,* 1264–1274. http://dx.doi.org/10.1162/089892902760807258

Adolphs, R., Damasio, H., Tranel, D., Cooper, G., & Damasio, A. R. (2000). A role for somatosensory cortices in the visual recognition of emotion as revealed by three-dimensional lesion mapping. *The Journal of Neuroscience, 20,* 2683–2690. http://dx.doi.org/10.1523/JNEUROSCI.20-07-02683.2000

Adolphs, R., Tranel, D., & Damasio, A. R. (1998). The human amygdala in social judgment. *Nature, 393,* 470–474. http://dx.doi.org/10.1038/30982

Alibali, M. W., & Nathan, M. (2012). Embodiment in mathematics teaching and learning: Evidence from learners' and teachers' gestures. *Journal of the Learning Sciences, 21,* 247–286. http://dx.doi.org/10.1080/10508406.2011.611446

Alsmith, A. J. T., & de Vignemont, F. (2012). Embodying the mind and representing the body. *Review of Philosophy and Psychology, 3,* 1–13. http://dx.doi.org/10.1007/s13164-012-0085-4

Anderson, D. I., Campos, J. J., & Barbu-Roth, M. A. (2003). A developmental perspective on visual proprioception. In G. Bremner & A. Slater (Eds.), *Theories of infant development* (pp.30–69). Oxford, England: Wiley-Blackwell.

Anderson, D. I., Campos, J. J., Witherington, D. C., Dahl, A., Rivera, M., He, M., . . . Barbu-Roth, M. (2013). The role of locomotion in psychological development. *Frontiers in Psychology, 4,* 440. http://dx.doi.org/10.3389/fpsyg.2013.00440

Anderson, J. R. (1974). Retrieval of propositional information from long-term memory. *Cognitive Psychology, 6,* 451–474. http://dx.doi.org/10.1016/0010-0285 (74) 90021-8

Anderson, J. R. (1983). *The architecture of cognition.* Cambridge, MA: Harvard University Press.

Anderson-Hanley, C., Arciero, P. J., Brickman, A. M., Nimon, J. P., Okuma, N., Westen, S. C., . . . Zimmerman, E. A. (2012). Exergaming and older adult cognition: A cluster randomized clinical trial. *American Journal of Preventive Medicine, 42,* 109–119. http://dx.doi.org/10.1016/j.amepre.2011.10.016

Arrighi, R., Cartocci, G., & Burr, D. (2011). Reduced perceptual sensitivity for biological

196

motion in paraplegia patients. *Current Biology, 21*, R910-R911. http://dx.doi.org/10.1016/
j.cub.2011.09.048

Aziz-Zadeh, L., Wilson, S. M., Rizzolatti, G., & Iacoboni, M. (2006). Congruent embodied
representations for visually presented actions and linguistic phrases describing actions.
Current Biology, 16, 1818-1823. http://dx.doi.org/10.1016/j.cub.2006.07.060

Azouvi, P., Samuel, C., Louis-Dreyfus, A., Bernati, T., Bartolomeo, P., Beis, J.-M., . . . the French
Collaborative Study Group on Assessment of Unilateral Neglect (GEREN/GRECO). (2002).
Sensitivity of clinical and behavioural tests of spatial neglect after right hemisphere stroke.
Journal of Neurology, Neurosurgery and Psychiatry, 73, 160-166. http://dx.doi.org/10.1136/
jnnp.73.2.160

Baccarini, M., Martel, M., Cardinali, L., Sillan, O., Farnè, A., & Roy, A. C. (2014). Tool use
imagery triggers tool incorporation in the body schema. *Frontiers in Psychology, 5*, 492.
http://dx.doi.org/10.3389/fpsyg.2014.00492

Bak, T. H., & Hodges, J. R. (2004). The effects of motor neurone disease on language: Further
evidence. *Brain and Language, 89*, 354-361. http://dx.doi.org/10.1016/S0093-934X (03)00357-
2

Balcetis, E., & Dunning, D. (2010). Wishful seeing: More desired objects are seen as closer.
Psychological Science, 21, 147-152. http://dx.doi.org/10.1177/0956797609356283

Bardolph, M., & Coulson, S. (2014). How vertical hand movements impact brain activity
elicited by literally and metaphorically related words: An ERP study of embodied metaphor.
Frontiers in Human Neuroscience, 8, 1031. http://dx.doi.org/10.3389/fnhum.2014.01031

Baron-Cohen, S., Ring, H. A., Bullmore, E. T., Wheelwright, S., Ashwin, C., & Williams, S. C. R.
(2000). The amygdala theory of autism. *Neuroscience and Biobehavioral Reviews, 24*, 355-
364. http://dx.doi.org/10.1016/S0149-7634 (00)00011-7

Baron-Cohen, S., Ring, H. A., Wheelwright, S., Bullmore, E. T., Brammer, M. J., Simmons, A.,
& Williams, S. C. R. (1999). Social intelligence in the normal and autistic brain: An fMRI
study. *European Journal of Neuroscience, 11*, 1891-1898. http://dx.doi.org/10.1046/j.1460-
9568.1999.00621.x

Barrett, L. F. (2006a). Are emotions natural kinds? *Perspectives on Psychological Science, 1*,
28-58. http://dx.doi.org/10.1111/j.1745-6916.2006.00003.x

Barrett, L. F. (2006b). Solving the emotion paradox: Categorization and the experience of
emotion. *Personality and Social Psychology Review, 10*, 20-46. http://dx.doi.org/10.1207/
s15327957pspr1001_2

Barsalou, L. W. (1999). Perceptual symbol systems. *Behavioral and Brain Sciences, 22*, 577-609.

Barsalou, L. W. (2003). Situated simulation in the human conceptual system. *Language and
Cognitive Processes, 18*, 513-562. http://dx.doi.org/10.1080/01690960344000026

Barsalou, L. W. (2008a). Cognitive and neural contributions to understanding the conceptual
system. *Current Directions in Psychological Science, 17*, 91-95. http://dx.doi.org/10.1111/
j.1467-8721.2008.00555.x

Barsalou, L. W. (2008b). Grounded cognition. *Annual Review of Psychology, 59*, 617-645. http://
dx.doi.org/10.1146/annurev.psych.59.103006.093639

Barsalou, L. W. (2016). On staying grounded and avoiding quixotic dead ends. *Psychonomic*

Bulletin & Review, 23, 1122–1142. http://dx.doi.org/10.3758/s13423-016-1028-3

Barsalou, L. W., Santos, A., Simmons, W. K., & Wilson, C. D. (2008). Language and simulation in conceptual processing. In M. De Vega, A. M. Glenberg, & A. C. Graesser (Eds.), *Symbols and embodiment: Debates on meaning and cognition* (pp.245–284). Oxford, England: Oxford University Press. http://dx.doi.org/10.1093/acprof:oso/9780199217274.003.0013

Barsalou, L. W., & Wiemer-Hastings, K. (2005). Situating abstract concepts. In D. Pecher & R. Zwaan (Eds.), *Grounding cognition: The role of perception and action in memory, language, and thinking* (pp.129–163). Cambridge, England: Cambridge University Press. http://dx.doi.org/10.1017/CBO9780511499968.007

Basso, G., Nichelli, P., Frassinetti, F., & di Pellegrino, G. (1996). Time perception in a neglected space. *Neuroreport, 7*, 2111–2114. http://dx.doi.org/10.1097/00001756-199609020-00009

Basso Moro, S., Dell'Acqua, R., & Cutini, S. (2018). The SNARC effect is not a unitary phenomenon. *Psychonomic Bulletin & Review, 25*, 688–695. http://dx.doi.org/10.3758/s13423-017-1408-3

Baumeister, J. C., Rumiati, R. I., & Foroni, F. (2015). When the mask falls: The role of facial motor resonance in memory for emotional language. *Acta Psychologica, 155*, 29–36. http://dx.doi.org/10.1016/j.actpsy.2014.11.012

Beer, R. D. (2003). The dynamics of active categorical perception in an evolved model agent. *Adaptive Behavior, 11*, 209–243. http://dx.doi.org/10.1177/1059712303114001

Beis, J. M., Keller, C., Morin, N., Bartolomeo, P., Bernati, T., Chokron, S., . . . the French Collaborative Study Group on Assessment of Unilateral Neglect (GEREN/GRECO). (2004). Right spatial neglect after left hemisphere stroke: Qualitative and quantitative study. *Neurology, 63*, 1600–1605. http://dx.doi.org/10.1212/01.WNL.0000142967.60579.32

Bhalla, M., & Proffitt, D. R. (1999). Visual-motor recalibration in geographical slant perception. *Journal of Experimental Psychology: Human Perception and Performance, 25*, 1076–1096. http://dx.doi.org/10.1037/0096-1523.25.4.1076

Bisiach, E., & Luzzatti, C. (1978). Unilateral neglect of representational space. *Cortex, 14*, 129–133. http://dx.doi.org/10.1016/S0010-9452 (78)80016-1

Bloesch, E. K., Davoli, C. C., Roth, N., Brockmole, J. R., & Abrams, R. A. (2012). Watch this! Observed tool use affects perceived distance. *Psychonomic Bulletin & Review, 19*, 177–183. http://dx.doi.org/10.3758/s13423-011-0200-z

Bodin, T., & Martinsen, E. W. (2004). Mood and self-efficacy during acute exercise in clinical depression: A randomized, controlled study. *Journal of Sport & Exercise Psychology, 26*, 623–633. http://dx.doi.org/10.1123/jsep.26.4.623

Bohannon, J. (2014). Replication effort provokes praise—and 'bullying' charges. *Science, 344*, 788–789. http://dx.doi.org/10.1126/science.344.6186.788

Booth, A., Shelley, G., Mazur, A., Tharp, G., & Kittok, R. (1989). Testosterone, and winning and losing in human competition. *Hormones and Behavior, 23*, 556–571. http://dx.doi.org/10.1016/0018-506X (89) 90042-1

Boroditsky, L. (2000). Metaphoric structuring: Understanding time through spatial metaphors. *Cognition, 75*, 1–28. http://dx.doi.org/10.1016/S0010-0277 (99) 00073-6

Boroditsky, L. (2011). How languages construct time. In S. Dehaene & E. Brannon (Eds.),

Space, time and number in the brain (pp.333–341). Amsterdam, the Netherlands: Elsevier. http://dx.doi.org/10.1016/B978-0-12-385948-8.00020-7

Boroditsky, L., & Ramscar, M. (2002). The roles of body and mind in abstract thought. *Psychological Science, 13,* 185–189. http://dx.doi.org/10.1111/1467-9280.00434

Bottini, R., Bucur, M., & Crepaldi, D. (2016). The nature of semantic priming by subliminal spatial words: Embodied or disembodied? *Journal of Experimental Psychology: General, 145,* 1160–1176. http://dx.doi.org/10.1037/xge0000197

Bottini, R., Crepaldi, D., Casasanto, D., Crollen, V., & Collignon, O. (2015). Space and time in the sighted and blind. *Cognition, 141,* 67–72. http://dx.doi.org/10.1016/j.cognition.2015.04.004

Bower, G. H. (1981). Mood and memory. *American Psychologist, 36,* 129–148. http://dx.doi.org/10.1037/0003-066X.36.2.129

Bowlby, J. (1977). The making and breaking of affectional bonds: I. Aetiology and psychopathology in the light of attachment theory. An expanded version of the Fiftieth Maudsley Lecture, delivered before the Royal College of Psychiatrists, 19 November 1976. *The British Journal of Psychiatry, 130,* 201–210. http://dx.doi.org/10.1192/bjp.130.3.201

Brainerd, C. J., & Reyna, V. F. (2018). Replication, registration, and scientific creativity. *Perspectives on Psychological Science, 13,* 428–432. http://dx.doi.org/10.1177/1745691617739421

Brooks, R. A. (1991a). Intelligence without representation. *Artificial Intelligence, 47,* 139–160. http://dx.doi.org/10.1016/0004-3702 (91) 90053-M

Brooks, R. A. (1991b). New approaches to robotics. *Science, 253,* 1227–1232. http://dx.doi.org/10.1126/science.253.5025.1227

Brookshire, G., & Casasanto, D. (2012). Motivation and motor control: Hemispheric specialization for approach motivation reverses with handedness. *PLoS ONE, 7* (4), e36036. http://dx.doi.org/10.1371/journal.pone.0036036

Bub, D. N., & Masson, M. E. J. (2010). On the nature of hand-action representations evoked during written sentence comprehension. *Cognition, 116,* 394–408. http://dx.doi.org/10.1016/j.cognition.2010.06.001

Bub, D. N., & Masson, M. E. J. (2012). On the dynamics of action representations evoked by names of manipulable objects. *Journal of Experimental Psychology: General, 141,* 502–517. http://dx.doi.org/10.1037/a0026748

Buccino, G., Binkofski, F., & Riggio, L. (2004). The mirror neuron system and action recognition. *Brain and Language, 89,* 370–376. http://dx.doi.org/10.1016/S0093-934X (03)00356-0

Bueti, D., & Walsh, V. (2009). The parietal cortex and the representation of time, space, number and other magnitudes. *Philosophical Transactions of the Royal Society of London. Series B, Biological Sciences, 364,* 1831–1840. http://dx.doi.org/10.1098/rstb.2009.0028

Cacioppo, J. T., Priester, J. R., & Berntson, G. G. (1993). Rudimentary determinants of attitudes. II: Arm flexion and extension have differential effects on attitudes. *Journal of Personality and Social Psychology, 65,* 5–17. http://dx.doi.org/10.1037/0022-3514.65.1.5

Calder, A. J., Keane, J., Manes, F., Antoun, N., & Young, A. W. (2000). Impaired recognition and experience of disgust following brain injury. *Nature Neuroscience, 3,* 1077–1078. http://dx.doi.org/10.1038/80586

Campos, J. J., Anderson, D. I., Barbu-Roth, M. A., Hubbard, E. M., Hertenstein, M. J., & Witherington, D. (2000). Travel broadens the mind. *Infancy, 1*, 149–219. http://dx.doi.org/10.1207/S15327078IN0102_1

Campos, J. J., Anderson, D. I., & Telzrow, R. (2009). Locomotor experience influences the spatial cognitive development of infants with spina bifida. *Zeitschrift für Entwicklungspsychologie und Pädagogische Psychologie, 41*, 181–188. http://dx.doi.org/10.1026/0049-8637.41.4.181

Campos, J. J., Bertenthal, B. I., & Kermoian, R. (1992). Early experience and emotional development: The emergence of wariness of heights. *Psychological Science, 3*, 61–64. http://dx.doi.org/10.1111/j.1467-9280.1992.tb00259.x

Carney, D. R., Cuddy, A. J. C., & Yap, A. J. (2010). Power posing: Brief nonverbal displays affect neuroendocrine levels and risk tolerance. *Psychological Science, 21*, 1363–1368. http://dx.doi.org/10.1177/0956797610383437

Carney, D. R., Cuddy, A. J. C., & Yap, A. J. (2015). Review and summary of research on the embodied effects of expansive (vs. contractive) nonverbal displays. *Psychological Science, 26*, 657–663. http://dx.doi.org/10.1177/0956797614566855

Carr, L., Iacoboni, M., Dubeau, M. C., Mazziotta, J. C., & Lenzi, G. L. (2003). Neural mechanisms of empathy in humans: A relay from neural systems for imitation to limbic areas. *Proceedings of the National Academy of Sciences, USA, 100*, 5497–5502. http://dx.doi.org/10.1073/pnas.0935845100

Casasanto, D. (2009). Embodiment of abstract concepts: Good and bad in right- and lefthanders. *Journal of Experimental Psychology: General, 138*, 351–367. http://dx.doi.org/10.1037/a0015854

Casasanto, D. (2011). Different bodies, different minds: The body specificity of language and thought. *Current Directions in Psychological Science, 20*, 378–383. http://dx.doi.org/10.1177/0963721411422058

Casasanto, D., & Boroditsky, L. (2008). Time in the mind: Using space to think about time. *Cognition, 106*, 579–593. http://dx.doi.org/10.1016/j.cognition.2007.03.004

Casasanto, D., & Chrysikou, E. G. (2011). When left is "right": Motor fluency shapes abstract concepts. *Psychological Science, 22*, 419–422. http://dx.doi.org/10.1177/0956797611401755

Casasanto, D., & Jasmin, K. (2010). Good and bad in the hands of politicians: Spontaneous gestures during positive and negative speech. *PLoS ONE, 5* (7), e11805. http://dx.doi.org/10.1371/journal.pone.0011805

Casasanto, D., Jasmin, K., Brookshire, G., & Gijssels, T. (2014). The QWERTY effect: How typing shapes word meanings and baby names. In P. Bello, M. Guarini, M. McShane, & B. Scassellati (Eds.), *Proceedings of the 36th Annual Conference of the Cognitive Science Society* (pp.296–301). Austin, TX: Cognitive Science Society. Retrieved from http://escholarship.org/uc/item/2573p1tf

Casasanto, D., & Lupyan, G. (2015). All concepts are ad hoc concepts. In E. Margolis & S. Laurence (Eds.), *The conceptual mind: New directions in the study of concepts* (pp.543–566). Cambridge, MA: MIT Press.

Cattaneo, L., Fabbri-Destro, M., Boria, S., Pieraccini, C., Monti, A., Cossu, G., & Rizzolatti, G. (2007). Impairment of actions chains in autism and its possible role in intention understanding.

Proceedings of the National Academy of Sciences, USA, 104, 17825–17830. http://dx.doi.org/10.1073/pnas.0706273104

Chandler, J., Reinhard, D., & Schwarz, N. (2012). To judge a book by its weight you need to know its content: Knowledge moderates the use of embodied cues. *Journal of Experimental Social Psychology, 48*, 948–952. http://dx.doi.org/10.1016/j.jesp.2012.03.003

Chao, L. L., & Martin, A. (2000). Representation of manipulable man-made objects in the dorsal stream. *NeuroImage, 12*, 478–484. http://dx.doi.org/10.1006/nimg.2000.0635

Charpentier, A. (1891). Experimental study of some aspects of weight perception. *Archives de Physiologie Normale et Pathologique, 3*, 122–135.

Chemero, A. (2009). *Radical embodied cognitive science*. Cambridge, MA: The MIT Press.

Chomsky, N. (1980) *Rules and representations*. New York, NY: Columbia University Press.［チョムスキー，N.／井上和子・神尾昭雄・西山佑司（訳）1984『ことばと認識：文法からみた人間知性』大修館書店］

Clark, A. (1998). Embodied, situated, and distributed cognition. In W. Bechtel & G. Graham (Eds.), *A companion to cognitive science* (pp.506–517). Malden, MA: Blackwell.

Clark, A. (1999). An embodied cognitive science? *Trends in Cognitive Sciences, 3*, 345–351. http://dx.doi.org/10.1016/S1364-6613 (99) 01361-3

Clark, A. (2008). Embodiment and explanation. In P. Calvo & A. Gomila (Eds.), *Handbook of cognitive science: An embodied approach* (pp.41–58). Amsterdam, the Netherlands: Elsevier. http://dx.doi.org/10.1016/B978-0-08-046616-3.00003-7

Clearfield, M. W., Diedrich, F. J., Smith, L. B., & Thelen, E. (2006). Young infants reach correctly in A-not-B tasks: On the development of stability and perseveration. *Infant Behavior and Development, 29*, 435–444. http://dx.doi.org/10.1016/j.infbeh.2006.03.001

Cohen, D. (2003). The American national conversation about (everything but) shame. *Social Research, 70*, 1075–1108.

Cole, S., Balcetis, E., & Dunning, D. (2013). Affective signals of threat increase perceived proximity. *Psychological Science, 24*, 34–40. http://dx.doi.org/10.1177/0956797612446953

Collins, A. M., & Loftus, E. F. (1975). A spreading-activation theory of semantic processing. *Psychological Review, 82*, 407–428. http://dx.doi.org/10.1037/0033-295X.82.6.407

Cook, J. (2016). From movement kinematics to social cognition: The case of autism. *Philosophical Transactions of the Royal Society B, Biological Sciences, 371* (1693). 20150372. https://doi.org/10.1098/rstb.2015.0372

Cook, J. L., & Bird, G. (2012). Atypical social modulation of imitation in autism spectrum conditions. *Journal of Autism and Developmental Disorders, 42*, 1045–1051. http://dx.doi.org/10.1007/s10803-011-1341-7

Cracco, E., Bardi, L., Desmet, C., Genschow, O., Rigoni, D., De Coster, L., . . . Brass, M. (2018). Automatic imitation: A meta-analysis. *Psychological Bulletin, 144*, 453–500. http://dx.doi.org/10.1037/bul0000143

Cree, G. S., & McRae, K. (2003). Analyzing the factors underlying the structure and computation of the meaning of *chipmunk, cherry, chisel, cheese,* and *cello* (and many other such concrete nouns). *Journal of Experimental Psychology: General, 132*, 163–201. http://dx.doi.org/10.1037/0096-3445.132.2.163

Crollen, V., Dormal, G., Seron, X., Lepore, F., & Collignon, O. (2013). Embodied numbers: The role of vision in the development of number-space interactions. *Cortex, 49*, 276–283. http://dx.doi.org/10.1016/j.cortex.2011.11.006

Cuddy, A. J. C., Schultz, S. J., & Fosse, N. E. (2018). *P*-curving a more comprehensive body of research on postural feedback reveals clear evidential value for powerposing effects: Reply to Simmons and Simonsohn (2017). *Psychological Science, 29*, 656–666. http://dx.doi.org/10.1177/0956797617746749

Cutini, S., Scarpa, F., Scatturin, P., Dell'Acqua, R., & Zorzi, M. (2014). Number-space interactions in the human parietal cortex: Enlightening the SNARC effect with functional near-infrared spectroscopy. *Cerebral Cortex, 24*, 444–451. http://dx.doi.org/10.1093/cercor/bhs321

Dahl, A., Campos, J. J., Anderson, D. I., Uchiyama, I., Witherington, D. C., Ueno, M., . . . Barbu-Roth, M. (2013). The epigenesis of wariness of heights. *Psychological Science, 24*, 1361–1367. http://dx.doi.org/10.1177/0956797613476047

Davidson, R. J. (1992). Anterior cerebral asymmetry and the nature of emotion. *Brain and Cognition, 20*, 125–151. http://dx.doi.org/10.1016/0278-2626 (92) 90065-T

de Groot, J. H. B., Smeets, M. A. M., Rowson, M. J., Bulsing, P. J., Blonk, C. G., Wilkinson, J. E., & Semin, G. R. (2015). A sniff of happiness. *Psychological Science, 26*, 684–700. http://dx.doi.org/10.1177/0956797614566318

Dehaene, S., Bossini, S., & Giraux, P. (1993). The mental representation of parity and number magnitude. *Journal of Experimental Psychology: General, 122*, 371–396. http://dx.doi.org/10.1037/0096-3445.122.3.371

de Hevia, M. D., Girelli, L., Addabbo, M., & Macchi Cassia, V. (2014). Human infants'preference for left-to-right oriented increasing numerical sequences. *PLoS ONE, 9*, e96412. http://dx.doi.org/10.1371/journal.pone.0096412

de la Fuente, J., Santiago, J., Román, A., Dumitrache, C., & Casasanto, D. (2014). When you think about it, your past is in front of you: How culture shapes spatial conceptions of time. *Psychological Science, 25*, 1682–1690. http://dx.doi.org/10.1177/0956797614534695

DeLoache, J. S., Uttal, D. H., & Rosengren, K. S. (2004). Scale errors offer evidence for a perception action dissociation early in life. *Science, 304*, 1027–1029. http://dx.doi.org/10.1126/science.1093567

Deschrijver, E., Wiersema, J. R., & Brass, M. (2017). Action-based touch observation in adults with high functioning autism: Can compromised self-other distinction abilities link social and sensory everyday problems? *Social Cognitive and Affective Neuroscience, 12*, 273–282.

DeSutter, D., & Stieff, M. (2017). Teaching students to think spatially through embodied actions: Design principles for learning environments in science, technology, engineering, and mathematics. *Cognitive Research: Principles and Implications, 2*, 22–42. http://dx.doi.org/10.1186/s41235-016-0039-y

de Vega, M., Glenberg, A. M., & Graesser, A. C. (Eds.). (2008). *Symbols and embodiment: Debates on meaning and cognition.* Oxford, England: Oxford University Press. http://dx.doi.org/10.1093/acprof:oso/9780199217274.001.0001

Diamond, A. (1990). The development and neural bases of memory functions as indexed by the AB and delayed response tasks in human infants and infant monkeys. *Annals of the New*

York Academy of Sciences, 608, 267–317. http://dx.doi.org/10.1111/j.1749-6632.1990.tb48900.x

Di Cesare, G., Di Dio, C., Rochat, M. J., Sinigaglia, C., Bruschweiler-Stern, N., Stern, D. N., & Rizzolatti, G. (2014). The neural correlates of 'vitality form' recognition: An fMRI study: This work is dedicated to Daniel Stern, whose immeasurable contribution to science has inspired our research. Social Cognitive and Affective Neuroscience, 9, 951–960. http://dx.doi. org/10.1093/scan/nst068

Di Cesare, G., Sparaci, L., Pelosi, A., Mazzone, L., Giovagnoli, G., Menghini, D., . . . Vicari, S. (2017). Differences in action style recognition in children with autism spectrum disorders. Frontiers in Psychology, 8, 1456. http://dx.doi.org/10.3389/fpsyg.2017.01456

Di Cesare, G., Valente, G., Di Dio, C., Ruffaldi, E., Bergamasco, M., Goebel, R., & Rizzolatti, G. (2016). Vitality forms processing in the insula during action observation: A multivoxel pattern analysis. Frontiers in Human Neuroscience, 10, 267. http://dx.doi.org/10.3389/ fnhum.2016.00267

Dimberg, U., Thunberg, M., & Elmehed, K. (2000). Unconscious facial reactions to emotional facial expressions. Psychological Science, 11, 86–89. http://dx.doi.org/10.1111/1467-9280.00221

Ding, X., Feng, N., Cheng, X., Liu, H., & Fan, Z. (2015). Are past and future symmetric in mental time line? Frontiers in Psychology, 6, 208. http://dx.doi.org/10.3389/fpsyg.2015.00208

di Pellegrino, G., Fadiga, L., Fogassi, L., Gallese, V., & Rizzolatti, G. (1992). Understanding motor events: A neurophysiological study. Experimental Brain Research, 91, 176–180. http://dx.doi. org/10.1007/BF00230027

Dove, G. (2009). Beyond perceptual symbols: A call for representational pluralism. Cognition, 110, 412–431. http://dx.doi.org/10.1016/j.cognition.2008.11.016

Dove, G. (2016). Three symbol ungrounding problems: Abstract concepts and the future of embodied cognition. Psychonomic Bulletin & Review, 23, 1109–1121. http://dx.doi.org/10.3758/ s13423-015-0825-4

Duclos, S. E., Laird, J. D., Schneider, E., Sexter, M., Stern, L., & Van Lighten, O. (1989). Emotion-specific effects of facial expressions and postures on emotional experience. Journal of Personality and Social Psychology, 57, 100–108. http://dx.doi.org/10.1037/0022-3514.57.1.100

Durgin, F. H., Baird, J. A., Greenburg, M., Russell, R., Shaughnessy, K., & Waymouth, S. (2009). Who is being deceived? The experimental demands of wearing a backpack. Psychonomic Bulletin & Review, 16, 964–969. http://dx.doi.org/10.3758/PBR.16.5.964

Durgin, F. H., Klein, B., Spiegel, A., Strawser, C. J., & Williams, M. (2012). The social psychology of perception experiments: Hills, backpacks, glucose, and the problem of generalizability. Journal of Experimental Psychology: Human Perception and Performance, 38, 1582–1595. http://dx.doi.org/10.1037/a0027805

Ebersole, C. R., Atherton, O. E., Belanger, A. L., Skulborstad, H. M., Allen, J. M., Banks, J. B., . . . Nosek, B. A. (2016). Many Labs 3: Evaluating participant pool quality across the academic semester via replication. Journal of Experimental Social Psychology, 67, 68–82. http://dx.doi. org/10.1016/j.jesp.2015.10.012

Eerland, A., Guadalupe, T. M., & Zwaan, R. A. (2011). Leaning to the left makes the Eiffel Tower seem smaller: Posture-modulated estimation. Psychological Science, 22, 1511–1514. http://dx.doi.org/10.1177/0956797611420731

Eich, J. M. (1985). Levels of processing, encoding specificity, elaboration, and CHARM. *Psychological Review, 92*, 1–38. http://dx.doi.org/10.1037/0033-295X.92.1.1

Eikmeier, V., Schröter, H., Maienborn, C., Alex-Ruf, S., & Ulrich, R. (2013). Dimensional overlap between time and space. *Psychonomic Bulletin & Review, 20*, 1120–1125. http://dx.doi.org/10.3758/s13423-013-0431-2

Engelkamp, J., Zimmer, H. D., Mohr, G., & Sellen, O. (1994). Memory of selfperformed tasks: Self-performing during recognition. *Memory & Cognition, 22*, 34–39. http://dx.doi.org/10.3758/BF03202759

Ent, M. R., & Baumeister, R. F. (2014). Embodied free will beliefs: Some effects of physical states on metaphysical opinions. *Consciousness and Cognition, 27*, 147–154. http://dx.doi.org/10.1016/j.concog.2014.05.001

Ernst, M. O., & Banks, M. S. (2002). Humans integrate visual and haptic information in a statistically optimal fashion. *Nature, 415*, 429–433. http://dx.doi.org/10.1038/415429a

Eves, F. F. (2014). Is there any Proffitt in stair climbing? A headcount of studies testing for demographic differences in choice of stairs. *Psychonomic Bulletin & Review, 21*, 71–77. http://dx.doi.org/10.3758/s13423-013-0463-7

Eves, F. F., Thorpe, S. K., Lewis, A., & Taylor-Covill, G. A. (2014). Does perceived steepness deter stair climbing when an alternative is available? *Psychonomic Bulletin & Review, 21*, 637–644. http://dx.doi.org/10.3758/s13423-013-0535-8

Fajen, B. R. (2005). The scaling of information to action in visually guided braking. *Journal of Experimental Psychology: Human Perception and Performance, 31*, 1107–1123. http://dx.doi.org/10.1037/0096-1523.31.5.1107

Feingold, A. (1994). Gender differences in personality: A meta-analysis. *Psychological Bulletin, 116*, 429–456. http://dx.doi.org/10.1037/0033-2909.116.3.429

Fernandino, L., Conant, L. L., Binder, J. R., Blindauer, K., Hiner, B., Spangler, K., & Desai, R. H. (2013). Where is the action? Action sentence processing in Parkinson's disease. *Neuropsychologia, 51*, 1510–1517. http://dx.doi.org/10.1016/j.neuropsychologia.2013.04.008

Fincher-Kiefer, R. (2001). Perceptual components of situation models. *Memory & Cognition, 29*, 336–343. http://dx.doi.org/10.3758/BF03194928

Fincher-Kiefer, R., & D'Agostino, R. (2004). The role of visuospatial resources in generating predictive and bridging inferences. *Discourse Processes, 37*, 205–224. http://dx.doi.org/10.1207/s15326950dp3703_2

Finzi, E., & Rosenthal, N. E. (2014). Treatment of depression with onabotulinumtoxinA: A randomized, double-blind, placebo controlled trial. *Journal of Psychiatric Research, 52*, 1–6. http://dx.doi.org/10.1016/j.jpsychires.2013.11.006

Firestone, C. (2013). How "paternalistic" is spatial perception? Why wearing a heavy backpack doesn't—and couldn't—make hills look steeper. *Perspectives on Psychological Science, 8*, 455–473. http://dx.doi.org/10.1177/1745691613489835

Firestone, C., & Scholl, B. J. (2017). Seeing and thinking in studies of embodied "perception": How (not) to integrate vision science and social psychology. *Perspectives on Psychological Science, 12*, 341–343. http://dx.doi.org/10.1177/1745691616679944

Fischer, M. H., & Brugger, P. (2011). When digits help digits: Spatial-numerical associations point to finger counting as prime example of embodied cognition. *Frontiers in Psychology, 2*, 260. http://dx.doi.org/10.3389/fpsyg.2011.00260

Fodor, J. A. (1983). *The modularity of mind*. Cambridge, MA: MIT Press. ［フォーダー，ジェリー．A. ／伊藤笏康・信原幸弘（訳）1985『精神のモジュール形式：人工知能と心の哲学』産業図書］

Fodor, J. A., & Pylyshyn, Z. W. (1988). Connectionism and cognitive architecture: A critical analysis. *Cognition, 28*, 3–71. http://dx.doi.org/10.1016/0010-0277 (88) 90031-5

Forbes, P. A. G., Wang, Y., & de C. Hamilton, A. F. (2017). STORMy interactions: Gaze and the modulation of mimicry in adults on the autism spectrum. *Psychonomic Bulletin & Review, 24*, 529–535. http://dx.doi.org/10.3758/s13423-016-1136-0

Forest, A. L., Kille, D. R., Wood, J. V., & Stehouwer, L. R. (2015). Turbulent times, rocky relationships: Relational consequences of experiencing physical instability. *Psychological Science, 26*, 1261–1271. http://dx.doi.org/10.1177/0956797615586402

Frith, C. D., & Frith, U. (2006). The neural basis of mentalizing. *Neuron, 50*, 531–534. http://dx.doi.org/10.1016/j.neuron.2006.05.001

Fuhrman, O., & Boroditsky, L. (2010). Cross-cultural differences in mental representations of time: Evidence from an implicit nonlinguistic task. *Cognitive Science, 34*, 1430–1451. http://dx.doi.org/10.1111/j.1551-6709.2010.01105.x

Gainotti, G. (2006). Anatomical functional and cognitive determinants of semantic memory disorders. *Neuroscience and Biobehavioral Reviews, 30*, 577–594. http://dx.doi.org/10.1016/j.neubiorev.2005.11.001

Gallagher, S. (2005). *How the body shapes the mind*. New York, NY: Oxford University Press. http://dx.doi.org/10.1093/0199271941.001.0001

Gallese, V. (2003). The manifold nature of interpersonal relations: The quest for a common mechanism. *Philosophical Transactions of the Royal Society of London. Series B, Biological Sciences, 358*, 517–528. http://dx.doi.org/10.1098/rstb.2002.1234

Gallese, V. (2005). Embodied simulation: From neurons to phenomenal experience. *Phenomenology and the Cognitive Sciences, 4*, 23–48. http://dx.doi.org/10.1007/s11097-005-4737-z

Gallese, V., Keysers, C., & Rizzolatti, G. (2004). A unifying view of the basis of social cognition. *Trends in Cognitive Sciences, 8*, 396–403. http://dx.doi.org/10.1016/j.tics.2004.07.002

Gallese, V., & Lakoff, G. (2005). The Brain's concepts: The role of the sensory-motor system in conceptual knowledge. *Cognitive Neuropsychology, 22*, 455–479. http://dx.doi.org/10.1080/02643290442000310

Gallese, V., & Sinigaglia, C. (2011). What is so special about embodied simulation? *Trends in Cognitive Sciences, 15*, 512–519. http://dx.doi.org/10.1016/j.tics.2011.09.003

Gentsch, A., Weber, A., Synofzik, M., Vosgerau, G., & Schütz-Bosbach, S. (2016). Towards a common framework of grounded action cognition: Relating motor control, perception and cognition. *Cognition, 146*, 81–89. http://dx.doi.org/10.1016/j.cognition.2015.09.010

Gibbs, R. W. (1994). *The poetics of mind*. Cambridge, England: Cambridge University Press. ［ギブズ Jr, レイモンド．W. ／辻幸夫・井上逸兵（監訳）2008『比喩と認知：心とことばの認知科学』研究社］

Gibbs, R. W., Jr. (2011). Evaluating conceptual metaphor theory. *Discourse Processes, 48*, 529–562. http://dx.doi.org/10.1080/0163853X.2011.606103

Gibson, E. J., & Walk, R. D. (1960). The "visual cliff." *Scientific American, 202*, 64–71. http://dx.doi.org/10.1038/scientificamerican0460-64

Gibson, J. J. (1977). The theory of affordances. In R. Shaw & J. Bransford (Eds.), *Perceiving, acting, and knowing: Toward an ecological psychology* (pp.67–82). Hillsdale, NJ: Erlbaum.

Gibson, J. J. (1979). *The ecological approach to visual perception*. Boston, MA: Houghton-Mifflin. ［ギブソン，J. J./古崎敬ほか（訳）1985『生態学的視覚論：ヒトの知覚世界を探る』サイエンス社］

Glenberg, A. M. (1997). What memory is for. *Behavioral and Brain Sciences, 20*, 1–19.

Glenberg, A. M. (2010). Embodiment as a unifying perspective for psychology. *WIREs: Cognitive Science, 1*, 586–596. http://dx.doi.org/10.1002/wcs.55

Glenberg, A. M. (2015). Few believe the world is flat: How embodiment is changing the scientific understanding of cognition. *Canadian Journal of Experimental Psychology, 69*, 165–171. http://dx.doi.org/10.1037/cep0000056

Glenberg, A. M., & Gallese, V. (2012). Action-based language: A theory of language acquisition, comprehension, and production. *Cortex, 48*, 905–922. http://dx.doi.org/10.1016/j.cortex.2011.04.010

Glenberg, A. M., Goldberg, A. B., & Zhu, X. (2011). Improving early reading comprehension using embodied CAI. *Instructional Science, 39*, 27–39. http://dx.doi.org/10.1007/s11251-009-9096-7

Glenberg, A. M., Gutierrez, T., Levin, J. R., Japuntich, S., & Kaschak, M. P. (2004). Activity and imagined activity can enhance young children's reading comprehension. *Journal of Educational Psychology, 96*, 424–436. http://dx.doi.org/10.1037/0022-0663.96.3.424

Glenberg, A. M., & Hayes, J. (2016). Contribution of embodiment to solving the riddle of infantile amnesia. *Frontiers in Psychology, 7*, 10. http://dx.doi.org/10.3389/fpsyg.2016.00010

Glenberg, A. M., & Kaschak, M. P. (2002). Grounding language in action. *Psychonomic Bulletin & Review, 9*, 558–565. http://dx.doi.org/10.3758/BF03196313

Glenberg, A. M., & Robertson, D. A. (1999). Indexical understanding of instructions. *Discourse Processes, 28*, 1–26. http://dx.doi.org/10.1080/01638539909545067

Glenberg, A. M., & Robertson, D. A. (2000). Symbol grounding and meaning: A comparison of high-dimensional and embodied theories of meaning. *Journal of Memory and Language, 43*, 379–401. http://dx.doi.org/10.1006/jmla.2000.2714

Glenberg, A. M., Sato, M., Cattaneo, L., Riggio, L., Palumbo, D., & Buccino, G. (2008). Processing abstract language modulates motor system activity. *Quarterly Journal of Experimental Psychology, 61*, 905–919. http://dx.doi.org/10.1080/17470210701625550

Glenberg, A. M., Witt, J. K., & Metcalfe, J. (2013). From the revolution to embodiment: 25 years of cognitive psychology. *Perspectives on Psychological Science, 8*, 573–585. http://dx.doi.org/10.1177/1745691613498098

Goldinger, S. D., Papesh, M. H., Barnhart, A. S., Hansen, W. A., & Hout, M. C. (2016). The poverty of embodied cognition. *Psychonomic Bulletin & Review, 23*, 959–978. http://dx.doi.org/10.3758/s13423-015-0860-1

González, J., Barros-Loscertales, A., Pulvermüller, F., Meseguer, V., Sanjuán, A., Belloch, V., & Ávila, C. (2006). Reading cinnamon activates olfactory brain regions. *NeuroImage, 32,* 906–912. http://dx.doi.org/10.1016/j.neuroimage.2006.03.037

Goodale, M. A., & Milner, A. D. (1992). Separate visual pathways for perception and action. *Trends in Neurosciences, 15,* 20–25. http://dx.doi.org/10.1016/0166-2236 (92) 90344-8

Gottwald, J. M., Achermann, S., Marciszko, C., Lindskog, M., & Gredebäck, G. (2016). An embodied account of early executive-function development: Prospective motor control in infancy is related to inhibition and working memory. *Psychological Science, 27,* 1600–1610. http://dx.doi.org/10.1177/0956797616667447

Grossman, M., Anderson, C., Khan, A., Avants, B., Elman, L., & McCluskey, L. (2008). Impaired action knowledge in amyotrophic lateral sclerosis. *Neurology, 71,* 1396–1401. http://dx.doi.org/10.1212/01.wnl.0000319701.50168.8c

Haith, M. M., & Campos, J. J. (1977). Human infancy. *Annual Review of Psychology, 28,* 251–293. http://dx.doi.org/10.1146/annurev.ps.28.020177.001343

Hansen, T., Olkkonen, M., Walter, S., & Gegenfurtner, K. R. (2006). Memory modulates color appearance. *Nature Neuroscience, 9,* 1367–1368. http://dx.doi.org/10.1038/nn1794

Harlow, H. (1958). The nature of love. *American Psychologist, 13,* 673–685. http://dx.doi.org/10.1037/h0047884

Harnad, S. (1990). The symbol grounding problem. *Physica D: Nonlinear Phenomena, 42,* 335–346. http://dx.doi.org/10.1016/0167-2789 (90) 90087-6

Hart, J., Jr., & Gordon, B. (1990). Delineation of single-word semantic comprehension deficits in aphasia, with anatomical correlation. *Annals of Neurology, 27,* 226–231. http://dx.doi.org/10.1002/ana.410270303

Hauk, O., Johnsrude, I., & Pulvermüller, F. (2004). Somatotopic representation of action words in human motor and premotor cortex. *Neuron, 41,* 301–307. http://dx.doi.org/10.1016/S0896-6273 (03) 00838-9

Havas, D. A., Glenberg, A. M., Gutowski, K. A., Lucarelli, M. J., & Davidson, R. J. (2010). Cosmetic use of botulinum toxin-a affects processing of emotional language. *Psychological Science, 21,* 895–900. http://dx.doi.org/10.1177/0956797610374742

Havas, D. A., Glenberg, A. M., & Rinck, M. (2007). Emotion simulation during language comprehension. *Psychonomic Bulletin & Review, 14,* 436–441. http://dx.doi.org/10.3758/BF03194085

Held, R., & Hein, A. (1963). Movement-induced stimulation in the development of visually guided behavior. *Journal of Comparative and Physiological Psychology, 56,* 872–876. http://dx.doi.org/10.1037/h0040546

Hellmann, J. H., Echterhoff, G., & Thoben, D. F. (2013). Metaphor in embodied cognition is more than just combining two related concepts: A comment on Wilson and Golonka (2013). *Frontiers in Psychology, 4,* 201. http://dx.doi.org/10.3389/fpsyg.2013.00201

Hellmann, J. H., Thoben, D. F., & Echterhoff, G. (2013). The sweet taste of revenge: Gustatory experience induces metaphor-consistent judgments of a harmful act. *Social Cognition, 31,* 531–542. http://dx.doi.org/10.1521/soco.2013.31.5.531

Hendricks, R. K., & Boroditsky, L. (2015). Constructing mental time without visual experience.

Trends in Cognitive Sciences, 19, 429–430. http://dx.doi.org/10.1016/j.tics.2015.06.011

Hess, U., & Fischer, A. (2014). Emotional mimicry: Why and when we mimic emotions. *Social and Personality Psychology Compass, 8*, 45–57. http://dx.doi.org/10.1111/spc3.12083

Hobson, R. P., & Lee, A. (1998). Hello and goodbye: A study of social engagement in autism. *Journal of Autism and Developmental Disorders, 28*, 117–127. http://dx.doi.org/10.1023/A:1026088531558

Hoeben Mannaert, L. N., Dijkstra, K., & Zwaan, R. A. (2017). Is color an integral part of a rich mental simulation? *Memory & Cognition, 45*, 974–982. http://dx.doi.org/10.3758/s13421-017-0708-1

Hoffmann, D., Hornung, C., Martin, R., & Schiltz, C. (2013). Developing number-space associations: SNARC effects using a color discrimination task in 5-year-olds. *Journal of Experimental Child Psychology, 116*, 775–791. http://dx.doi.org/10.1016/j.jecp.2013.07.013

Huang, L., Galinsky, A. D., Gruenfeld, D. H., & Guillory, L. E. (2011). Powerful postures versus powerful roles: Which is the proximate correlate of thought and behavior? *Psychological Science, 22*, 95–102. http://dx.doi.org/10.1177/0956797610391912

Hubbard, E. M., Piazza, M., Pinel, P., & Dehaene, S. (2005). Interactions between number and space in parietal cortex. *Nature Reviews Neuroscience, 6*, 435–448. http://dx.doi.org/10.1038/nrn1684

Humphreys, G. W., & Forde, E. M. E. (2001). Hierarchies, similarity, and interactivity in object recognition: "Category-specific" neuropsychological deficits. *Behavioral and Brain Sciences, 24*, 453–476.

Hwang, H. C., & Matsumoto, D. (2014). Dominance threat display for victory and achievement in competition context. *Motivation and Emotion, 38*, 206–214. http://dx.doi.org/10.1007/s11031-013-9390-1

Iacoboni, M. (2009). Imitation, empathy, and mirror neurons. *Annual Review of Psychology, 60*, 653–670. http://dx.doi.org/10.1146/annurev.psych.60.110707.163604

Iacoboni, M., Molnar-Szakacs, I., Gallese, V., Buccino, G., Mazziotta, J. C., & Rizzolatti, G. (2005). Grasping the intentions of others with one's own mirror neuron system. *PLoS Biology, 3* (3), e79. http://dx.doi.org/10.1371/journal.pbio.0030079

Ijzerman, H., & Cohen, D. (2011). Grounding cultural syndromes: Body comportment and values in honor and dignity cultures. *European Journal of Social Psychology, 41*, 456–467. http://dx.doi.org/10.1002/ejsp.806

International Telecommunication Union. (2001). *ITU-T Recommendation E.161: Arrangement of digits, letters and symbols on telephones and other devices that can be used for gaining access to a telephone network*. Geneva, Switzerland: Author.

Iriki, A., Tanaka, M., & Iwamura, Y. (1996). Coding of modified body schema during tool use by macaque postcentral neurones. *NeuroReport, 7*, 2325–2330. http://dx.doi.org/10.1097/00001756-199610020-00010

Irving, L. T. (2015). Teaching statistics using dance and movement. *Frontiers in Psychology, 6*, 50. http://dx.doi.org/10.3389/fpsyg.2015.00050

Ishikawa, T., Fujiwara, H., Imai, O., & Okabe, A. (2008). Wayfinding with a GPS based mobile navigation system: A comparison with maps and direct experience. *Journal of Environmental*

Psychology, 28, 74–82. http://dx.doi.org/10.1016/j.jenvp.2007.09.002

Jack, R. E., Garrod, O. G. B., Yu, H., Caldara, R., & Schyns, P. G. (2012). Facial expressions of emotion are not culturally universal. *Proceedings of the National Academy of Sciences, USA, 109,* 7241–7244. http://dx.doi.org/10.1073/pnas.1200155109

Jacoby, L. L., & Hayman, C. A. G. (1987). Specific visual transfer in word identification. *Journal of Experimental Psychology: Learning, Memory, and Cognition, 13,* 456–463. http://dx.doi.org/10.1037/0278-7393.13.3.456

Jamrozik, A., McQuire, M., Cardillo, E. R., & Chatterjee, A. (2016). Metaphor: Bridging embodiment to abstraction. *Psychonomic Bulletin & Review, 23,* 1080–1089. http://dx.doi.org/10.3758/s13423-015-0861-0

Jasmin, K., & Casasanto, D. (2012). The QWERTY effect: How typing shapes the meanings of words. *Psychonomic Bulletin & Review, 19,* 499–504. http://dx.doi.org/10.3758/s13423-012-0229-7

Johnson, D. J., Wortman, J., Cheung, F., Hein, M., Lucas, R. E., Donnellan, M. B., . . . Narr, R. K. (2016). The effects of disgust on moral judgments: Testing moderators. *Social Psychological & Personality Science, 7,* 640–647. http://dx.doi.org/10.1177/1948550616654211

Jones, E. E., & Harris, V. A. (1967). The attribution of attitudes. *Journal of Experimental Social Psychology, 3,* 1–24. http://dx.doi.org/10.1016/0022-1031 (67) 90034-0

Jostmann, N. B., Lakens, D., & Schubert, T. W. (2009). Weight as an embodiment of importance. *Psychological Science, 20,* 1169–1174. http://dx.doi.org/10.1111/j.1467-9280.2009.02426.x

Kaschak, M. P., Connor, C. M., & Dombek, J. L. (2017). Enacted reading comprehension: Using bodily movement to aid the comprehension of abstract text content. *PLoS ONE, 12* (1), e0169711. http://dx.doi.org/10.1371/journal.pone.0169711

Kaschak, M. P., Madden, C. J., Therriault, D. J., Yaxley, R. H., Aveyard, M., Blanchard, A. A., & Zwaan, R. A. (2005). Perception of motion affects language processing. *Cognition, 94,* B79–B89. http://dx.doi.org/10.1016/j.cognition.2004.06.005

Kaschak, M. P., Zwaan, R. A., Aveyard, M., & Yaxley, R. H. (2006). Perception of auditory motion affects language processing. *Cognitive Science, 30,* 733–744. http://dx.doi.org/10.1207/s15516709cog0000_54

Kaufman, L. (1974). *Sight and mind: An introduction to visual perception.* New York, NY: Oxford University Press.

Kermoian, R., & Campos, J. J. (1988). Locomotor experience: A facilitator of spatial cognitive development. *Child Development, 59,* 908–917. http://dx.doi.org/10.2307/1130258

Keus, I. M., & Schwarz, W. (2005). Searching for the functional locus of the SNARC effect: Evidence for a response-related origin. *Memory & Cognition, 33,* 681–695. http://dx.doi.org/10.3758/BF03195335

Kille, D. R., Forest, A. L., & Wood, J. V. (2013). Tall, dark, and stable: Embodiment motivates mate selection preferences. *Psychological Science, 24,* 112–114. http://dx.doi.org/10.1177/0956797612457392

Kintsch, W. (1998). *Comprehension: A paradigm for cognition.* New York, NY: Cambridge University Press.

Korb, S., With, S., Niedenthal, P., Kaiser, S., & Grandjean, D. (2014). The perception and mimicry of facial movements predict judgments of smile authenticity. *PLoS ONE, 9* (6), e99194. http://dx.doi.org/10.1371/journal.pone.0099194

Kousta, S. T., Vigliocco, G., Vinson, D. P., Andrews, M., & Del Campo, E. (2011). The representation of abstract words: Why emotion matters. *Journal of Experimental Psychology: General, 140,* 14–34. http://dx.doi.org/10.1037/a0021446

Kövecses, Z. (2003). Language, figurative thought, and cross-cultural comparison. *Metaphor and Symbol, 18,* 311–320. http://dx.doi.org/10.1207/S15327868MS1804_6

Kövecses, Z. (2010). *Metaphor: A practical introduction.* New York, NY: Oxford University Press.

Krumhuber, E. G., Likowski, K. U., & Weyers, P. (2014). Facial mimicry of spontaneous and deliberate Duchenne and Non-Duchenne smiles. *Journal of Nonverbal Behavior, 38,* 1–11. http://dx.doi.org/10.1007/s10919-013-0167-8

Lai, V. T., & Desai, R. H. (2016). The grounding of temporal metaphors. *Cortex, 76,* 43–50. http://dx.doi.org/10.1016/j.cortex.2015.12.007

Lakoff, G. (1993). The contemporary theory of metaphor. In A. Ortoney (Ed.), *Metaphor and thought* (pp.202–251). Cambridge, England: Cambridge University Press. http://dx.doi.org/10.1017/CBO9781139173865.013

Lakoff, G. (2014). Mapping the brain's metaphor circuitry: Metaphorical thought in everyday reason. *Frontiers in Human Neuroscience, 8,* 958. http://dx.doi.org/10.3389/fnhum.2014.00958

Lakoff, G., & Johnson, M. (1980). *Metaphors we live by.* Chicago, IL: University of Chicago Press. [レイコフ，G.＆ジョンソン，M.／渡部昇一・楠瀬淳三・下谷和幸（訳）1986『レトリックと人生』大修館書店]

Lakoff, G., & Johnson, M. (1999). *Philosophy in the flesh.* New York, NY: Basic Books. [レイコフ，G.＆ジョンソン，M.／計見一雄（訳）2004『肉中の哲学：肉体を具有したマインドが西洋の思考に挑戦する』哲学書房]

Lambie, J. A., & Marcel, A. J. (2002). Consciousness and the varieties of emotion experience: A theoretical framework. *Psychological Review, 109,* 219–259. http://dx.doi.org/10.1037/0033-295X.109.2.219

Landau, M. J., Meier, B. P., & Keefer, L. A. (2010). A metaphor-enriched social cognition. *Psychological Bulletin, 136,* 1045–1067. http://dx.doi.org/10.1037/a0020970

Landau, M. J., Robinson, M. D., & Meier, B. P. (Eds.). (2014). *The power of metaphor: Examining its influence on social life.* Washington, DC: American Psychological Association. http://dx.doi.org/10.1037/14278-000

Lebois, L. A. M., Wilson-Mendenhall, C. D., & Barsalou, L. W. (2015). Are automatic conceptual cores the gold standard of semantic processing? The context-dependence of spatial meaning in grounded congruency effects. *Cognitive Science, 39,* 1764–1801. http://dx.doi.org/10.1111/cogs.12174

Lee, S. W. S., & Schwarz, N. (2010). Dirty hands and dirty mouths: Embodiment of the moral-purity metaphor is specific to the motor modality involved in moral transgression. *Psychological Science, 21,* 1423–1425. http://dx.doi.org/10.1177/0956797610382788

Lee, T. W., Dolan, R. J., & Critchley, H. D. (2008). Controlling emotional expression: Behavioral and neural correlates of nonimitative emotional responses. *Cerebral Cortex, 18,* 104–113.

http://dx.doi.org/10.1093/cercor/bhm035

Leshed, G., Velden, T., Rieger, O., Kot, B., & Sengers, P. (2008). In-car GPS navigation: Engagement with and disengagement from the environment. *Proceedings of the SIGCHI Conference on Human Factors in Computing Systems 2008* (pp.1675-1684). New York, NY: ACM. http://dx.doi.org/10.1145/1357054.1357316

Liew, S. L., Han, S., & Aziz-Zadeh, L. (2011). Familiarity modulates mirror neuron and mentalizing regions during intention understanding. *Human Brain Mapping, 32,* 1986-1997. http://dx.doi.org/10.1002/hbm.21164

Lindeman, L. M., & Abramson, L. Y. (2008). The mental simulation of motor incapacity in depression. *Journal of Cognitive Psychotherapy, 22,* 228-249. http://dx.doi.org/10.1891/0889-8391.22.3.228

Linkenauger, S. A., Mohler, B. J., & Proffitt, D. R. (2011). Body-based perceptual rescaling revealed through the size—weight illusion. *Perception, 40,* 1251-1253. http://dx.doi.org/10.1068/p7049

Linkenauger, S. A., Ramenzoni, V., & Proffitt, D. R. (2010). Illusory shrinkage and growth: Body-based rescaling affects the perception of size. *Psychological Science, 21,* 1318-1325. http://dx.doi.org/10.1177/0956797610380700

Linkenauger, S. A., Witt, J. K., & Proffitt, D. R. (2011). Taking a hands-on approach: Apparent grasping ability scales the perception of object size. *Journal of Experimental Psychology: Human Perception and Performance, 37,* 1432-1441. http://dx.doi.org/10.1037/a0024248

Linkenauger, S. A., Witt, J. K., Stefanucci, J. K., Bakdash, J. Z., & Proffitt, D. R. (2009). The effects of handedness and reachability on perceived distance. *Journal of Experimental Psychology: Human Perception and Performance, 35,* 1649-1660. http://dx.doi.org/10.1037/a0016875

Loue, S. (2008). *The transformative power of metaphor in therapy.* New York, NY: Springer.

Louwerse, M. M. (2011). Symbol interdependency in symbolic and embodied cognition. *Topics in Cognitive Science, 3,* 273-302. http://dx.doi.org/10.1111/j.1756-8765.2010.01106.x

Louwerse, M. M., & Jeuniaux, P. (2008). Language comprehension is both embodied and symbolic. In A. M. Glenberg, A. C. Graesser, & M. de Vega (Eds.), *Symbols and embodiment: Debates on meaning and cognition* (pp.309-326). Oxford, England: Oxford University Press. http://dx.doi.org/10.1093/acprof:oso/9780199217274.003.0015

Lozada, M., & Carro, N. (2016). Embodied action improves cognition in children: Evidence from a study based on Piagetian conservation tasks. *Frontiers in Psychology, 7,* 393. http://dx.doi.org/10.3389/fpsyg.2016.00393

Luttrell, A., Petty, R. E., & Xu, M. (2017). Replicating and fixing failed replications: The case of need for cognition and argument quality. *Journal of Experimental Social Psychology, 69,* 178-183. http://dx.doi.org/10.1016/j.jesp.2016.09.006

Mahon, B. Z. (2015). The burden of embodied cognition. *Canadian Journal of Experimental Psychology, 69,* 172-178. http://dx.doi.org/10.1037/cep0000060

Mahon, B. Z., & Caramazza, A. (2008). A critical look at the embodied cognition hypothesis and a new proposal for grounding conceptual content. *Journal of Physiology-Paris, 102,* 59-70. http://dx.doi.org/10.1016/j.jphysparis.2008.03.004

Martin, A. (2007). The representation of object concepts in the brain. *Annual Review of Psychology, 58,* 25–45. http://dx.doi.org/10.1146/annurev.psych.57.102904.190143

Masson, M., Bub, D., & Warren, C. (2008). Kicking calculators: Contributions of embodied representations to sentence comprehension. *Journal of Memory and Language, 59,* 256–265. http://dx.doi.org/10.1016/j.jml.2008.05.003

Masson, M. E. J., & Loftus, G. R. (2003). Using confidence intervals for graphically based data interpretation. *Canadian Journal of Experimental Psychology, 57,* 203–220. http://dx.doi.org/10.1037/h0087426

Mathôt, S., Grainger, J., & Strijkers, K. (2017). Pupillary responses to words that convey a sense of brightness or darkness. *Psychological Science, 28,* 1116–1124. http://dx.doi.org/10.1177/0956797617702699

Matsumoto, D., & Hwang, H. C. (2013). Cultural similarities and differences in emblematic gestures. *Journal of Nonverbal Behavior, 37,* 1–27. http://dx.doi.org/10.1007/s10919-012-0143-8

McCarthy, J., Minsky, M., Rochester, N., & Shannon, C. E. (2006). A proposal for the Dartmouth Summer Research Project on artificial intelligence. *AI Magazine, 27,* 12–14.

McClelland, J. L., & Elman, J. L. (1986). The TRACE model of speech perception. *Cognitive Psychology, 18,* 1–86. http://dx.doi.org/10.1016/0010-028 5 (86) 90015-0

McClelland, J. L., & Rogers, T. T. (2003). The parallel distributed processing approach to semantic cognition. *Nature Reviews Neuroscience, 4,* 310–322. http://dx.doi.org/10.1038/nrn1076

McMullen, L. M. (2008). Putting it in context: Metaphor and psychotherapy. In R. W. Gibbs (Ed.), *The Cambridge handbook of metaphor and thought* (pp.397–411). New York, NY: Cambridge University Press. http://dx.doi.org/10.1017/CBO9780511816802.024

Meier, B. P., Hauser, D. J., Robinson, M. D., Friesen, C. K., & Schjeldahl, K. (2007). What's "up" with God? Vertical space as a representation of the divine. *Journal of Personality and Social Psychology, 93,* 699–710. http://dx.doi.org/10.1037/0022-3514.93.5.699

Meier, B. P., & Robinson, M. D. (2004). Why the sunny side is up: Association between affect and vertical position. *Psychological Science, 15,* 243–247. http://dx.doi.org/10.1111/j.0956-7976.2004.00659.x

Meier, B. P., & Robinson, M. D. (2005). The metaphorical representation of affect. *Metaphor and Symbol, 20,* 239–257. http://dx.doi.org/10.1207/s15327868ms2004_1

Meteyard, L., Bahrami, B., & Vigliocco, G. (2007). Motion detection and motion verbs: Language affects low-level visual perception. *Psychological Science, 18,* 1007–1013. http://dx.doi.org/10.1111/j.1467-9280.2007.02016.x

Meyer-Lindenberg, A. (2008). Trust me on this. *Science, 321,* 778–780. http://dx.doi.org/10.1126/science.1162908

Miles, L. K., Nind, L. K., & Macrae, C. N. (2010). Moving through time. *Psychological Science, 21,* 222–223. http://dx.doi.org/10.1177/0956797609359333

Miller, G. A. (1956). The magical number seven plus or minus two: Some limits on our capacity for processing information. *Psychological Review, 63,* 81–97. http://dx.doi.org/10.1037/h0043158

Miller, L. E., Longo, M. R., & Saygin, A. P. (2017). Visual illusion of tool use recalibrates tactile perception. *Cognition, 162*, 32–40. http://dx.doi.org/10.1016/j.cognition.2017.01.022

Milner, A. D., & Goodale, M. A. (2008). Two visual systems re-viewed. *Neuropsychologia, 46*, 774–785. http://dx.doi.org/10.1016/j.neuropsychologia.2007.10.005

Monroe, A. E., & Malle, B. F. (2010). From uncaused will to conscious choice: The need to study, not speculate about people's folk concept of free will. *Review of Philosophy and Psychology, 1*, 211–224. http://dx.doi.org/10.1007/s13164-009-0010-7

Murdock, B. B., Jr. (1982). A theory for the storage and retrieval of item and associative information. *Psychological Review, 89*, 609–626. http://dx.doi.org/10.1037/0033-295X.89.6.609

Myers, J. L., & O'Brien, E. J. (1998). Accessing the discourse representation during reading. *Discourse Processes, 26*, 131–157. http://dx.doi.org/10.1080/01638539809545042

Newell, A., & Simon, H. A. (1972). *Human problem solving*. Englewood Cliffs, NJ: Prentice Hall.

Newell, A., & Simon, H. A. (1976). Computer science as empirical inquiry: Symbols and search. *Communications of the ACM, 19*, 113–126. http://dx.doi.org/10.1145/360018.360022

Niedenthal, P. M. (2007). Embodying emotion. *Science, 316* (5827), 1002–1005. http://dx.doi.org/10.1126/science.1136930

Niedenthal, P. M., Augustinova, M., Rychlowska, M., Droit-Volet, S., Zinner, L., Knafo, A., & Brauer, M. (2012). Negative relations between pacifier use and emotional competence. *Basic and Applied Social Psychology, 34*, 387–394. http://dx.doi.org/10.1080/01973533.2012.712019

Niedenthal, P. M., Barsalou, L. W., Winkielman, P., Krauth-Gruber, S., & Ric, F. (2005). Embodiment in attitudes, social perception, and emotion. *Personality and Social Psychology Review, 9*, 184–211. http://dx.doi.org/10.1207/s15327957pspr0903_1

Niedenthal, P. M., Wood, A., & Rychlowska, M. (2014). Embodied emotion concepts. In L. Shapiro (Ed.), *The Routledge handbook of embodied cognition* (pp.240–249). Oxford, England: Routledge Philosophy.

Nijhof, A. D., & Willems, R. M. (2015). Simulating fiction: Individual differences in literature comprehension revealed with fMRI. *PLoS ONE, 10* (2), e0116492. http://dx.doi.org/10.1371/journal.pone.0116492

Noah, T., Schul, Y., & Mayo, R. (2018). When both the original study and its failed replication are correct: Feeling observed eliminates the facial-feedback effect. *Journal of Personality and Social Psychology, 114*, 657–664. http://dx.doi.org/10.1037/pspa0000121

Oudgenoeg-Paz, O., & Rivière, J. (2014). Self-locomotion and spatial language and spatial cognition: Insights from typical and atypical development. *Frontiers in Psychology, 5*, 521. http://dx.doi.org/10.3389/fpsyg.2014.00521

Papesh, M. H. (2015). Just out of reach: On the reliability of the action-sentence compatibility effect. *Journal of Experimental Psychology: General, 144*, e116–e141. http://dx.doi.org/10.1037/xge0000125

Pecher, D., Zeelenberg, R., & Barsalou, L. W. (2003). Verifying different-modality properties for concepts produces switching costs. *Psychological Science, 14*, 119–124. http://dx.doi.org/10.1111/1467-9280.t01-1-01429

Petroni, A., Baguear, F., & Della-Maggiore, V. (2010). Motor resonance may originate from sensorimotor experience. *Journal of Neurophysiology, 104*, 1867–1871. http://dx.doi.org/10.1152/jn.00386.2010

Petrova, A., Navarrete, E., Suitner, C., Sulpizio, S., Reynolds, M., Job, R., & Peressotti, F. (2018). Spatial congruency effects exist, just not for words: Looking into Estes, Verges, and Barsalou (2008). *Psychological Science, 29*, 1195–1199. http://dx.doi.org/10.1177/0956797617728127

Philbeck, J. W., & Witt, J. K. (2015). Action-specific influences on perception and postperceptual processes: Present controversies and future directions. *Psychological Bulletin, 141*, 1120–1144. http://dx.doi.org/10.1037/a0039738

Piaget, J. (1952). *The origins of intelligence in children*. New York, NY: International Universities Press. http://dx.doi.org/10.1037/11494-000 [ピアジェ, J. ／谷村覚・浜田寿美男（訳）1978『知能の誕生』ミネルヴァ書房]

Piaget, J. (1954). *The construction of reality in the child*. New York, NY: Basic Books. http://dx.doi.org/10.1037/11168-000

Piaget, J., & Inhelder, B. (1969). *The psychology of the child* (H. Weaver, Trans.). New York, NY: Basic Books. (Original work published 1966) [ピアジェ, J. & イネルデ, B. ／波多野完治・須賀哲夫・周郷博（訳）1975『新しい児童心理学』白水社]

Pitt, B., & Casasanto, D. (2017, April). *Experiential origins of the mental time line and mental number line*. Paper presented at the Midwestern Psychological Association meeting, Chicago, Illinois.

Ponari, M., Norbury, C. F., & Vigliocco, G. (2018). Acquisition of abstract concepts is influenced by emotional valence. *Developmental Science, 21*, e12549. http://dx.doi.org/10.1111/desc.12549

Proctor, R. W., & Cho, Y. S. (2006). Polarity correspondence: A general principle for performance of speeded binary classification tasks. *Psychological Bulletin, 132*, 416–442. http://dx.doi.org/10.1037/0033-2909.132.3.416

Proffitt, D. R. (2006). Embodied perception and the economy of action. *Perspectives on Psychological Science, 1*, 110–122. http://dx.doi.org/10.1111/j.1745-6916.2006.00008.x

Proffitt, D. R. (2013). An embodied approach to perception: By what units are visual perceptions scaled? *Perspectives on Psychological Science, 8*, 474–483. http://dx.doi.org/10.1177/1745691613489837

Proffitt, D. R., Bhalla, M., Gossweiler, R., & Midgett, J. (1995). Perceiving geographical slant. *Psychonomic Bulletin & Review, 2*, 409–428. http://dx.doi.org/10.3758/BF03210980

Proffitt, D. R., & Linkenauger, S. A. (2013). Perception viewed as a phenotypic expression. In W. Prinz, M. Beisert, & A. Herwig (Eds.), *Action science: Foundations of an emerging discipline* (pp.171–197). Cambridge, MA: MIT Press. http://dx.doi.org/10.7551/mitpress/9780262018555.003.0007

Proffitt, D. R., Stefanucci, J., Banton, T., & Epstein, W. (2003). The role of effort in perceiving distance. *Psychological Science, 14*, 106–112. http://dx.doi.org/10.1111/1467-9280.t01-1-01427

Pulvermüller, F. (2013). How neurons make meaning: Brain mechanisms for embodied and abstract-symbolic semantics. *Trends in Cognitive Sciences, 17*, 458–470. http://dx.doi.org/10.1016/j.tics.2013.06.004

Pulvermüller, F., Hauk, O., Nikulin, V. V., & Ilmoniemi, R. J. (2005). Functional links between motor and language systems. *European Journal of Neuroscience, 21*, 793–797. http://dx.doi.org/10.1111/j.1460-9568.2005.03900.x

Pulvermüller, F., Shtyrov, Y., & Ilmoniemi, R. (2005). Brain signatures of meaning access in action word recognition. *Journal of Cognitive Neuroscience, 17*, 884–892. http://dx.doi. org/10.1162/0898929054021111

Ranehill, E., Dreber, A., Johannesson, M., Leiberg, S., Sul, S., & Weber, R. A. (2015). Assessing the robustness of power posing: No effect on hormones and risk tolerance in a large sample of men and women. *Psychological Science, 26*, 653–656. http://dx.doi. org/10.1177/0956797614553946

Repetto, C., Serino, S., Macedonia, M., & Riva, G. (2016). Virtual reality as an embodied tool to enhance episodic memory in elderly. *Frontiers in Psychology, 7*, 1839. http://dx.doi. org/10.3389/fpsyg.2016.01839

Restle, F. (1970). Speed of adding and comparing numbers. *Journal of Experimental Psychology, 83*, 274–278. http://dx.doi.org/10.1037/h0028573

Riener, C. R., Stefanucci, J. K., Proffitt, D. R., & Clore, G. (2003). An effect of mood on perceiving spatial layout. *Journal of Vision, 3*, 227. http://dx.doi.org/10.1167/3.9.227

Rieser, J. J., Pick, H. L., Jr., Ashmead, D. H., & Garing, A. E. (1995). Calibration of human locomotion and models of perceptual-motor organization. *Journal of Experimental Psychology: Human Perception and Performance, 21*, 480–497. http://dx.doi.org/10.1037/0096-1523.21.3.480

Riggins, T., Blankenship, S. L., Mulligan, E., Rice, K., & Redcay, E. (2015). Developmental differences in relations between episodic memory and hippocampal subregion volume during early childhood. *Child Development, 86*, 1710–1718. http://dx.doi.org/10.1111/cdev.12445

Riskind, J. H., & Gotay, C. C. (1982). Physical posture: Could it have regulatory or feedback effects on motivation and emotion? *Motivation and Emotion, 6*, 273–298. http://dx.doi. org/10.1007/BF00992249

Rivière, J. (2014). Embodiment in children's choice: Linking bodily constraints with decisional dynamics. *Current Directions in Psychological Science, 23*, 408–413. http://dx.doi. org/10.1177/0963721414548214

Rivière, J., & David, E. (2013). Perceptual-motor constraints on decision making: The case of the manual search behavior for hidden objects in toddlers. *Journal of Experimental Child Psychology, 115*, 42–52. http://dx.doi.org/10.1016/j.jecp.2012.11.006

Rivière, J., & Lécuyer, R. (2003). The C-not-B error: A comparative study. *Cognitive Development, 18*, 285–297. http://dx.doi.org/10.1016/S0885-2014 (03) 00003-0

Rivière, J., & Lécuyer, R. (2008). Effects of arm weight on C-not-B task performance: Implications for the motor inhibitory deficit account of search failures. *Journal of Experimental Child Psychology, 100*, 1–16. http://dx.doi.org/10.1016/j.jecp.2008.01.005

Rizzolatti, G., & Craighero, L. (2004). The mirror-neuron system. *Annual Review of Neuroscience, 27*, 169–192. http://dx.doi.org/10.1146/annurev.neuro.27.070203.144230

Rizzolatti, G., & Sinigaglia, C. (2010). The functional role of the parieto-frontal mirror circuit: Interpretations and misinterpretations. *Nature Reviews Neuroscience, 11*, 264–274. http:// dx.doi.org/10.1038/nrn2805

Rosch, E. H. (1973). Natural categories. *Cognitive Psychology, 4*, 328–350. http://dx.doi. org/10.1016/0010-0285 (73) 90017-0

Russell, J. A. (1991). In defense of a prototype approach to emotion concepts. *Journal of Personality and Social Psychology, 60*, 37–47. http://dx.doi.org/10.1037/0022-3514.60.1.37

Rychlowska, M., Cañadas, E., Wood, A., Krumhuber, E. G., Fischer, A., & Niedenthal, P. M. (2014). Blocking mimicry makes true and false smiles look the same. *PLoS ONE, 9* (3), e90876. http://dx.doi.org/10.1371/journal.pone.0090876

Rychlowska, M., Miyamoto, Y., Matsumoto, D., Hess, U., Gilboa-Schechtman, E., & Kamble, S., ... Niedenthal, P. M. (2015). Heterogeneity of long-history migration explains cultural differences in reports of emotional expressivity and the functions of smiles. *Proceedings of the National Academy of Sciences, USA, 112*, E2429–2436. http://dx.doi.org/10.1073/pnas.1413661112

Saj, A., Fuhrman, O., Vuilleumier, P., & Boroditsky, L. (2014). Patients with left spatial neglect also neglect the "left side" of time. *Psychological Science, 25*, 207–214. http://dx.doi.org/10.1177/0956797612475222

Santiago, J., Lupáñez, J., Pérez, E., & Funes, M. J. (2007). Time (also) flies from left to right. *Psychonomic Bulletin & Review, 14*, 512–516. http://dx.doi.org/10.3758/BF03194099

Sapolsky, R. M., Alberts, S. C., & Altmann, J. (1997). Hypercortisolism associated with social subordinance or social isolation among wild baboons. *Archives of General Psychiatry, 54*, 1137–1143. http://dx.doi.org/10.1001/archpsyc.1997.01830240097014

Schacter, D. L., Dobbins, I. G., & Schnyer, D. M. (2004). Specificity of priming: A cognitive neuroscience perspective. *Nature Reviews Neuroscience, 5*, 853–862. http://dx.doi.org/10.1038/nrn1534

Schaefer, M., Denke, C., Heinze, H. J., & Rotte, M. (2014). Rough primes and rough conversations: Evidence for a modality-specific basis to mental metaphors. *Social Cognitive and Affective Neuroscience, 9*, 1653–1659. http://dx.doi.org/10.1093/scan/nst163

Schnall, S. (2017). Social and contextual constraints on embodied perception. *Perspectives on Psychological Science, 12*, 325–340. http://dx.doi.org/10.1177/1745691616660199

Schnall, S., Benton, J., & Harvey, S. (2008). With a clean conscience: Cleanliness reduces the severity of moral judgments. *Psychological Science, 19*, 1219–1222. http://dx.doi.org/10.1111/j.1467-9280.2008.02227.x

Schnall, S., Haidt, J., Clore, G. L., & Jordan, A. H. (2008). Disgust as embodied moral judgment. *Personality and Social Psychology Bulletin, 34*, 1096–1109. http://dx.doi.org/10.1177/0146167208317771

Schnall, S., Harber, K. D., Stefanucci, J. K., & Proffitt, D. R. (2008). Social support and the perception of geographical slant. *Journal of Experimental Social Psychology, 44*, 1246–1255. http://dx.doi.org/10.1016/j.jesp.2008.04.011

Schnall, S., Zadra, J. R., & Proffitt, D. R. (2010). Direct evidence for the economy of action: Glucose and the perception of geographical slant. *Perception, 39*, 464–482. http://dx.doi.org/10.1068/p6445

Schneider, I. K., Parzuchowski, M., Wojciszke, B., Schwarz, N., & Koole, S. L. (2015). Weighty data: Importance information influences estimated weight of digital information storage devices. *Frontiers in Psychology, 5*, 1536. Advance online publication. http://dx.doi.org/10.3389/fpsyg.2014.01536

Schneider, I. K., Rutjens, B. T., Jostmann, N. B., & Lakens, D. (2011). Weighty matters: Importance literally feels heavy. *Social Psychological and Personality Science, 2*, 474–478. http://dx.doi.org/10.1177/1948550610397895

Schubert, T. W. (2004). The power in your hand: Gender differences in bodily feedback from making a fist. *Personality and Social Psychology Bulletin, 30*, 757–769. http://dx.doi.org/10.1177/0146167204263780

Schubert, T. W. (2005). Your highness: Vertical positions as perceptual symbols of power. *Journal of Personality and Social Psychology, 89*, 1–21. http://dx.doi.org/10.1037/0022-3514.89.1.1

Searle, J. R. (1980). Minds, brains, and programs. *Behavioral and Brain Sciences, 3*, 417–424. http://dx.doi.org/10.1017/S0140525X00005756

Sedgwick, H. (1986). Space perception. In K. L. Boff, L. Kaufman, & J. P. Thomas (Eds.), *Handbook of perception and human performance: Vol. 1. Sensory processes and perception* (pp.1–57). New York, NY: Wiley.

Shapiro, L. (2011). *Embodied cognition*. New York, NY: Routledge.

Shapiro, L. (Ed.). (2014). *The Routledge handbook of embodied cognition*. New York, NY: Routledge. http://dx.doi.org/10.4324/9781315775845

Simmons, J. P., & Simonsohn, U. (2017). Power posing: P-curving the evidence. *Psychological Science, 28*, 687–693. http://dx.doi.org/10.1177/0956797616658563

Simmons, W. K., Martin, A., & Barsalou, L. W. (2005). Pictures of appetizing foods activate gustatory cortices for taste and reward. *Cerebral Cortex, 15*, 1602–1608. http://dx.doi.org/10.1093/cercor/bhi038

Simmons, W. K., Ramjee, V., Beauchamp, M. S., McRae, K., Martin, A., & Barsalou, L. W. (2007). A common neural substrate for perceiving and knowing about color. *Neuropsychologia, 45*, 2802–2810. http://dx.doi.org/10.1016/j.neuropsychologia.2007.05.002

Slepian, M. L., Rule, N. O., & Ambady, N. (2012). Proprioception and person perception: Politicians and professors. *Personality and Social Psychology Bulletin, 38*, 1621–1628. http://dx.doi.org/10.1177/0146167212457786

Slepian, M. L., Weisbuch, M., Rule, N. O., & Ambady, N. (2011). Tough and tender: Embodied categorization of gender. *Psychological Science, 22*, 26–28. http://dx.doi.org/10.1177/0956797610390388

Slotnick, S. D., & Schacter, D. L. (2004). A sensory signature that distinguishes true from false memories. *Nature Neuroscience, 7*, 664–672. http://dx.doi.org/10.1038/nn1252

Smith, E. E., Shoben, E. J., & Rips, L. J. (1974). Structure and process in semantic memory: A featural model for semantic decisions. *Psychological Review, 81*, 214–241. http://dx.doi.org/10.1037/h0036351

Soliman, T., Gibson, A., & Glenberg, A. M. (2013). Sensory motor mechanisms unify psychology: The embodiment of culture. *Frontiers in Psychology, 4*, 885. http://dx.doi.org/10.3389/fpsyg.2013.00885

Solomon, K. O., & Barsalou, L. W. (2004). Perceptual simulation in property verification. *Memory & Cognition, 32*, 244–259. http://dx.doi.org/10.3758/BF03196856

Speer, N. K., Reynolds, J. R., Swallow, K. M., & Zacks, J. M. (2009). Reading stories activates neural representations of visual and motor experiences. *Psychological Science, 20*, 989–999. http://dx.doi.org/10.1111/j.1467-9280.2009.02397.x

Spence, C., Nicholls, M. E. R., & Driver, J. (2001). The cost of expecting events in the wrong sensory modality. *Perception & Psychophysics, 63*, 330–336. http://dx.doi.org/10.3758/BF03194473

Stanfield, R. A., & Zwaan, R. A. (2001). The effect of implied orientation derived from verbal context on picture recognition. *Psychological Science, 12*, 153–156. http://dx.doi.org/10.1111/1467-9280.00326

Stern, D. N. (2010). *Forms of vitality: Exploring dynamic experience in psychology, arts, psychotherapy, and development.* Oxford, England: Oxford University Press.

Stevens, J. A., Fonlupt, P., Shiffrar, M., & Decety, J. (2000). New aspects of motion perception: Selective neural encoding of apparent human movements. *NeuroReport, 11*, 109–115. http://dx.doi.org/10.1097/00001756-200001170-00022

Strack, F., Martin, L. L., & Stepper, S. (1988). Inhibiting and facilitating conditions of the human smile: A nonobtrusive test of the facial feedback hypothesis. *Journal of Personality and Social Psychology, 54*, 768–777. http://dx.doi.org/10.1037/0022-3514.54.5.768

Tamietto, M., Castelli, L., Vighetti, S., Perozzo, P., Geminiani, G., Weiskrantz, L., & de Gelder, B. (2009). Unseen facial and bodily expressions trigger fast emotional reactions. *Proceedings of the National Academy of Sciences, USA, 106*, 17661–17666. http://dx.doi.org/10.1073/pnas.0908994106

Taylor, L. J., Lev-Ari, S., & Zwaan, R. A. (2008). Inferences about action engage action systems. *Brain and Language, 107*, 62–67. http://dx.doi.org/10.1016/ j.bandl.2007.08.004

Taylor, L. J., & Zwaan, R. A. (2009). Action in cognition: The case of language. *Language and Cognition, 1*, 45–58. http://dx.doi.org/10.1515/LANGCOG.2009.003

Tettamanti, M., Buccino, G., Saccuman, M. C., Gallese, V., Danna, M., Scifo, P., . . . Perani, D. (2005). Listening to action-related sentences activates fronto-parietal motor circuits. *Journal of Cognitive Neuroscience, 17*, 273–281. http://dx.doi.org/10.1162/0898929053124965

Teufel, C., & Nanay, B. (2017). How to (and how not to) think about top-down influences on visual perception. *Consciousness and Cognition, 47*, 17–25. http://dx.doi.org/10.1016/j.concog.2016.05.008

Thelen, E., & Smith, L. (1994). *A dynamic systems approach to the development of cognition and action.* Cambridge, MA: MIT Press.「テーレン，E. & スミス，L. ／小島康次（監訳）2018『発達へのダイナミックシステム・アプローチ：認知と行為の発生プロセスとメカニズム』新曜社」

Thibodeau, P. H., Crow, L., & Flusberg, S. J. (2017). The metaphor police: A case study of the role of metaphor in explanation. *Psychonomic Bulletin & Review, 24*, 1375–1386. http://dx.doi.org/10.3758/s13423-016-1192-5

Thomas, A. G., Dennis, A., Bandettini, P. A., & Johansen-Berg, H. (2012). The effects of aerobic activity on brain structure. *Frontiers in Psychology, 3*, 86. http://dx.doi.org/10.3389/fpsyg.2012.00086

Topolinski, S. (2011). I 5683 you: Dialing phone numbers on cell phones activates key-concordant concepts. *Psychological Science, 22*, 355–360. http://dx.doi.org/10.1177/0956797610397668

Tracy, J. L., & Matsumoto, D. (2008). The spontaneous expression of pride and shame: Evidence for biologically innate nonverbal displays. *Proceedings of the National Academy of Sciences, USA, 105*, 11655–11660. http://dx.doi.org/10.1073/pnas.0802686105

Tran, C., Smith, B., & Buschkuehl, M. (2017). Support of mathematical thinking through embodied cognition: Nondigital and digital approaches. *Cognitive Research: Principles and Implications, 2*, 16–34. http://dx.doi.org/10.1186/s41235-017-0053-8

Tulving, E., & Thomson, D. M. (1973). Encoding specificity and retrieval processes in episodic memory. *Psychological Review, 80*, 352–373. http://dx.doi.org/10.1037/h0020071

Uleman, J. S. (1987). Consciousness and control: The case of spontaneous trait inferences. *Personality and Social Psychology Bulletin, 13*, 337–354. http://dx.doi.org/10.1177/0146167287133004

van Dam, W. O., Speed, L. J., Lai, V. T., Vigliocco, G., & Desai, R. H. (2017). Effects of motion speed in action representations. *Brain and Language, 168*, 47–56. http://dx.doi.org/10.1016/j.bandl.2017.01.003

van Dantzig, S., Pecher, D., Zeelenberg, R., & Barsalou, L. W. (2008). Perceptual processing affects conceptual processing. *Cognitive Science, 32*, 579–590. http://dx.doi.org/10.1080/03640210802035365

van Dantzig, S., Zeelenberg, R., & Pecher, D. (2009). Unconstraining theories of embodied cognition. *Journal of Experimental Social Psychology, 45*, 345–351. http://dx.doi.org/10.1016/j.jesp.2008.11.001

Van Overwalle, F., & Baetens, K. (2009). Understanding others' actions and goals by mirror and mentalizing systems: A meta-analysis. *NeuroImage, 48*, 564–584. http://dx.doi.org/10.1016/j.neuroimage.2009.06.009

Varela, F. J., Thompson, E., & Rosch, E. (1991). *The embodied mind: Cognitive science and human experience*. Cambridge, MA: MIT Press.［ヴァレラ, F. J. & トンプソン, E. & ロッシュ, E. ／田中靖夫（訳）2001『身体化された心：仏教思想からのエナクティブ・アプローチ』工作舎］

Vigliocco, G., Kousta, S. T., Della Rosa, P. A., Vinson, D. P., Tettamanti, M., Devlin, J. T., & Cappa, S. F. (2014). The neural representation of abstract words: The role of emotion. *Cerebral Cortex, 24*, 1767–1777. http://dx.doi.org/10.1093/cercor/bht025

Warren, R. M. (1970). Perceptual restoration of missing speech sounds. *Science, 167*, 392–393. http://dx.doi.org/10.1126/science.167.3917.392

Weger, U. W., & Pratt, J. (2008). Time flies like an arrow: Space-time compatibility effects suggest the use of a mental timeline. *Psychonomic Bulletin & Review, 15*, 426–430. http://dx.doi.org/10.3758/PBR.15.2.426

Weisberg, S. M., & Newcombe, N. S. (2016). How do (some) people make a cognitive map? Routes, places, and working memory. *Journal of Experimental Psychology: Learning, Memory, and Cognition, 42*, 768–785. http://dx.doi.org/10.1037/xlm0000200

Wells, G. L., & Petty, R. E. (1980). The effects of overt head movements on persuasion: Compatibility and incompatibility of responses. *Basic and Applied Social Psychology, 1*, 219–230. http://dx.doi.org/10.1207/s15324834basp0103_2

Wesp, R., Cichello, P., Gracia, E. B., & Davis, K. (2004). Observing and engaging in purposeful actions with objects influences estimates of their size. *Perception & Psychophysics, 66*, 1261–1267. http://dx.doi.org/10.3758/BF03194996

Wheeler, M. E., Petersen, S. E., & Buckner, R. L. (2000). Memory's echo: Vivid remembering reactivates sensory-specific cortex. *Proceedings of the National Academy of Sciences, USA,*

97, 11125–11129. http://dx.doi.org/10.1073/pnas.97.20.11125

Willems, R. M., & Casasanto, D. (2011). Flexibility in embodied language understanding. *Frontiers in Psychology, 2*, 116. http://dx.doi.org/10.3389/fpsyg.2011.00116

Willems, R. M., Hagoort, P., & Casasanto, D. (2010). Body-specific representations of action verbs: Neural evidence from right- and left-handers. *Psychological Science, 21*, 67–74. http://dx.doi.org/10.1177/0956797609354072

Willems, R. M., Labruna, L., D'Esposito, M., Ivry, R., & Casasanto, D. (2011). A functional role for the motor system in language understanding: Evidence from theta-burst transcranial magnetic stimulation. *Psychological Science, 22*, 849–854. http://dx.doi.org/10.1177/0956797611412387

Willems, R. M., Toni, I., Hagoort, P., & Casasanto, D. (2009). Body-specific motor imagery of hand actions: Neural evidence from right- and left-handers. *Frontiers in Human Neuroscience, 3*, 39. http://dx.doi.org/10.3389/neuro.09.039.2009

Williams, L. E., & Bargh, J. A. (2008). Experiencing physical warmth promotes interpersonal warmth. *Science, 322*, 606–607. http://dx.doi.org/10.1126/science.1162548

Williams, L. E., Huang, J. Y., & Bargh, J. A. (2009). The scaffolded mind: Higher mental processes are grounded in early experience of the physical world. *European Journal of Social Psychology, 39*, 1257–1267. http://dx.doi.org/10.1002/ejsp.665

Wilson, A. D., & Golonka, S. (2013). Embodied cognition is not what you think it is. *Frontiers in Psychology, 4*, 58. http://dx.doi.org/10.3389/fpsyg.2013.00058

Wilson, M. (2002). Six views of embodied cognition. *Psychonomic Bulletin & Review, 9*, 625–636. http://dx.doi.org/10.3758/BF03196322

Winter, S. S., Mehlman, M. L., Clark, B. J., & Taube, J. S. (2015). Passive transport disrupts grid signals in the parhippocampal cortex. *Current Biology, 25*, 2493–2502. http://dx.doi.org/10.1016/j.cub.2015.08.034

Witt, J. K. (2011). Action's effect on perception. *Current Directions in Psychological Science, 20*, 201–206. http://dx.doi.org/10.1177/0963721411408770

Witt, J. K. (2015). Awareness is not a necessary characteristic of a perceptual effect: Commentary on Firestone (2013). *Perspectives on Psychological Science, 10*, 865–872. http://dx.doi.org/10.1177/1745691615598525

Witt, J. K., & Dorsch, T. E. (2009). Kicking to bigger uprights: Field goal kicking performance influences perceived size. *Perception, 38*, 1328–1340. http://dx.doi.org/10.1068/p6325

Witt, J. K., Linkenauger, S. A., Bakdash, J. Z., Augustyn, J. S., Cook, A., & Proffitt, D. R. (2009). The long road of pain: Chronic pain increases perceived distance. *Experimental Brain Research, 192*, 145–148. http://dx.doi.org/10.1007/s00221-008-1594-3

Witt, J. K., Linkenauger, S. A., Bakdash, J. Z., & Proffitt, D. R. (2008). Putting to a bigger hole: Golf performance relates to perceived size. *Psychonomic Bulletin & Review, 15*, 581–585. http://dx.doi.org/10.3758/PBR.15.3.581

Witt, J. K., Linkenauger, S. A., & Proffitt, D. R. (2012). Get me out of this slump! Visual illusions improve sports performance. *Psychological Science, 23*, 397–399. http://dx.doi.org/10.1177/0956797611428810

Witt, J. K., & Proffitt, D. R. (2005). See the ball, hit the ball: Apparent ball size is correlated with batting average. *Psychological Science, 16*, 937–938. http://dx.doi.org/10.1111/j.1467-9280.2005.01640.x

Witt, J. K., & Proffitt, D. R. (2008). Action-specific influences on distance perception: A role for motor simulation. *Journal of Experimental Psychology: Human Perception and Performance, 34*, 1479–1492. http://dx.doi.org/10.1037/a0010781

Witt, J. K., Proffitt, D. R., & Epstein, W. (2004). Perceiving distance: A role of effort and intent. *Perception, 33*, 577–590. http://dx.doi.org/10.1068/p5090

Witt, J. K., Proffitt, D. R., & Epstein, W. (2005). Tool use affects perceived distance, but only when you intend to use it. *Journal of Experimental Psychology: Human Perception and Performance, 31*, 880–888. http://dx.doi.org/10.1037/0096-1523.31.5.880

Witt, J. K., South, S. C., & Sugovic, M. (2014). A perceiver's own abilities influence perception, even when observing others. *Psychonomic Bulletin & Review, 21*, 384–389. http://dx.doi.org/10.3758/s13423-013-0505-1

Witt, J. K., & Sugovic, M. (2012). Does ease to block a ball affect perceived ball speed? Examination of alternative hypotheses. *Journal of Experimental Psychology: Human Perception and Performance, 38*, 1202–1214. http://dx.doi.org/10.1037/a0026512

Witt, J. K., Sugovic, M., & Taylor, J. E. T. (2012). Action-specific effects in a social context: Others' abilities influence perceived speed. *Journal of Experimental Psychology: Human Perception and Performance, 38*, 715–725. http://dx.doi.org/10.1037/a0026261

Witt, J. K., Tenhundfeld, N. L., & Tymoski, M. J. (2017). Is there a chastity belt on perception? *Psychological Science, 29*, 139–146. https://doi.org/10.1177/0956797617730892

Wood, A., Lupyan, G., Sherrin, S., & Niedenthal, P. (2016). Altering sensorimotor feedback disrupts visual discrimination of facial expressions. *Psychonomic Bulletin & Review, 23*, 1150–1156. http://dx.doi.org/10.3758/s13423-015-0974-5

Wood, A., Rychlowska, M., Korb, S., & Niedenthal, P. (2016). Fashioning the face: Sensorimotor simulation contributes to facial expression recognition. *Trends in Cognitive Sciences, 20*, 227–240. http://dx.doi.org/10.1016/j.tics.2015.12.010

Wood, A., Rychlowska, M., & Niedenthal, P. M. (2016). Heterogeneity of longhistory migration predicts emotion recognition accuracy. *Emotion, 16*, 413–420. http://dx.doi.org/10.1037/emo0000137

Wood, G., Vine, S. J., & Wilson, M. R. (2013). The impact of visual illusions on perception, action planning, and motor performance. *Attention, Perception, & Psychophysics, 75*, 830–834. http://dx.doi.org/10.3758/s13414-013-0489-y

Woods, A. J., Philbeck, J. W., & Danoff, J. V. (2009). The various perceptions of distance: An alternative view of how effort affects distance judgments. *Journal of Experimental Psychology: Human Perception and Performance, 35*, 1104–1117. http://dx.doi.org/10.1037/a0013622

Wraga, M. (1999). The role of eye height in perceiving affordances and object dimensions. *Perception & Psychophysics, 61*, 490–507. http://dx.doi.org/10.3758/BF03211968

Yang, S. J., Gallo, D. A., & Beilock, S. L. (2009). Embodied memory judgments: A case of motor fluency. *Journal of Experimental Psychology: Learning, Memory, and Cognition, 35*, 1359–1365. http://dx.doi.org/10.1037/a0016547

Yap, A. J., Wazlawek, A. S., Lucas, B. J., Cuddy, A. J. C., & Carney, D. R. (2013). The ergonomics of dishonesty: The effect of incidental posture on stealing, cheating, and traffic violations. *Psychological Science, 24,* 2281–2289. http://dx.doi.org/10.1177/0956797613492425

Yee, E., Chrysikou, E. G., Hoffman, E., & Thompson-Schill, S. L. (2013). Manual experience shapes object representations. *Psychological Science, 24,* 909–919. http://dx.doi.org/10.1177/0956797612464658

Yu, N. (2003). Chinese metaphors of thinking. *Cognitive Linguistics, 14,* 141–165. http://dx.doi.org/10.1515/cogl.2003.006

Yu, N. (2008). *The Chinese heart in a cognitive perspective: Culture, body, and language.* Berlin, Germany: Mouton.

Zadra, J. R., Schnall, S., Weltman, A. L., & Proffitt, D. R. (2010). Direct physiological evidence for an economy of action: Bioenergetics and the perception of spatial layout. *Journal of Vision, 10,* 54. http://dx.doi.org/10.1167/10.7.54

Zadra, J. R., Weltman, A. L., & Proffitt, D. R. (2016). Walkable distances are bioenergetically scaled. *Journal of Experimental Psychology: Human Perception and Performance, 42,* 39–51. http://dx.doi.org/10.1037/xhp0000107

Zanolie, K., van Dantzig, S., Boot, I., Wijnen, J., Schubert, T. W., Giessner, S. R., & Pecher, D. (2012). Mighty metaphors: Behavioral and ERP evidence that power shifts attention on a vertical dimension. *Brain and Cognition, 78,* 50–58. http://dx.doi.org/10.1016/j.bandc.2011.10.006

Zestcott, C. A., Stone, J., & Landau, M. J. (2017). The role of conscious attention in how weight serves as an embodiment of importance. *Personality and Social Psychology Bulletin, 43,* 1712–1723. http://dx.doi.org/10.1177/0146167217727505

Zhong, C. B., & Leonardelli, G. J. (2008). Cold and lonely: Does social exclusion literally feel cold? *Psychological Science, 19,* 838–842. http://dx.doi.org/10.1111/j.1467-9280.2008.02165.x

Zhong, C. B., & Liljenquist, K. (2006). Washing away your sins: Threatened morality and physical cleansing. *Science, 313,* 1451–1452. http://dx.doi.org/10.1126/ science.1130726

Zwaan, R. A. (2014). Embodiment and language comprehension: Reframing the discussion. *Trends in Cognitive Sciences, 18,* 229–234. http://dx.doi.org/10.1016/j.tics.2014.02.008

Zwaan, R. A. (2016). Situation models, mental simulations, and abstract concepts in discourse comprehension. *Psychonomic Bulletin & Review, 23,* 1028–1034. http://dx.doi.org/10.3758/s13423-015-0864-x

Zwaan, R. A., Langston, M. C., & Graesser, A. C. (1995). The construction of situation models in narrative comprehension: An event-indexing model. *Psychological Science, 6,* 292–297. http://dx.doi.org/10.1111/j.1467-9280.1995.tb00513.x

Zwaan, R. A., & Madden, C. J. (2005). Embodied sentence comprehension. In D. Pecher & R. A. Zwaan (Eds.), *Grounding cognition: The role of perception and action in memory, language, and thinking* (pp.224–245). Cambridge, England: Cambridge University Press. http://dx.doi.org/10.1017/CBO9780511499968.010

Zwaan, R. A., & Pecher, D. (2012). Revisiting mental simulation in language comprehension: Six replication attempts. *PLoS ONE, 7* (12), e51382. http://dx.doi.org/10.1371/journal.pone.0051382

Zwaan, R. A., Stanfield, R. A., & Yaxley, R. H. (2002). Language comprehenders mentally represent the shapes of objects. *Psychological Science, 13*, 168–171. http://dx.doi.org/10.1111/1467-9280.00430

Zwaan, R. A., & Taylor, L. J. (2006). Seeing, acting, understanding: Motor resonance in language comprehension. *Journal of Experimental Psychology: General, 135*, 1–11. http://dx.doi.org/10.1037/0096-3445.135.1.1

人名索引

事項索引

著者紹介

レベッカ・フィンチャー - キーファー（Rebecca Fincher-Kiefer）

ゲティスバーグ大学の心理学教授。そこで人の認知や統計学、研究法、そして身体化された認知に関する上級実習コースを教えている。1988 年にピッツバーグ大学で認知心理学の博士号を取得。文章理解における推論処理や文章の心的表象の性質に関する研究を、*Journal of Experimental Psychology: Learning, Memory, and Cognition*、*Memory and Cognition*、*Discourse Processes* などの雑誌で発表している。また、ゲティスバーグ大学では、6 年間心理学部の学部長を務めるなど、複数の役職を歴任している。

訳者紹介

望月 正哉（もちづき まさや）

日本大学大学院文学研究科心理学専攻博士後期課程修了。博士（心理学）。現在、日本大学文理学部心理学科准教授。主な研究領域は認知心理学、言語心理学、教育心理学。主要著書：『ポテンシャル心理学実験』（編著，2019，サイエンス社）、主要論文：『身体化された認知は言語理解にどの程度重要なのか』（2015，心理学評論）、『Relative Embodiment of Japanese Verbs』（2020，*International Journal of Psychological Studies*）他。

井関 龍太（いせき りゅうた）

筑波大学大学院一貫制博士課程心理学研究科修了。博士（心理学）。現在、大正大学心理社会学部人間科学科准教授。主な研究領域は、認知心理学、言語心理学、教育心理学。主要著書：『心理学、認知・行動科学のための反応時間ハンドブック』（編著，2019，勁草書房）、『読書教育の未来』（共著，2019，ひつじ書房）、ラドヴァンスキー著『記憶の心理学』（分担訳，2021，誠信書房）。

川﨑 惠里子（かわさき えりこ）

早稲田大学文学研究科博士課程単位取得退学。博士（文学）。現在、川村学園女子大学名誉教授。主な研究領域は文章理解、記憶。主要著書：『言語とこころ』（共著，2010，新曜社）、『文章理解の認知心理学』（編著，2014，誠信書房）、ハーレイ著『心理言語学を語る』（監訳，2018，誠信書房）、ラドヴァンスキー著『記憶の心理学』（監訳，2021，誠信書房）。

知識は身体からできている
身体化された認知の心理学

初版第 1 刷発行	2021 年 10 月 15 日
初版第 5 刷発行	2024 年 3 月 15 日

著　者	レベッカ・フィンチャー - キーファー
訳　者	望月正哉・井関龍太・川﨑惠里子
発行者	塩浦　暲
発行所	株式会社　新曜社
	101-0051　東京都千代田区神田神保町 3-9
	電話　(03)3264-4973(代)・FAX　(03)3239-2958
	e-mail：info@shin-yo-sha.co.jp
	ＵＲＬ：https://www.shin-yo-sha.co.jp/
印　刷	新日本印刷
製　本	積信堂